Comprendre Dieu

Comprendre Dieu

La pensée théologique d'Isaac Zokoué revisitée

Enoch Tompté-Tom

© Enoch Tompté-Tom, 2020

Publié en 2020 par LivresHippo.
• Centre de Publications Évangéliques, 08 B.P. 900 Abidjan 08, Côte d'Ivoire
• Presses Bibliques Africaines, 03 B.P. 345 Cotonou, Bénin
• Éditions CLÉ, B.P. 1501 Yaoundé, Cameroun
• Excelsis Diffusions, 385 chemin du Clos 26450 Charols, France
• Langham Partnership PO Box 296, Carlisle, Cumbria, CA3 9WZ, Royaume-Uni, www.langhampublishing.org

ISBNs:
978-1-78368-755-8 Print
978-1-78368-839-5 Mobi
978-1-78368-838-8 ePub
978-1-78368-840-1 PDF

Conformément au « Copyright, Designs and Patents Act, 1988 », Enoch Tompté-Tom déclare qu'il est en droit d'être reconnu comme étant l'auteur de cet ouvrage.

Tous droits réservés. La reproduction, la transmission ou la saisie informatique du présent ouvrage, en totalité ou en partie, sous quelque forme ou par quelque procédé que ce soit, électronique, mécanique, photographique, est interdite sans l'autorisation préalable de l'éditeur ou de la Copyright Licensing Agency.

Sauf indication contraire, les citations bibliques sont tirées de la Bible version Louis Segond 1910 (publiée en 1910 par Alliance Biblique Universelle).

British Library Cataloguing in Publication Data
A catalogue record for this book is available from the British Library

ISBN : 978-1-78368-755-8

Mise en page et couverture : projectluz.com

Les éditeurs de cet ouvrage soutiennent activement le dialogue théologique et le droit pour un auteur de publier. Toutefois, ils ne partagent pas nécessairement les opinions et avis avancés ni les travaux référencés dans cette publication et ne garantissent pas son exactitude grammaticale et technique. Les éditeurs se dégagent de toute responsabilité envers les personnes ou biens en ce qui concerne la lecture, l'utilisation ou l'interprétation du contenu publié.

À tous ceux dont Isaac Zokoué

a illuminé la vie sur le plan théologique.

Préface

Dans le présent ouvrage, Enoch Tompté-Tom revisite les deux productions théologiques majeures d'Isaac Zokoué. La première est une thèse écrite en 1972 à la Faculté Libre de Théologie Évangélique de Vaux-sur-Seine pour l'obtention du grade de maître en théologie. Elle s'intitule : « La polygamie : étude exégétique et dogmatique référée à la situation centrafricaine ». La seconde, écrite en 1983 à la Faculté libre de théologie protestante de Montpellier, qui lui conféra le titre de docteur en théologie : « Comprendre Dieu à la frontière de la révélation et de l'herméneutique ».

Il est vrai, ces deux thèses conservent chacune leur singularité. Dans la première, Zokoué traite la question de la polygamie et son attrait sur les chrétiens en Centrafrique. En partant de l'exégèse, son intention est de laisser le texte biblique parler au cœur des Centrafricains qui vivent la polygamie comme un phénomène culturel hérité de longue date. Zokoué est Centrafricain et c'est bien imprégné du contexte local qu'il analyse le problème de la polygamie rampante dans nos Églises en Afrique. Oui, Zokoué touchait à une plaie qui rongeait toute l'Afrique déjà à cette époque. Des années 70 jusqu'à ce jour, les choses n'ont pas vraiment changé sur notre continent partagé entre le christianisme et l'islam, qui revendique la polygamie pour ses adeptes. Les législations dans certains de nos États en Afrique subsaharienne tolèrent cette situation.

Dans sa seconde thèse, Zokoué commence par une grande interrogation : peut-on comprendre Dieu ? Pour y répondre, Zokoué ne s'y jette pas à l'aveuglette. Il prend la peine d'analyser les deux lignes théologiques touchant à la question de la communication entre Dieu et l'homme : l'une, la théologie kérygmatique avec au centre le Christ, qui rend possible un dialogue entre l'homme et Dieu ; ce qui ne signifie pas pour autant que l'homme comprend Dieu *de facto* ; et l'autre, la théologie ontologique qui envisage Dieu comme trinité, l'Être en face de l'être humain ; ce qui permet à Zokoué d'explorer les réponses que plusieurs idéologies philosophiques ont apportées à cette problématique, sans trouver de réponse définitive. Partant d'Emmanuel Kant, le théoricien de la raison, à Friedrich Schleiermacher, fondateur de l'herméneutique moderne, la question reste entière ; car si pour Kant la compréhension de l'existence de Dieu échappe à la raison, Schleiermacher cherche encore des preuves d'une connaissance juste et sûre pour comprendre Dieu. Une question difficile à résoudre si on ne prend pas assez de recul pour consulter les Écritures, là où Dieu s'est révélé aux hommes de façon spéciale. C'est cette démarche que va privilégier Zokoué, la révélation et l'herméneutique bibliques, toutes deux étroitement liées à la notion de compréhension : « La révélation appelle l'herméneutique, et l'herméneutique suppose la révélation. L'une ne se comprend qu'à partir de l'autre ; et on ne peut parler valablement de l'une que si l'on accorde la même attention à l'autre[1]. »

Évidemment, Tompté-Tom traite d'abord le sujet de l'herméneutique avant de traiter celui de la polygamie dans son cher pays la Centrafrique, comme pour dire que sans une herméneutique claire et juste, l'application ne serait que dissimuler la réalité sous une apparence fallacieuse.

Tompté-Tom revisite la pensée d'Isaac Zokoué à travers ses thèses qui ont pour tronc commun l'Écriture seule. Au lieu de suivre l'ordre de leur production, Tompté choisit d'entrer en scène par un ton doctoral en commentant premièrement la seconde thèse ; pour lui, la ligne de cette articulation est toute tracée : prendre de la hauteur dans les Écritures pour comprendre Dieu lui semble précéder la polygamie qui secoue la Centrafrique dans les années 70. L'auteur entend ainsi honorer ce théologien africain qui a su nous emmener dans les hauteurs où Dieu et le christianisme authentique nous appellent. En cela, Zokoué mérite d'être connu par les générations futures afin que son message et aussi son attachement à l'Écriture les inspirent.

Solomon ANDRIA
Ancien enseignant-chercheur,
Faculté de Théologie Évangélique de l'Alliance Chrétienne, Abidjan

---

1. Isaac Zokoué, « Comprendre Dieu à la frontière de la révélation et de l'herméneutique » [document inédit], thèse de 3e cycle, Institut de Théologie, Faculté Libre de Montpellier, 1983, p. 3.

Première partie

La théologie

Comprendre Dieu à la frontière de la révélation et de l'herméneutique

1

Sens et contenu de la révélation

Ce chapitre pose le problème crucial de la révélation, et Zokoué, pour bien le situer dans son cadre, essaye d'en discuter selon deux aspects que nous allons analyser l'un après l'autre. Le premier aspect touche d'abord à la semence de religion. La question de la révélation ne peut s'inscrire que dans le domaine de la croyance religieuse. Le second aspect est celui de la révélation et de la présence de Dieu. Ces deux aspects sont ponctués de sous-titres qui donnent encore plus d'orientation aux débats.

I. La semence de religion

Dans cette rubrique, trois positions doivent être traitées. La première concerne l'homme sans Dieu, la deuxième touche à la nécessité de la révélation et la troisième, la notion de la révélation.

Le premier point soulevé est celui de l'homme qui ne peut vivre sans Dieu et Zokoué fait intervenir l'exclamation du psalmiste quand il souligne : « L'insensé dit en son cœur : il n'y a point de Dieu ! » (Ps 53.2). Comment est-il possible d'admettre une position pareille ? À cela, Zokoué fait remarquer deux choses :

(1) Cette pensée ne peut avoir un fondement biblique et seul l'athée qui n'a pas Dieu peut tenir des propos pareils ; même si l'athée considère qu'il n'y a pas de Dieu, Zokoué répond que tout cela n'est qu'une illusion, un non-sens et il en donne la première raison :

> L'illusion suppose la réalité en tant que son contraire. Car si l'homme est proche ou loin de Dieu, c'est toujours par rapport à Dieu qu'il se définit. De ce fait, la négation de Dieu, sans que l'insensé le sache, annonce que Dieu est. C'est en cela d'ailleurs que réside l'illusion,

> parce que voulant nier Dieu, l'incroyant se trahit lui-même. Car pour nier Dieu, il est obligé de penser Dieu[1].

De cette justification ressort un fait évident. Il ne peut y avoir d'athée. Là où l'homme pense que Dieu n'existe pas, c'est justement là où il établit toute la corrélation entre son existence et Dieu. Il ne peut pas parler de quelque chose dont il n'a nullement la pensée. Mais Zokoué va encore plus loin dans sa justification :

> Mais l'athéisme est aussi une contradiction existentielle, car la vie n'échappe pas à Dieu. Il y a un point à partir duquel l'insensé commence à retrouver le bon sens, parce qu'il s'approche justement de la réalité : c'est quand il prend conscience qu'il n'est pas le principe des choses, et que ce principe est en dehors de lui. C'est à partir de là qu'il prend conscience de sa vocation d'homme. Cette vocation, c'est son avenir qui est toujours devant lui et qu'il ne peut supprimer, ni éviter[2].

Remarquons la manière dont Zokoué vient à prouver cette thèse qui concerne l'athée sous l'angle du non-athée. Il ne peut y avoir d'existence sans un moteur premier et ce moteur premier est l'essence de toute vie humaine. Pour ce faire, l'auteur nous renvoie aux différentes formes de littératures existentialistes qui veulent accorder à l'homme une autonomie d'existence et d'agir en dehors de Dieu, telles que celles de Jean-Paul Sartre dont il en a résumé les thèses principales. Personne ne peut échapper à Dieu même si l'homme vit encore dans le présent. Par contre, tous les actes qu'il pose conditionnent sa pensée sur la réalité de Dieu. L'angoisse grandit parce qu'il sera appelé à rendre compte au dernier moment à ce Dieu, raison pour laquelle Zokoué nous encourage à ne pas laisser ces personnes vivre dans l'illusion de leur croyance. Il faut y remédier en leur proposant une autre voie qui est celle du témoignage, du kérygme et de l'apologétique. C'est le chemin que nous conseille le Nouveau Testament[3].

(2) La deuxième raison, qu'il considère fondamentale, est que l'homme a été créé à l'image de Dieu (Gn 1.26-27). Même si le mot hébreu *tsélem* dans la torah donne « image », Zokoué préfère l'autre sens qui est « ombre » parce qu'il rend vivant toute réalité de représentativité :

---

1. *Ibid.*, p. 10b.
2. *Ibid.*
3. *Ibid.*, p. 12.

En préférant ici ombre à image, je considère comme acquise l'anthropologie qui s'est élaborée à partir de l'*imago Dei*. Le mot image évoque souvent quelque chose de figé, de statique. Tandis que la traduction *tsélem* par ombre rend mieux la mobilité des êtres en question, et les place d'emblée dans un cadre relationnel, ou en tout cas, le souligne plus fortement[4].

Le choix d'image ou d'ombre soulevé par Zokoué concerne plus le domaine de la sémantique et peut aider à mieux comprendre le sens de ce passage de Genèse 1.26-27. Il en a fait l'objet d'un débat dans le champ de l'anthropologie et cela implique quatre points qui doivent être pris en compte lorsqu'on traduit *tsélem* par « ombre » :

- Le premier concerne le face-à-face. Dire que l'homme est l'ombre de Dieu traduit exactement la ressemblance à ce Dieu. C'est-à-dire qu'il reste inséparable de Dieu et il appartient à Dieu. Rien ne peut lui enlever cette ressemblance. Toute sa vie doit se passer sous l'égide de celui à qui il ressemble. C'est une relation portée par une caractéristique éternelle.
- Le deuxième point est que l'homme, en étant considéré comme ombre de Dieu, détermine l'existence de celui-ci. Non seulement son existence mais aussi sa présence et sa proximité. Et cela ne peut être analysé ou compris par la seule pensée humaine, parce que son existence n'est rien d'autre que la preuve de l'existence de Dieu.
- Le troisième point touche à la condition religieuse de l'homme. L'homme est né naturellement avec des sentiments religieux selon la définition étymologique de la religion. Quelque chose en lui le pousse à se consacrer ou à faire confiance à quelque chose de plus grand, de plus fort et de plus élevé que lui pour lui permettre de vivre en paix. D'où la notion luthérienne de l'homme possédant une semence de religion en lui. Cette semence est déjà la voie par excellence pour une relation intime avec Dieu.
- Le quatrième point est que l'ombre confère à l'homme l'idée de la personne qu'il représente. Mais cette idée ne peut permettre la reconstitution de la personne représentée. Puisque Dieu est Esprit, toute forme de représentation ne peut subir que des échecs. Personne n'a vu Dieu pour se permettre de le représenter comme tel.

---

4. *Ibid.*, p. 13.

Le second point traite de la nécessité de la révélation de Dieu. La question soulevée est la suivante : comment l'homme avec une nature pécheresse peut-il entrer dans la révélation de Dieu ? De ce point de vue, l'analyse de Zokoué est très explicite. Il pose d'abord le primat de l'homme en tant que créature de Dieu ; la chute n'a rien enlevé de cette image de Dieu en lui, quand bien même elle a occulté la relation que celui-ci peut avoir avec Dieu, ne sachant plus l'origine de son existence. Cette situation doit trouver une solution pour que l'homme sorte de cet état de perdition et c'est là que la révélation a toute sa place. Sans la révélation, il sera impossible à l'homme de connaître Dieu. La révélation est un moyen de faire sortir l'homme de son état de finitude. Isaac Zokoué spécifie bien que la révélation est à l'origine même de la création, elle est avant que l'homme ne puisse être créé et ne peut avoir l'homme comme cause existentielle :

> La Révélation de Dieu est donc contemporaine de la création, c'est-à-dire antérieure à la chute. Mais la chute a amené l'homme à ne plus reconnaître la Révélation de Dieu qui pourtant est là sous ses yeux. C'est ce qui a motivé la Révélation spéciale dont Jésus-Christ est l'artisan[5].

Le ministère de Jésus n'a été que la présentation de tout ce qui est lié à la révélation et à la volonté de Dieu pour la restauration de l'homme pécheur. Le Dieu de la trinité révélé dans la vie de Jésus est alors le centre et le sommet de toute réflexion théologique.

Le Christ est le centre de l'histoire parce qu'il est le sommet et la plénitude de toute la révélation. En parlant de la nécessité de la révélation, Zokoué met un accent particulier sur la distance qui existe entre l'homme et Dieu. Les deux ne possèdent pas la même nature. Aussi, doit-il exister entre eux ce que Zokoué appelle « l'espace vital » où l'homme peut vivre en relation avec Dieu dans une certaine liberté d'expression. De même, Dieu entre en communication avec cet homme par une autre forme de relation que Zokoué nomme « la relation d'esprit[6] » qui ne peut être possible et qui dépend de manière générale de la révélation. Une précision est à faire en ce qui concerne la relation de vie et celle de l'esprit. Pour Zokoué, la relation de vie avec Dieu touche vraisemblablement au salut de l'homme et celle de l'esprit concerne plus l'intimité que celui-ci doit entretenir de manière continuelle avec Dieu. Elle est engendrée par la communion spirituelle, comme le souligne Romains 8.16 : « L'Esprit lui-même rend témoignage à notre esprit que nous sommes enfants de Dieu. »

---

5. *Ibid.*, p. 16.
6. *Ibid.*, p. 18.

Le pourquoi de la révélation est à rechercher dans la volonté du dialogue que Dieu cherche à établir entre l'homme et lui. Cette volonté est considérée depuis l'histoire d'Adam comme une pédagogie à chaque instant renouvelée pour l'enseignement de l'homme. Et cette méthodologie révèle la grandeur de l'amour de Dieu pour l'homme. Le fait de créer l'homme est un pur acte libre de Dieu. Personne ne lui a donné l'ordre de créer, ni conseillé de le faire. La création doit être comprise comme un acte délibéré de Dieu qui a fait venir l'homme à l'existence. Ce qui fait dire à Zokoué que la « création n'est ni nécessaire, ni facultative : elle est venue à exister parce que Dieu est. Elle est un mode d'expression de Dieu ayant en lui quelque chose de divin[7] ».

La dernière position met plus l'accent sur la notion de la révélation. Zokoué voit dans la révélation un instrument qui doit être au service du dialogue entre Dieu et l'homme. Et il le traduit comme « toute relation consciente entre l'homme et Dieu. Dire qu'il y a révélation, c'est annoncer que Dieu fait irruption dans la conscience de l'homme[8] ». Cette pensée révèle en quelque sorte l'histoire du peuple d'Israël dans la Bible. Cette rencontre de Dieu avec les patriarches reste une et inexprimable. Même si elle est donnée à tout un peuple et s'étale dans l'histoire de ce peuple, elle se manifeste toujours de plusieurs façons (Lc 1.1) sans qu'aucun événement ne vienne l'altérer ou l'épuiser. Il s'agit d'une rencontre personnelle comme le souligne Zokoué : le Dieu unique s'adresse à l'homme de manière effective et localisée mais qui échappe au temps et à l'espace. C'est cela que Zokoué voudrait présenter.

Comment cette révélation est-elle comprise ? À cela, il entrevoit deux thèses que nous allons analyser, à savoir : la parole révélée et l'opération de la révélation et de l'inspiration.

1. La première thèse : la parole révélée

Quand Dieu se révèle à l'homme, il lui parle. Nous abordons ici le problème de multitudes de méthodes liées à la révélation de Dieu. S'il doit se révéler par un moyen, il permet toujours à l'homme d'en comprendre les signes et la signification. Cependant, le premier exercice de la révélation de Dieu à l'homme a été sous le signe de la parole à l'instar du premier couple Adam et Ève. La Bible nous enseigne que Dieu parle avec Adam et après avec Ève. La parole caractérise l'expression de la présence de Dieu et elle est aussi exclusive à l'homme créé à l'image de ce Dieu. Pour Dieu, c'était le seul moyen privilégié qui lui permettait

---
7. *Ibid.*, p. 20.
8. *Ibid.*

de toucher la conscience de l'homme. Toute la création a été l'œuvre de la Parole de Dieu, y compris celle de l'homme, et elle met devant celui-ci toute sa responsabilité devant Dieu :

> La révélation est un dialogue, mais un dialogue que l'homme ne peut interrompre unilatéralement, parce que, même s'il se tait, ses actes parleront, toute sa vie parlera. La révélation rend l'homme responsable devant Dieu. Sa responsabilité consiste à répondre à la parole que Dieu lui adresse. Il ne peut se débarrasser de Dieu[9].

La révélation de Dieu dans sa Parole est une forme particulièrement importante de la révélation spéciale. Il a accompagné de manière miraculeuse tous les écrivains de la Bible afin de rapporter correctement son message à l'humanité, tout en conservant leurs propres styles et personnalités. La Parole de Dieu est vivante et efficace. Dieu parle aux hommes et les patriarches s'étaient mis à l'écoute de la Parole de Dieu. Par la parole, Dieu se révèle comme une personne vivante et non comme un objet abstrait. Il entre en contact avec l'homme, il intervient dans l'histoire, s'intéresse aux gens, les appelle, leur parle et fait alliance avec eux. Sans cette parole, l'homme vivra dans l'inquiétude et le remords. Le dialogue avec Dieu est une mesure de son incommensurable amour vis-à-vis de l'homme, mais un jour viendra où l'homme devra rendre compte et ce jour-là, Dieu ne parlera plus. La seule chose que redoutaient les patriarches, c'était le silence de Dieu (cf. Jb 23).

2. La deuxième thèse : la révélation et l'inspiration

Pour Zokoué, la révélation et l'inspiration ne sont qu'une seule et même opération ayant une seule source commune, Dieu, et une destination commune, l'homme[10]. Si Dieu se révèle à l'homme, il inspire en même temps ce dernier. Ces deux concepts doivent toujours être considérés ensemble. Cependant, ils peuvent avoir des orientations différentes.

La révélation, comme déjà souligné, met en contact l'homme avec Dieu qui lui présente toute sa grandeur et son amour, tandis que l'inspiration vient du fait que Dieu parle avec l'homme. Elle est comprise par l'action surnaturelle de l'Esprit de Dieu dans des hommes afin qu'ils soient saisis tout en se laissant

---

9. *Ibid.*, p. 22.
10. *Ibid.*, p. 23.

guider par Dieu. Par conséquent, la révélation interpelle l'homme. Et Zokoué le souligne à travers les propos suivants :

> L'inspiration crée l'histoire, la révélation explique l'histoire. L'inspiration concerne une parole ou un événement qui font date. Par le moyen de l'inspiration, Dieu pose des actes décisifs ; il plante les jalons de l'histoire. C'est le surgissement de Dieu au sein même du processus lent et évolutif de la révélation[11].

Cette explication souligne le caractère de la différence qu'on trouve dans l'emploi de ces mots. S'il faut s'en tenir aux analyses faites par Zokoué, il ressort ce qui suit à propos de la révélation et de l'inspiration : la révélation comme interpellation de l'homme est un acte qui qualifie la communication de Dieu à l'homme en ce qui concerne les choses et surtout les vérités ; l'inspiration désigne la direction divine que Dieu impulse en l'homme tout en utilisant sa personnalité individuelle, ses faiblesses et ses défauts. Tel fut le cas des écrivains de la Bible ; tout en les dirigeant, Dieu était en mesure de contrôler soigneusement ce qui était en train d'être écrit sans avoir à dicter aux écrivains ce qu'ils devaient écrire.

Cependant, pour étayer davantage la notion de l'inspiration, Zokoué la met en rapport avec l'incarnation pour ne pas tomber dans les débats limitant l'inspiration à la dictée, comme l'a fait B. B. Warfield qui mise sur l'inspiration des mots et sur l'identité de parole. Zokoué fait référence à ce dernier en ces termes :

> Les facteurs humains et divins dans l'inspiration convergent harmonieusement pour donner un produit unique. Par suite, il faut affirmer que chaque mot (*every word*) de l'Écriture est parole de Dieu et parole d'homme. Toutes les qualités de la divinité et de l'humanité se retrouvent dans chaque portion et chaque élément de l'Écriture[12].

Pour Zokoué, il est impossible de faire de l'inspiration de Dieu un acte qui tendrait à rendre les hommes sans personnalité, comme des marionnettes entre les mains de Dieu. Ainsi, Dieu serait en train de dicter tout ce que ceux-là doivent transcrire sur les pages vierges de leurs tablettes. Cependant, la position de

---

11. *Ibid*. p. 24.
12. B. B. WARFIELD, *Shorter Selected Writings*, cité par Isaac ZOKOUÉ, « Comprendre Dieu à la frontière de la révélation et de l'herméneutique » [document inédit], thèse de 3e cycle, Institut de Théologie, Faculté Libre de Montpellier, 1983, p. 24-25. B. B. Warfield est un systématicien qui fut Directeur du Séminaire Théologique de Princeton (États-Unis) de 1887 à 1921.

Warfield doit nous inviter à être attentifs. Lorsqu'il dit que les mots sont inspirés, il fait apparaître encore d'autres difficultés qui n'ont pas échappé à Zokoué :

- La première difficulté est celle qui est relative au statut des textes originaux et des différentes versions de la Bible. Si les deux positions ont un seul statut, cela veut dire qu'il y a eu coproduction des mêmes mots donnés par Dieu aux premiers écrivains par les traducteurs de la Bible en des langues différentes et qu'ils bénéficient des mêmes privilèges que les premiers écrivains ;
- La deuxième difficulté est relative à l'acceptation des versions de la Bible traduites dans toutes les langues. Si nous disons que ces traducteurs ne possèdent pas les mêmes privilèges que les auteurs des textes originaux, pour Zokoué, ces questions sont de taille et elles nous invitent plus à une autre compréhension de l'inspiration qui ne doit pas être considérée comme un fait mécanique ou dicté. Raison pour laquelle, à la place de coproduction, il propose plutôt la notion de collaboration relative à chaque situation[13].

Ce faisant, pour mieux faire ressortir le côté mécanique de l'inspiration, il a recours à la réflexion d'Athënagoras[14] :

> Athënagoras, par exemple, prétend que le Saint-Esprit a animé la bouche des prophètes comme (on joue) des instruments de musique. Dans l'extase, pendant que l'Esprit divin les animait, ils prononçaient ce qui leur était inspiré ; le Saint-Esprit se servait d'eux à la manière d'une flûte qui souffle dans son instrument[15].

La conception de ce patriarche est celle des hommes soumis à la volonté de Dieu, qui annihile toute réflexion et toute pensée. Cela est une mauvaise interprétation de l'amour de Dieu qu'il témoigne à l'homme en le créant avec un libre arbitre pour ses choix à faire. Cette logique témoigne du non-respect de Dieu envers la créature humaine. Pour Zokoué, encore ici, l'idée de la collaboration entre l'homme et Dieu doit être retenue. Dans la collaboration, il n'y a ni suggestion, ni manipulation. L'homme est considéré comme en commerce avec Dieu. Et de façon actuelle, c'est aussi le cas de tous ceux qui ont accepté Christ.

---

13. *Ibid.*
14. Athënagoras a été le patriarche de l'Église de Constantinople de 1948 à 1972. C'est un homme de foi assidu à la prière. Il a joué un grand rôle pour l'unité des chrétiens. Cité par Isaac Zokoué, « Comprendre Dieu à la frontière de la révélation et de l'herméneutique », thèse de 3e cycle, Faculté libre de théologie protestante de Montpellier, 1983, p. 25-26.
15. *Ibid.*

La pensée de Zokoué va plus loin, parce qu'il met non seulement en corrélation l'inspiration et l'incarnation, mais il va juxtaposer l'inspiration à la question de l'inerrance qui n'atteste aucune erreur dans l'œuvre de l'inspiration et dans celle de l'incarnation.

Tout ce qui est erreur est quasi totalement lié à la finitude de l'homme. Mais lorsqu'on parle de la collaboration entre l'homme et Dieu dans l'inspiration, il faut nécessairement souligner que cela ne souffre pas d'erreurs. D'aucuns attribuent à l'homme la cause de ses erreurs comme signe de son ignorance. Mais d'autres relient l'erreur à la notion du péché. Tel est le cas d'Henri Blocher qui refuse d'assimiler l'ignorance à l'erreur selon les propos suivants : « Jésus a fait l'expérience de l'ignorance, de l'échec (très probablement), de la déception (ce à quoi il s'attendait hypothétiquement et qui ne s'est pas réalisé ; Mc 11.13), cependant, il n'a commis ni péché ni erreur[16]. » Pour Henri Blocher, l'ignorance ne peut être considérée comme cause de l'erreur comme le pense saint Augustin. Devant ces deux positions que sont l'ignorance comme source de l'erreur chez Augustin et l'erreur comme cause de péché chez Blocher, Zokoué tranche ce débat de la manière suivante : « Je me situe entre les deux en estimant que l'ignorance est bien la source de l'erreur, mais que l'erreur n'est pas un péché, sauf si elle est liée à l'incrédulité[17]. »

Mais en même temps, Zokoué remet en cause cette thèse qui fait de Jésus celui qui a commis une erreur. Ce que Blocher souligne dans sa réflexion n'est qu'une hypothèse de travail. Le Fils de Dieu n'a commis aucune erreur, ni commis de péché. Lorsque Zokoué juxtapose l'inspiration à l'incarnation, c'est plus dans le sens de la collaboration entre l'homme et Dieu. Il finit cette partie en concluant que l'homme ne peut vivre en dehors de Dieu, quelle que soit sa position. Il ne peut échapper à son contrôle, raison pour laquelle la question de connaître le sens réel de la révélation a tout son sens.

II. Révélation et présence divine

Cette idée a déjà été abordée par Zokoué lorsqu'il parlait de la révélation de Dieu à l'homme. Dieu, en se révélant à celui-ci, lui donne la possibilité de le connaître et de connaître également le but pour lequel il a été créé. Cependant, il se rend compte que cette explication n'est pas totalement suffisante et il est

---

16. Henri BLOCHER, *Infallibility-Inerrancy and Biblical Hermeneutics*, cité et renoté par Isaac ZOKOUÉ, « Comprendre Dieu à la frontière de la révélation et de l'herméneutique », thèse de 3ᵉ cycle, Faculté libre de théologie protestante de Montpellier, 1983, p. 27.
17. *Ibid.*, p. 28.

important de faire ressortir le processus qui engage ce mouvement. Aussi, le problème touchant à la présence de Dieu peut permettre une meilleure compréhension de cet acte dynamique qui va de Dieu à l'homme tout en lui conférant un contenu sans équivoque. Pour aborder cette question, Zokoué fait intervenir deux auteurs qui ont traité de ce problème en ayant chacun la même hypothèse de travail, qui est la suivante : ou Dieu lui-même reste présent dans la révélation ou il en est absent. Il s'agit de Karl Barth et de Jürgen Moltmann.

1. Karl Barth et la présence divine dans la révélation

Karl Barth met l'accent sur Dieu dans toute sa théologie, parce que c'est lui qui en premier se révèle à l'homme. Il est en même temps le révélateur, la révélation et le révélé[18]. La révélation pour Karl Barth est tout le don que Dieu fait de sa personne à l'homme pécheur. C'est la condition qui engage le salut de cet homme. Cette réflexion se trouve dans toute la forme de la *Dogmatique* de Karl Barth dont l'objet est la Parole de Dieu et elle oriente sa pensée théologique. La Parole de Dieu est la source de la relation de ce double mouvement entre Dieu et l'homme ; c'est comme un double mouvement dynamique, libérateur et créateur dans lequel Dieu rencontre l'homme et l'homme peut et doit retourner à Dieu et être à son service. La position de la Parole de Dieu s'inscrit dans l'approche de la théologie christocentrique de Karl Barth et ouvre la voie aux vrais dialogues entre Dieu et l'homme. C'est ce qu'il souligne dans les lignes suivantes :

> [Dieu] se rend présent, connu, manifeste en tant que Dieu, il élit domicile dans la vie historique des hommes, un domicile tout à fait précis, il s'offre comme un objet de la perception humaine, de l'expérience, de la pensée et de la langue humaines. Il devient, par sa seule volonté, une instance concrète, un facteur historique, un élément manifesté et agissant dans le temps, dans le cadre temporel de l'être humain. Dieu lui-même devient présent à l'homme, de la même présence que les autres choses ou les autres personnes – comme Esaü pour Jacob, comme la montagne d'Horeb ou l'arche de l'alliance pour le peuple d'Israël, comme Jean pour Pierre, comme Paul pour ses églises[19].

Pour Barth, il n'y a plus à douter de la présence de Dieu. Il est concret dans toute l'action de l'homme. Dieu est à la fois transcendant et immanent. Ce

---

18. Karl BARTH, *Dogmatique* I, 2, 2, Genève, Labor et Fides, 1953, p. 1.
19. *Ibid.*, p. 21.

Dieu qui se cache est aussi celui qui se révèle à l'homme dans un mouvement délibéré, en venant par-devant lui. Et à chaque fois que la parole de l'homme veut couvrir la Parole de Dieu, elle répond à l'exigence de replacer le mystère de la révélation, Jésus-Christ (Dieu et homme, homme et Dieu), au cœur de la réflexion. La révélation de Dieu présente toujours à l'homme un Dieu dévoilé. Pour Barth, le dévoilement va de pair avec le voilement. Cela pose le problème de la connaissance de la révélation qui exige quelques conditions. La révélation ne commence pas toujours par une exactitude de connaissance des faits ou des objets. Elle doit progresser en clarté pour atteindre la certitude de la présence de Dieu. Cette présence de Dieu, c'est sa révélation. Qui dit révélation, dit la révélation de Dieu, cet acte par lequel il se fait connaître par nous. C'est l'humanité toute entière que la révélation concerne.

Le voilement présente ce Dieu lointain, étranger et saint qui accepte de faire de l'homme son partenaire dans une rencontre qui tient du miracle. Et l'homme arrive à entrer en relation avec ce Dieu concret dans l'acte de son dévoilement à lui : « Ce qui nous est révélé contient toujours ce qui est caché, mais le contient comme une réalité accessible à la fois, et à elle seule[20]. » Comme déjà souligné, la notion de révélation chez Barth doit être toujours comprise sous l'angle de son approche christologique.

Dieu comme quelqu'un

Quelle est dans ce cas la conception de Barth sur Dieu ? Barth parle dans ses réflexions de « l'objectivité de Dieu », qui n'est pas soulevée par Zokoué dans son analyse. Nous pouvons simplement souligner que l'objectivité de Dieu ne dit pas qu'il faut considérer Dieu comme un objet de notre pensée, mais il est plutôt question de sa révélation. Dieu est un sujet qui vient à nous, c'est-à-dire à notre rencontre, dans une parole qui fait aussi événement ; il est impossible d'objectiver Dieu. Cependant, Zokoué soulève une question qui touche à la thèse de Barth qui affirme que « Dieu est le Tout-Autre ». Cette pensée semble aller à l'encontre des écrits (cf. Hé 13.8 ; Ml 3.6). Ces passages parlent de l'immutabilité de Dieu et l'argumentation de Barth sur la question du « Dieu en soi » n'est pas biblique. Pour répondre à tout cela, Barth va poser les règles des preuves ontologiques de l'existence de Dieu. Le seul problème qui réside dans la conception de Zokoué est celui du « Dieu en soi » de Barth et il donne la justification suivante :

> Barth affirme la même chose (ici, il est question de la recherche de Dieu) ; mais il se contredit en parlant du Dieu en soi. On a vu qu'il

---

20. *Ibid.*, p. 169.

est vain d'imaginer Dieu sans la création, car créer est une fonction naturelle de Dieu, comme pour l'homme la respiration. Le Dieu que nous connaissons est le Dieu de la création. Il nous est radicalement impossible de sortir de notre cadre créationnel pour imaginer Dieu sans la création. C'est demander à l'homme de se représenter son propre néant, ou de faire abstraction de la réalité de son existence[21].

Le problème reste posé ainsi : le concept du Dieu en soi est-il contradictoire à l'acte de la création ou un concept qui touche plus à l'aséité de ce Dieu ? Et quand nous pensons aux paroles du prophète Ésaïe : « Il n'y a point d'autre Dieu que lui. Mais tu es un Dieu qui te caches, Dieu d'Israël, sauveur ! » (Es 45.14-15), cette parole n'exprime-t-elle pas ce Dieu en soi qui se met hors de la portée de nos sondages subjectifs ? Quand bien même ce Dieu se met hors de notre portée, il vient également à nous. Alors que signifie le Dieu caché ?

Le Dieu caché

Isaac Zokoué n'accepte pas cette terminologie d'un Dieu caché. Cette ligne est une forme de désaveu de la souveraineté de Dieu. Pour Zokoué, il est impossible à Dieu de se voiler et de se cacher aux yeux de l'homme. C'est plutôt l'homme qui se cache devant Dieu, en citant l'exemple d'Adam dans le jardin d'Éden. D'autres exemples témoignent de la situation de l'homme qui se cache devant Dieu. Par conséquent, les termes que Barth utilise, comme « voilé » et « caché », ne sont pas orthodoxes quand ils sont utilisés pour parler de Dieu. Pour Zokoué, le Dieu que nous présente la Bible est un Dieu de lumière qui est à l'opposé d'un Dieu caché.

En prenant en compte l'Ancien Testament, toute personne qui se cache est celle qui a des problèmes avec Dieu. Là où les textes parlent de Dieu qui se cache ou de Dieu qui cache sa face, il a toujours été question de malheur et de tristesse. Zokoué analyse ces faits en faisant appel à l'expression de Martin Luther quand il parle de Dieu comme le *Deus absconditus* dans le texte d'Ésaïe 45.15. Il en donne deux traductions. La première est celle-ci : « Certes, tu es un Dieu qui te caches », et la deuxième : « Vraiment, chez toi, Dieu est caché ». L'analyse de Zokoué met en relation les versets 14b-17 qui mettent à nu la différence qui existe entre les faux dieux représentés qui n'existent pas et le vrai Dieu qui est invisible à l'homme. Pour Zokoué, le concept du Dieu caché n'est rien d'autre que l'invisibilité de Dieu à l'homme. Et ce faisant, une autre lecture peut être entrevue du même texte : « Dieu ne se trouve pas chez nous, c'est chez toi (Israël) qu'il se cache. »

---

21. Zokoué, « Comprendre Dieu », p. 34.

L'interprétation de Zokoué fait comprendre que le fait de se cacher ne constitue rien que l'invisibilité de Dieu, et on ne peut le traduire de manière négative dans le contexte de la révélation ou son contraire. Et Zokoué fait appel aux propos de Blaise Pascal, écrits dans une lettre à Charlotte de Roannez, pour mieux expliquer le fait de se cacher :

> [Dieu] est demeuré caché sous le voile de la nature qui nous le couvre jusqu'à l'incarnation ; et quand il a fallu qu'il ait paru, il s'est encore plus caché en se couvrant de l'humanité. Il était bien plus reconnaissable quand il était invisible, que quand il s'est rendu visible. Et enfin quand il a voulu accomplir la promesse qu'il fit à ses Apôtres de demeurer avec les hommes jusqu'à son dernier avènement, il a choisi d'y demeurer dans le plus étrangement, le plus obscur secret de tous, qui sont les espèces de l'Eucharistie[22].

Pour Zokoué, Pascal met en relief le sens du verbe « cacher ». Le fait que le mystère existe dans la relation que Dieu entretient avec l'homme est un fait indéniable. Pour ce faire, il faut un dynamisme. Dieu se met à découvert pour venir vers l'homme. C'est l'homme qui possède devant ses yeux un voile l'empêchant de voir Dieu. C'est l'homme qui s'enfonce de plus en plus dans les ténèbres. Et l'apôtre Paul le dit : « Jusqu'à ce jour, quand on lit Moïse, un voile est jeté sur leurs cœurs ; mais lorsque les cœurs se convertissent au Seigneur, le voile est ôté » (2 Co 3.15-16).

Lorsque Karl Barth dit que Dieu est Dieu, il veut dire que Dieu reste et restera toujours un mystère. Il est le Tout-Autre, incommensurable aux réalités intramondaines. Il habite une lumière inaccessible. Nous ne pouvons donc le connaître par nous-même. Si nous le saisissons dans le monde en nous-mêmes, c'est parce qu'il s'y manifeste. Si nous le saisissons dans certaines figures historiques, c'est parce qu'il s'y révèle. Et nous n'avons aucun moyen de savoir qu'il se révèle, sinon sa propre révélation : « ... Dieu s'abaisse à notre niveau pour devenir objet de notre connaissance et nous permettre, d'une façon tout aussi inconcevable, de le contempler et de le saisir[23]. »

Jésus-Christ, Parole de Dieu incarnée, est le médiateur et la plénitude de la révélation décisive, préfigurée dans l'Ancien Testament et commémorée dans le Nouveau Testament. L'objet de notre connaissance est donc Dieu tel qu'il s'est révélé et se révèle en Jésus-Christ au croyant. Il s'agit de la révélation effectuée

---
22. Blaise PASCAL, *Œuvres complètes*, Bibliothèque de la Pléiade n°34, Paris, Gallimard, 1936, p. 510.
23. Karl BARTH, *Dogmatique* II.1, vol. 6, p. 211-212.

une fois pour toutes, et cependant toujours actuelle, puisqu'elle est reçue dans la foi des chrétiens. Comment cette révélation nous atteint-elle ? Comment s'impose-t-elle à nous, à chacun de nous, au cœur même de notre esprit ? Elle nous atteint par elle-même. Nous avons la certitude que Dieu se révèle, par le fait même qu'il se révèle à nous, à chacun de nous. Il n'y a pas de révélation sans sujet qui la perçoit. Une révélation qui ne serait reçue par personne ne serait pas une révélation.

La liberté de Dieu

Il faut reconnaître que la révélation n'est pas du tout une nécessité de Dieu, mais son acte libre et indépendant d'une cause quelconque. Et Zokoué veut trouver une autre explication à cet acte de Dieu que l'explication de Barth. Pour Zokoué, la révélation « s'inscrit dans la logique même de la création comme le moyen naturel d'entrer en relation consciente avec lui. C'est donc un faux problème que de penser à la révélation en termes de nécessité[24] ». Il contredit Karl Barth qui veut justifier le fait de la révélation comme une nécessité en insistant sur la notion de la transcendance de Dieu ; il le dit d'une manière détournée en mettant l'accent sur la création de l'homme comme un acte facultatif de Dieu. Pour critiquer cette pensée de Karl Barth qui semble réduire la liberté de mouvement de Dieu, Zokoué fait intervenir d'autres auteurs tel Jean-Paul Sartre, qui traite de l'absurde en ces termes : « L'essentiel, c'est la contingence. Je veux dire que, par définition, l'existence n'est pas la nécessité. Exister c'est être là, simplement ; les existants apparaissent, se laissent rencontrer, mais on ne peut jamais les déduire[25]. » L'existence de l'homme n'est pas le fait d'un pur hasard et ne relève pas non plus de la contingence comme le pense Sartre. L'autre exemple donné, qui est celui de Thomas d'Aquin, tend à montrer le contraire de la création de l'homme comme une non-nécessité :

> Les êtres ne sont pas tous de simples possibles ; mais il faut qu'il y ait quelque chose de nécessaire dans l'univers. Mais tout ce qui est nécessaire a sa cause en dehors de soi ou non ; or il n'est pas possible de remonter à l'infini parmi les êtres nécessaires qui ont une cause de leur nécessité, tout comme parmi les causes efficientes. Il faut donc poser un être qui soit nécessaire par soi-même, qui n'est pas

---

24. Zokoué, « Comprendre Dieu », p. 38.
25. Jean-Paul Sartre, *La nausée*, Paris, Gallimard, 1938, p. 185.

la cause de sa nécessité en dehors de lui, mais qui soit cause de la nécessité pour les autres : cet être, tous l'appellent Dieu[26].

Zokoué semble être d'accord avec la déduction de Thomas d'Aquin et surtout concernant la démarche utilisée. Cette démarche attribue à l'être une existence qui ne découle pas du hasard. Alors, pour revenir à Karl Barth, Zokoué fait comprendre que parler de la liberté de Dieu, c'est poser un article de foi qui nécessite la confession et non la justification.

2. Jürgen Moltmann

En se référant à Jürgen Moltmann, Zokoué essaye de présenter le conflit qui existe entre Barth et Moltmann en ce qui concerne la présence de Dieu et sa transcendance. Pour nous situer dans le débat, il cite d'emblée la critique de Moltmann :

> Ces formes de pensée qui masquent aujourd'hui encore le langage propre à l'eschatologie sont invariablement les formes de pensée de l'esprit grec, qui saisit dans le logos l'épiphanie de l'éternel présent de l'être et y trouve la vérité [...]. Le langage propre à l'eschatologie chrétienne n'est cependant pas le logos grec, mais la promesse, telle qu'elle a marqué la parole, l'espérance et l'expérience d'Israël. Ce n'est pas dans le logos de l'épiphanie de l'éternel présent, mais c'est dans la parole de la promesse, fondatrice d'espérance, qu'Israël a trouvé la vérité de Dieu. C'est pourquoi on a fait ici l'expérience de l'histoire de toute autre manière, d'une manière ouverte[27].

La citation a le mérite de toucher au point qui oppose Moltmann et Barth. Pour Moltmann, il s'agit d'une histoire ouverte qui débouche sur le crucifié et qui est l'histoire de la révélation, tandis que Barth met l'accent sur Dieu lui-même qui s'est révélé en Christ. Une approche pareille limite la portée de la révélation progressive. Il n'y a aucun autre événement à venir. Tout est accompli maintenant, que faut-il attendre encore de plus à venir ? La réalité de la révélation sous l'angle de Barth est réduite au *hic et nunc* de notre existence. Moltmann oppose encore à cette pensée une autre version des faits :

> La manifestation de la divinité de Dieu dépend totalement de l'accomplissement réel de la promesse... Et l'avenir du ressuscité

---

26. Georges Pascal, *Les grands textes de la philosophie*, Paris, Bordas, 1962, p. 62.
27. Jürgen Moltmann, *La théologie de l'espérance*, Paris, Cerf, 1970, p. 39.

n'est pas seulement le dévoilement d'une latence, mais aussi l'accomplissement d'une promesse. La révélation apportée par les apparitions du ressuscité n'est par conséquent pas seulement cachée : elle doit également être qualifiée d'inachevée et référée à une réalité qui n'est pas encore là[28].

Nous avons ici les deux positions totalement opposées des deux théologiens. La position de Karl Barth met l'accent sur le dénouement présent de la révélation et celle de Moltmann, sur celui qui reste à venir. Toutes ces positions ont comme arrière-plan historique la vie des différents auteurs. Barth a pris comme base de sa réflexion l'autorité des réformateurs et Moltmann celle de l'Ancien Testament. Malgré cela, ces deux positions ne donnent pas totalement satisfaction à Zokoué parce qu'elles ont négligé la question sur le plan de la réalité présente et de celle à venir, la notion du « déjà » et du « pas encore ». Toute la vie chrétienne se déroule sous cette tension du « déjà » et du « pas encore ». La foi ne doit pas être seulement vécue en rapport avec le passé mais il faut encore qu'elle prenne en compte l'avenir. Face à Moltmann, deux objections ont retenu l'attention de Zokoué sur sa conception eschatologique de la révélation :

- La première objection relève du fait que les paroles de Jésus dans le Nouveau Testament ne sont pas prises en compte par Moltmann. Celui-ci est parti des promesses faites dans l'Ancien Testament tout en oubliant que Jésus s'était approprié toutes ces promesses dans le déroulement de son ministère. Toute sa mission consistait à l'accomplissement de ces promesses faites dans l'Ancien Testament. Tels ont été les mots qu'il a prononcés sur la croix : « Tout est accompli » (Jn 19.30). Ce concept touche à la fin de la mission de Christ sur la terre, mais il ouvre aussi une perspective qui est caractérisée par le royaume de Dieu à venir, même s'il est déjà installé en nous. Aussi, si Moltmann affirme que « la révélation apportée par les apparitions du Christ ressuscité n'est pas seulement cachée : elle doit également être qualifiée d'inachevée, et être référée à une réalité qui n'est pas encore là[29] », Zokoué dira qu'il ne prend pas en compte l'histoire du royaume de Dieu pour lequel Christ a ouvert la porte par sa résurrection.
- La seconde objection contre Moltmann s'oppose à son discours disant que Jésus n'a pas accompli réellement les promesses de l'Ancien Testament. Cette manière de voir lance un discrédit sur sa théologie

---

28. *Ibid.*, p. 90-92.
29. *Ibid.*

qui ne sort pas de son cadre de réflexion. Jésus est Dieu, élément que semble oublier Moltmann et il jouit d'une double nature : la nature divine et la nature humaine qui ne se bousculent ni ne s'entrechoquent mais qui collaborent de manière étroite. Les promesses ont été accomplies par le Christ à la croix et c'est ce qui constitue l'œuvre de la rédemption. Les deux natures ont agi dans ce sens parce qu'elles sont consubstantielles. Il n'est plus question de promesses latentes selon la pensée de Moltmann. Même si d'autres promesses restent encore à être accomplies, la plus importante a déjà été faite. Dieu s'est fait chair et est venu habiter au milieu de nous (cf. Jn 1.14).

3. Révélation et présence de Dieu

Nous nous rendons compte qu'à travers toutes les approches de Zokoué en ce qui concerne ce chapitre, la notion de la présence de Dieu revient dans tous les débats. Dans ce cas de figure, il a voulu remettre en lumière ce concept qui a été un peu galvaudé par Barth et Moltmann surtout dans le contexte de la révélation. Le point culminant à déterminer n'est pas le fait de la compréhension de ce que Dieu dit, mais plutôt de quelle manière Dieu parle à l'homme. La révélation par excellence ou la révélation spéciale est l'œuvre de Christ. Zokoué insiste sur cette dimension tout en la situant dans le contexte de la trinité. Si Dieu nous parle par le Fils, cela veut dire qu'il nous parle par lui-même et que nous l'écoutons. C'est là où Zokoué veut en venir et il le souligne fortement.

> J'ai insisté sur le dialogue que Dieu lui-même engage directement, c'est-à-dire sans intermédiaire avec l'homme. Je dois maintenant préciser que la révélation est un moyen de communication personnelle entre Dieu et l'homme. C'est Dieu qui me parle et non pas une voix anonyme qui me parvient. Et quand je prie, je n'ai pas le sentiment de parler dans le vide, mais je sais que Dieu lui-même m'écoute. La communication entre nous deux se fait de personne à personne. C'est cela qui me permet de saisir la réalité de Dieu. Dans la révélation, Dieu se rend présent et concret à moi, et c'est ainsi qu'il me parle[30].

Il est question d'écouter Dieu parler et de lui répondre. Dieu entre en communication directe avec l'homme et celui-ci le saisit dans une dimension concrète de son existence. Il n'est pas question de le voir avant de l'écouter. La

---
30. Zokoué, « Comprendre Dieu », p. 44.

communication se fait par la parole. Qu'importe la manière dont cette parole est dite, on la reçoit quand même. Cette parole reste invisible à nos yeux mais visible à notre entendement. Et la marque de l'opposition à Barth et à Moltmann est celle qui est liée à la révélation personnaliste de Dieu que Zokoué défend. Qu'est-ce que cela veut dire ? La révélation personnaliste de Dieu n'est pas une approche qui désire objectiver Dieu, c'est-à-dire le soumettre à nos *desiderata*. Elle est tout simplement le fait de procéder à un choix. Qui doit être notre Dieu personnel ? Et Zokoué a fait le choix de ce Dieu qu'il considère comme son Dieu personnel qui est déjà une garantie contre les dérives de l'idolâtrie. Ce Dieu se révèle à lui comme une personne et en même temps, il lui fait comprendre sa tri-dimension divine. Le Dieu personnel ne doit pas être mis au même rang que les autres dieux.

Quand Dieu se révèle à nous, sa présence dans la révélation est univoque. Il nous fait connaître ce qu'il est au fur et à mesure qu'il nous parle et la manière de lui plaire maintenant et dans l'avenir selon les paroles de l'apôtre Paul : « Aujourd'hui nous voyons au moyen d'un miroir, d'une manière obscure, mais alors nous verrons face à face ; aujourd'hui je connais en partie, mais alors je connaîtrai comme j'ai été connu » (1 Co 13.12). Dans cette révélation progressive, l'homme découvre petit à petit la volonté de ce Dieu révélé. Par conséquent, quel sera l'impact de la révélation dans la vie de l'homme ?

III. Révélation et salut

Le contenu de la révélation et du salut trace en filigrane tout le plan de Dieu pour amener l'homme à le connaître. C'est ce que Zokoué va développer en situant d'abord le contexte de l'existence première de l'homme avant d'arriver au problème posé. La révélation et le salut doivent se comprendre à partir de la première base qui est la chute.

1. La chute

La révélation nous a fait entrevoir l'acte libre de ce Dieu qui, dans la dimension de son amour, s'est révélé pour que l'homme puisse le connaître et le comprendre. Alors, la question soulevée est de savoir si cette révélation de Dieu a pour cause et effet la chute ? Zokoué répond à cette interrogation en nous faisant comprendre que la chute n'est aucunement le moteur fonctionnel de la révélation. Si elle n'avait pas eu lieu, Dieu se révélerait toujours à l'homme ; et comme la chute est attestée dans l'histoire de la Bible dans Genèse 1 à 3, il est évident d'y voir aussi l'histoire de la révélation.

La création de l'homme a été déjà une reconnaissance de l'aspect de la révélation, parce que Dieu insuffle en lui son souffle de vie et l'homme devient un être vivant. En lui donnant ce souffle, Dieu a inculqué en lui et l'âme et l'esprit. L'âme dans le cadre de son existence et l'esprit pour être en communication avec Dieu. Et tout ce mouvement s'est fait par la seule parole de Dieu. C'est à travers la parole que Dieu a tout créé. Par cette parole, il bénit les humains ou les maudit également. Par la parole, il invite l'homme à son écoute. De même, lorsqu'il s'est révélé à l'homme, il lui a fait prendre conscience de son existence et de l'existence de toutes les autres créatures de Dieu. Et Zokoué, pour justifier cette thèse, fait appel à cette citation de Rudolf Bultmann :

> Qu'est-ce qui est donc révélé ? Absolument rien, si dans la révélation on cherche des enseignements, voire des enseignements que personne n'aurait pu trouver, des mystères qui, dès qu'ils ont été communiqués, sont connus une fois pour toutes. Mais tout, dans la mesure où les yeux de l'homme s'ouvrent sur lui-même et où il peut à nouveau se comprendre lui-même[31].

Par la révélation, l'homme découvre son environnement et son statut. Mais pour Zokoué, cette pensée de Bultmann ne constitue qu'une partie de la vérité. Par la révélation, ce qui se passe premièrement en l'homme, c'est la possibilité d'ouvrir les yeux d'abord sur Dieu et sur lui ensuite. Et c'est à travers la parole donnée que l'homme peut se comprendre. Il est totalement impossible à l'homme lui-même de se découvrir. Pour Zokoué, il faut d'abord écouter le discours de Dieu pour comprendre et la parole constitue le socle de la recherche de l'homme en vue de sa propre compréhension.

Cependant, la révélation de Dieu n'est pas le seul fait de la connaissance de l'homme, elle a également mis l'homme en contact avec la connaissance du bien et du mal. Cette connaissance du bien et du mal a été révélée par Dieu à l'homme quand il lui a fait connaître les conditions de vie dans le jardin d'Éden. Et par la même parole, il a aussi compris l'existence de la mort et ce, bien avant la chute. De là, l'homme pouvait savoir ce qui est bien et ce qui est mal et comment il pouvait vivre tout en plaisant à Dieu. Aussi, il a fait une autre découverte, celle de la liberté de choix. De ce principe, Zokoué se demande : pourquoi Dieu avait-il laissé à l'homme ce libre arbitre au lieu de lui imposer son vouloir ? Cette question revient toujours quand la thèse de la liberté de choix du premier homme

---

31. Rudolf BULTMANN, *Foi et compréhension*, tome II, *Eschatologie et démythologisation*, trad. sous la direction de A. Malet par A. et S. Pfrimmer, S. Bovet et A. Malet, Paris, Seuil, 1970. p. 44.

s'est posée. Pourquoi celui-ci est-il tombé dans un mal qui existait déjà ? Zokoué développe sa pensée selon les différentes approches qui suivent.

D'abord, il fait référence à la création des anges qui sont des créatures comme nous, à la seule différence qu'ils ne possèdent pas la même morphologie physique que nous. Cependant, de la différence entre les anges et les hommes, un point obscur subsiste : qui a été créé en premier ? La Bible semble muette sur le sujet et Zokoué le reconnaît. Toutefois, selon différentes théories et passages bibliques, Satan semble être le premier créé et aussi le premier qui a péché (Es 14.12, Ap 22.8-9, Ez 28.15, etc.). Le point qui interpelle le plus Zokoué est lié à la connaissance de la mort, qui n'est rien d'autre que l'état de séparation. Des exemples peuvent être cités, tels que la mort d'un homme, c'est-à-dire la séparation du corps et de l'âme, la mort spirituelle qui est l'état de séparation entre Dieu et l'homme. La mort représente cette séparation qui a été l'œuvre première de Satan. Et selon les textes bibliques, Satan a été projeté sur la terre par Dieu, la terre sur laquelle vit l'homme créé à l'image de Dieu. Par conséquent, le libre choix accordé par Dieu à Adam entre dans cette histoire et Dieu, dans sa prescience, sait qu'Adam fera face un jour à Satan. En le faisant, il le met en garde contre les choix qu'il aura à faire durant son existence. Il n'est pas question ici, par la liberté accordée, d'éprouver l'homme, mais tout simplement de lui permettre de faire appel à la Parole de Dieu lorsqu'il sera tenté. Mais si Dieu a révélé à l'homme cette existence du mal, Zokoué se pose encore les questions suivantes : pourquoi Dieu n'a-t-il pas révélé à l'homme toutes les conséquences de cette désobéissance ? Comment l'homme, sachant toutes les conséquences, allait-il résister aux attaques de Satan et pourquoi Dieu ne l'a-t-il pas fait ? Pourquoi a-t-il limité sa révélation ? Zokoué en donne les réponses suivantes :

> Dieu n'a pas tout dit afin de faire naître la foi en l'homme. Par le commandement, Dieu a dit assez pour permettre à l'homme de lui faire confiance. Ainsi, bien avant la chute, Adam avait la foi, engendrée en lui par le commandement. Le commandement n'est pas une épée de Damoclès qui plane sur l'humanité, mais un catalyseur de la foi, une occasion pour l'homme de rester en relation de pensée avec Dieu. Le long et lent processus de la révélation est en fait la dynamique de la foi[32].

Cette justification dans ce contexte peut être acceptée, mais on peut de nouveau soulever la question suivante : Si déjà Adam avait la foi de par la révélation de Dieu et de lui-même, pourquoi a-t-il succombé à Satan pour encourir

---

32. Zokoué, « Comprendre Dieu », p. 44, p. 50.

toutes les conséquences qui lui ont été dictées par Dieu ? Zokoué ne donne pas la réponse à cette question et fait seulement savoir le fait historique qui entérine cette action. Satan a été jugé par Dieu et Adam l'a aussi été. Par conséquent, ces deux figures représentent ceux qui se sont rebellés dès le début à Dieu et portent sur eux toutes les conséquences de leur désobéissance. Cependant, Dieu a exprimé à Adam toute la dimension de sa grâce en cherchant à renouer de nouveau le dialogue avec lui. Ce qui revient à dire que la chute n'a pas mis fin à la révélation de Dieu ni à l'image que Dieu a inculquée dans l'homme. La chute n'a fait que briser la relation qui existe entre l'homme et Dieu. La révélation reste toujours nécessaire avant et après la chute pour l'homme dans toute sa dimension existentielle.

2. Révélation et salut

Le premier objectif de la révélation qui a été développé est l'établissement de la relation entre Dieu et l'homme après la chute. Il a fallu que l'homme soit jugé à cause de sa désobéissance aux commandements de Dieu. C'est ce que Zokoué appelle la justice de Dieu qui sanctionne et qui doit poursuivre sa logique. Si l'homme ayant compris cette sanction veut revenir à Dieu, alors il lui faut se confronter à deux obstacles selon Zokoué.

Le premier obstacle est le fait de l'homme lui-même. Il faut qu'il comprenne la réalité de Dieu et son plan pour lui. L'homme doit se rendre compte de sa propre turpitude et chercher à revenir à Dieu. Seul Dieu peut lui permettre la sortie, mais l'homme n'en possède pas la conscience et il faut que Dieu l'interpelle. Cette interpellation de Dieu va donner à l'homme la pleine conscience de sa culpabilité. L'interpellation est faite au moyen de la révélation et introduit l'homme dans l'histoire de Dieu. Toute histoire humaine, si déterminée qu'elle soit par le péché, est dès lors placée dans cette histoire de Dieu, c'est-à-dire dans la trinité et intégrée dans son avenir. L'alternative réside dans une théologie de la croix. En face de la révélation, qui est la présence de Dieu, s'élèvent d'innombrables questions humaines.

Mais toutes ces questions se rapportent déjà à la réponse donnée dans la révélation de cette présence. La révélation de Dieu en Jésus-Christ, la connaissance de la foi caractérise l'objet de la foi. Jésus-Christ est le Dieu devenu homme. En parlant du Symbole des Apôtres ou Crédo, Karl Barth écrit :

> Si Dieu n'était pas devenu homme, [...] tout ce que nous pourrions imaginer et dire de Dieu, dans ce qu'Il est *au-dessus* de l'homme et *avec* lui, serait arbitraire, erroné et illusoire, comme le sont toutes

les considérations analogues touchant Dieu et l'homme, énoncées par toutes les religions et toutes les philosophies[33].

La foi renferme quelque chose de la liberté dynamique, libératrice, de l'immutabilité et de l'absolue suffisance de Dieu en lui-même.

Le deuxième obstacle est que le salut témoigne de la grâce de Dieu à l'homme, et pour hériter de cette grâce, encore faudrait-il que Dieu lui en ouvre la porte. Même si l'homme a reçu le pardon de Dieu et est gracié, il faut absolument que Dieu l'accepte et lui dise oui. Pour Zokoué, c'est à ce stade que se mesure la grâce de Dieu pour l'homme. En nous acceptant en Jésus-Christ, en nous restaurant, Dieu n'est pas passé outre le jugement dont nous avons été frappés. La justice de Dieu doit suivre son cours jusqu'à la fin afin de restaurer l'homme dans sa vraie humanité et c'est cette concrétisation de restauration que le Christ a exprimée sur la croix en mourant « Père, je remets mon esprit entre tes mains » (Lc 23.46). Le Christ s'est exprimé ici non en tant que Dieu mais en tant qu'homme-Jésus. Le Christ restaure l'homme en payant la rançon à sa place et rend caduc le jugement qui a frappé l'homme.

Le plan de Dieu dès la chute doit passer par le sacrifice qui accorde à ce fait une option sotériologique. L'Ancien Testament regorge d'exemples en cela. Mais pourquoi Dieu a-t-il attendu très longtemps pour que cet acte s'accomplisse en Christ, se demande Zokoué ?

Dans sa souveraineté, Dieu a fixé un temps pour que cet événement se concrétise en donnant la loi à son peuple. Selon les termes de l'apôtre Paul, « la loi a été comme un pédagogue pour nous conduire à Christ » (Ga 3.24). Ainsi, pour Zokoué, tout le déroulement de cette histoire est une forme de pédagogie de la révélation. Ce qui suggère de parler plus de l'histoire de la révélation que de l'histoire du salut qui tient compte de tout ce qui s'est passé depuis les origines jusqu'à nos jours. Toute cette histoire est consignée intégralement dans la Bible qui est Parole de Dieu. Dieu nous parle par la Bible qui ne doit pas être considérée comme un manuel quelconque. Elle est la parole vivante du Dieu vivant.

Si l'homme est sauvé, l'histoire ne s'arrête pas là, le salut n'est rien d'autre que le point de départ, c'est-à-dire le premier objectif de la révélation. L'objectif principal est d'inscrire l'homme dans une relation qui va perdurer éternellement avec Dieu. Il est question de vie de communion avec Dieu. Par conséquent, le salut n'est pas une fin en soi parce que la révélation dépasse le cadre du salut. Dans sa logique de pensée, Zokoué fait intervenir la divergence d'opinion entre Luther et Calvin liée au temps du salut. Nous passons outre ce débat, qui est plus un débat

---

33. Karl BARTH, *Crédo*, Genève, Labor et Fides, 2ᵉ édition, 1969, p. 57 (italiques dans l'original).

d'école, pour soulever l'autre grande question, celle de savoir si la révélation de Dieu a toujours pour finalité le salut de l'homme. Zokoué traite cette question à partir de la réponse de Paul Tillich. La réponse donnée par Tillich est la suivante :

> Nous avons affirmé que là où il y a révélation, il y a salut. La révélation n'est pas une information sur des choses divines : la révélation, c'est le fondement de l'être qui se manifeste de façon extatique dans les événements, des personnes et des choses. De telles manifestations ont à la fois une puissance d'ébranlement, de transformation et de guérison. Ce sont des événements de salut dans lesquels la puissance de l'Être Nouveau est présente. Sans doute elle est présente de façon préparatoire, fragmentaire, avec des possibilités de déformation démoniaque. Mais elle est présente et elle apporte la guérison là où elle est accueillie avec sérieux[34].

Zokoué commente cette citation de Tillich dans le sens où pour qu'il y ait salut, il faut faire apparaître le sérieux de la révélation. Toute révélation qui ne dénote pas du sérieux ne peut être l'objet de salut. Tillich confère à la révélation une condition. Mais Zokoué fait intervenir d'autres propos de Tillich pour étayer son explication.

> Mais si on fait dépendre le salut pour la vie éternelle de la rencontre de Jésus comme Christ et de l'accueil de sa puissance salvatrice, seul un petit nombre d'humains peuvent être sauvés […]. À un degré ou à un autre, tous les hommes participent à la puissance de guérison et de salut agissant à travers l'Être Nouveau. Sinon ils perdraient leur être[35].

En fin de compte, Tillich reconnaît que là où il est question de la révélation, il sera toujours question du salut. En le disant, Tillich ne fait pas la distinction entre la relation de vie et la relation d'esprit selon Zokoué. Il relativise le processus de la révélation. Il ne peut y avoir perte de la relation de l'être que s'il y a perte de la relation de vie mais cela ne peut se produire parce que la relation dans le cadre de la révélation, pour Zokoué, est un don inconditionnel de Dieu selon les paroles de Jésus dans Jean 3.36 : « Celui qui croit au Fils a la vie éternelle ; celui qui ne croit pas au Fils ne verra point la vie, mais la colère de Dieu demeure sur lui. » L'autre piste que Zokoué emprunte, pour toujours donner des réponses à la

---

34. Paul TILLICH, *L'existence et le Christ*, Lausanne, l'Age d'Homme, 1980, p. 197.
35. *Ibid.*

question, est celle de l'élection. Il formule deux hypothèses qui seront confirmées ou infirmées.

La première hypothèse est celle-ci : Dieu ne se révèle qu'à ceux qui sont prédestinés au salut ; et dans ce cas, la révélation mène toujours au salut. La seconde est la suivante : Dieu se révèle à tous les hommes mais seuls les prédestinés l'accueillent ; et dans ce cas la révélation ne mène pas toujours au salut. Pour Zokoué, la première hypothèse est à infirmer. Quand il est question de la révélation générale, tout le monde est concerné, et la deuxième hypothèse est confirmée par les passages de Romains 1 et 2 qui ne parlent que de la révélation générale. Aussi, que devient dans cet ordre la révélation de Dieu en Jésus-Christ ?

Pour les tenants de l'élection, si Dieu se révèle en Jésus-Christ à tous les hommes, seuls ceux qui sont élus peuvent bénéficier du salut. Par conséquent, la révélation n'aboutit pas toujours au salut. Si telle est la pensée, que serait devenue la toute-puissance de Dieu et de sa pensée ? Zokoué fait intervenir la notion de théodicée qui est une forme de théologie qui traite de la justification de Dieu, de sa bonté, de la liberté de l'homme et de l'origine du mal. Cette position est compréhensible selon saint Augustin : « Devant les volontés mauvaises des hommes, Dieu peut convertir au bien celles qu'il veut. Mais quand il le fait, il le fait par miséricorde [...]. Lorsque la miséricorde ne s'exerce pas, il n'y a pas injustice mais jugement ; car il n'y a pas d'injustice en Dieu[36]. »

Cette thèse confère à Dieu toute la souveraineté dans le choix qu'il peut faire, car il fait grâce à qui il veut. Quel sera le sort réservé à tous ceux qui tombent sous le coup de cette position depuis Adam ?

Pour Zokoué, la théologie de l'élection ne peut donner des réponses satisfaisantes à cette question et il s'oriente vers une autre piste qui est celle de l'efficacité de la révélation. Cette pensée a déjà été développée par Zokoué parce qu'elle touche à la notion de la nécessité de la révélation. Faire intervenir le problème de l'efficacité est d'une double importance. Il s'agit de la finitude de l'homme et de sa chute. Le premier niveau de la révélation est sa permanence d'existence par l'interpellation de l'homme. C'est ce qui confère à celui-ci son sentiment religieux. Le deuxième niveau concerne le salut. Il est nettement question de la restauration de l'homme dans son humanité pour lui permettre de rester en dialogue constant avec Dieu. Zokoué nomme cette constance « la grâce prévenante par laquelle Dieu met le pécheur dans les meilleures dispositions pour accueillir le salut[37] ». L'homme est placé devant le choix d'obéir ou de désobéir à Dieu. Il est laissé à son libre-arbitrage de décision comme Adam. Si

---

36. Saint Augustin, *Enchiridion Symbolium Fidei*, Paris, Desclée de Brouwer, 1974, p. 275-279.
37. Zokoué, « Comprendre Dieu », p. 59.

l'homme désobéit, il se retrouve dans les mêmes conditions qu'Adam et il sera jugé comme Adam parce qu'il a connu le même péché qu'Adam qui lui ouvre les yeux sur la connaissance de la mort :

> Car il est impossible que ceux qui ont été une fois éclairés, qui ont goûté le don céleste, qui ont eu part au Saint-Esprit, qui ont goûté la bonne parole de Dieu et les puissances du siècle à venir, et qui sont tombés, soient encore renouvelés et amenés à la repentance, puisqu'ils crucifient pour leur part le Fils de Dieu et l'exposent à l'ignominie (Hé 6.4-6).

Ce passage dit que ceux-là n'ont pas reconnu comme tel le sacrifice opéré par Christ sur la croix pour le pardon de leurs péchés. Cela atteste que la révélation de Dieu en Christ vise toujours le salut de l'humanité, mais, malheureusement, certaines personnes repartent toujours dans la boue d'où elles étaient sorties. Ce retour dans le péché lorsqu'on a connu la grâce de Dieu, pour Zokoué, ne doit pas être considéré comme l'échec de la volonté de Dieu. Il est vrai que la volonté de Dieu est toute puissante et ne peut être dominée par celle de l'homme. Mais quel est alors le problème ? Zokoué fait référence à la pensée de saint Augustin : « Dieu veut que tous les hommes soient sauvés. Or, plus grand est le nombre de ceux qui ne le sont pas. La volonté de Dieu est-elle vaincue par celle des hommes ? Même si la volonté de l'homme s'oppose à la volonté de Dieu, Dieu fait tout ce qu'il veut faire[38]. » Augustin, dans sa logique, ne tient pas compte de la grâce de Dieu et de la liberté de choix de l'homme. Certes, la volonté de Dieu finit toujours par s'accomplir ; cependant, Dieu donne à l'homme la possibilité de l'accepter ou de la refuser. La grâce de Dieu ne s'impose pas à l'homme. Elle est le don que Dieu offre à l'homme, parce que tout l'Évangile est caractérisé par la liberté. Par contre, lorsqu'il est question de la liberté, il faut aussi faire intervenir le problème de la chute.

Tout le chapitre traite du problème de la révélation qui ouvre le dialogue entre Dieu et l'homme en vue de son salut et pour vivre en communion avec Dieu, parce que Dieu parle et l'homme comprend et est invité à répondre à la Parole de Dieu. C'est le problème de l'herméneutique que Zokoué va développer par la suite. Il ne sera plus question de comprendre Dieu.

---

38. *Ibid.*, p. 273.

2

De la révélation à l'herméneutique

Après avoir analysé le processus de la révélation en situant son contenu, sa nécessité et sa permanence, nous allons présenter dans ce deuxième chapitre les limites de la révélation pour mettre en relief les principes herméneutiques selon Zokoué. Les points cruciaux qui seront analysés touchent aux différentes limites de la révélation, à la nécessité de l'herméneutique, à la zone de foi et au rôle de la foi. Chaque grand thème est toujours accompagné d'autres sous-rubriques que nous découvrirons au fur et à mesure dans l'agencement de notre développement.

I. Les limites de la révélation

Il faut entendre par limites de la révélation les différentes valeurs qu'elle confère. Il s'agit de la valeur qualitative et de la valeur quantitative. En ce qui concerne la première valeur, il est question de situer ce qu'est la révélation ou non. Le problème soulevé concerne plus le canon de la Bible. La seconde valeur touche à la fin de la révélation et justement, dans son étude, Zokoué commence par le deuxième point.

1. Limites quantitatives de la révélation

Quatre éléments de réponses sont à l'ordre du jour. Toutes les limites qui vont être développées touchent plus à la condition de l'homme et à sa situation dans l'étendue environnementale.

1.1. Limite ontologique de la révélation

La révélation de Dieu à l'homme ne lui enlève pas totalement sa liberté d'expression et de mouvement, c'est le péché qui introduit dans cette relation des obstacles entre l'homme et Dieu. Le péché cherche à se saisir de la conscience de l'homme pour pouvoir le contrôler. Étant le principe des ténèbres, le diable veut s'approprier à tous égards la conscience humaine. Zokoué utilise dans ce cas de figure, le mot « annexion ». Du fait que Satan et l'homme sont tous les deux les créatures de Dieu, s'il y a recherche de domination de l'un sur l'autre, tel le cas de Satan, alors il est question de l'annexion. Satan veut prendre la place de Dieu. En le faisant, il manipule la conscience de l'homme.

L'homme qui est sous le contrôle du Saint-Esprit et qui entretient avec Dieu une communion en toute liberté se voit en butte aux attaques de Satan. L'homme a été créé à l'image de Dieu et Dieu lui parle en son cœur en toute liberté de conscience ; mais si l'homme arrive à succomber aux griefs de Satan, il entraperçoit ses limites, à savoir son état d'être fini, et, dans ce cas, cette finitude constitue les limites de la révélation. La finitude est une cause de la limite de la révélation. Et Dieu connaît cette limite et non l'homme. L'homme perçoit sa limite ontologique mais la vie qu'il mène ne lui ouvre pas toutes les portes de sa connaissance. Pour cela, Zokoué laisse entendre que seule la limite praxis peut être atteinte par l'homme et il en donne l'exemple qui suit :

> Quand Marie se demande comment elle peut concevoir un enfant vu sa virginité, elle ne voit pas sa limite ontologique puisqu'en tant que femme elle peut devenir mère ; mais elle se heurte à une impossibilité concrète, à la mise en œuvre que l'ange lui annonce. Et c'est cette limite qu'elle franchit par la foi en disant : « Je suis la servante du Seigneur, qu'il me soit fait selon ta parole » (Lc 1.38)[1].

La limite praxis touche à l'acte de foi qui peut permettre à l'homme d'accomplir la volonté de Dieu. Même si l'homme accomplit des miracles grâce à sa foi en Dieu, il n'en reste pas plus homme que Dieu. Il ne dépasse pas sa limite ontologique. En tant qu'être humain, il reste et demeure toujours dans sa limite ontologique ; compte tenu de sa finitude, il ne peut être considéré comme un Dieu. Et c'est dans cette dimension existentielle que la révélation de Dieu se pose à lui. En dehors de cette dimension, il lui serait impossible de rencontrer Dieu. Dieu ne se révèle à l'homme que dans son cadre de l'existence, pas en dehors ni au-delà. Ce contexte a été attesté par l'apôtre Paul dans l'Épître aux Galates 4.4 : « Mais, lorsque les temps ont été accomplis, Dieu a envoyé son fils, né d'une femme, né

---

1. Zokoué, « Comprendre Dieu », p. 63.

sous la loi ; afin qu'il rachetât ceux qui étaient sous la loi, afin que nous reçussions l'adoption. » Le mystère de l'incarnation se dégage ici dans ces passages.

En acceptant l'adoption offerte par Dieu, l'homme fait reculer sa limite ontologique dans un processus dynamique de la foi. La marche dans la communion avec Dieu le met dans le circuit de la sanctification, qui est un exercice journalier de progression dans la connaissance avec Dieu, qui lui se révèle de manière progressive à l'homme. Et il procure à l'homme d'autres capacités réelles de connaissance du contenu de la révélation. Seul Dieu peut élargir les limites ontologiques de l'homme en éclairant sa finitude par sa lumière. C'est pourquoi, la limite ontologique de l'homme équivaut à la limite de la révélation pour lui. Et Zokoué cite Calvin qui présente comment l'homme s'inscrit dans la limite de la révélation.

> Il faut que Dieu, pour se déclarer à nous, descende de sa hautesse, et qu'il se transfigure, afin que nous puissions connaître de lui ce qui nous est profitable […]. Nous serions tous abimés de la majesté de Dieu, si elle se montre à nous en sa grandeur infinie. Et ainsi il faut que Dieu voyant notre infirmité se montre à nous selon que nous pouvons le porter, et il faut qu'il change comme de nature[2].

Pour Calvin, la révélation de Dieu à l'homme est dans un but de salut. Cependant, Calvin essaye de nous présenter la limite de la compréhension de l'homme devant la toute grandeur de Dieu. L'homme ne peut saisir cette grandeur que selon sa finitude et dans un moment de dénaturation ou de transfiguration de Dieu. Cette idée va perturber sa nette connaissance du contenu de la révélation et de la nature de ce Dieu. Pour que Dieu soit compréhensible à l'homme, il faut qu'il s'accommode à ce dernier, et cette pensée est appréciée de Zokoué, mais non que Dieu puisse se dénaturer. La finitude de l'homme en soi est relative à sa limite ontologique de la révélation.

1.2. Limite culturelle de la révélation

Pour que l'homme comprenne le contenu de la révélation de Dieu, il faut que ce contenu soit exprimé dans un langage culturel. Toute la communication repose sur des signes, des symboles d'images qui sont compris par la communauté dans laquelle la révélation doit être donnée. L'homme est un produit de la culture qui englobe toute sa vie et son environnement. Pour que l'homme comprenne la parole, il lui faut comprendre aussi toute la structure dans laquelle cette parole

---

2. R. STAUFFER, *Creator et Rector Mundi : Dieu, la création et la providence dans l'œuvre homilétique de Calvin*, t.I, Paris, 1976, p. 12.

est prononcée. Quand Dieu se révèle à l'homme, il met cette révélation dans la catégorie culturelle de ce dernier. C'est ce qui fait admettre qu'une telle culture peut entraver la portée de la révélation si elle n'est pas connue par les uns et les autres. Dieu s'adapte à la culture de l'homme et parle le langage de l'homme.

Cependant, pour Zokoué, Dieu peut aussi renouveler la culture en y apportant quelque chose d'autre qui la façonne, la transforme sans pour autant détruire l'identité culturelle de ceux à qui la communication est donnée. Il est question de l'Évangile. Cette tension de tenir en laisse la culture et de la transformer ou de la transcender est le fait de l'Évangile. L'exemple du choix du peuple d'Israël en est la parfaite illustration. L'apôtre Paul l'a souligné aussi pour la venue du Christ. Dieu a envoyé son Fils dans un peuple qui a sa culture à lui, ses us et coutumes, sa langue propre. Mais il ne se limite pas seulement à cela à cause de l'universalité du message de l'Évangile. On se rend compte que les Juifs, comme le peuple choisi par Dieu, avaient du mal à saisir la portée universelle de la parole qui leur a été adressée. Dieu pouvait choisir un autre peuple, mais pourquoi justement s'est-il approprié seulement le peuple juif ? Zokoué répond en affirmant qu'« il n'y a qu'un seul sauveur qui devait mourir une seule fois pour le salut de toute l'humanité[3] ». À cause du caractère personnel et de l'unicité du message du salut, le choix d'un seul peuple est nettement justifié comme déterminant l'origine.

En choisissant Israël, nous faisons nôtre cette histoire à partir d'Abraham qui n'est pas seulement le père d'Israël mais celui de toutes les nations. Jésus-Christ est l'accomplissement de la promesse faite à Abraham et la loi accordée à ce peuple a permis de nous ouvrir les yeux sur le péché. Cette loi a fait place à la grâce tout comme Moïse à Jésus-Christ. Le choix d'Israël n'a été que le début de tout l'accomplissement du plan de Dieu pour l'humanité entière. Selon Zokoué, un autre fait justifie la limitation du choix de Dieu à Israël, c'est la question de l'alliance. Dans le cadre de la révélation progressive, Dieu a conclu avec Israël plusieurs alliances jusqu'à la préparation de la nouvelle alliance, dont le Christ lui-même est le médiateur par excellence. Cette manière de procéder atteste de la liberté de choix de Dieu qui peut traiter avec qui il veut. Et la particularité de l'alliance est que chaque partie est appelée à s'acquitter des conditions de l'alliance. À travers l'alliance, la révélation qui a été donnée dans une autre culture est devenue universelle et accorde à chaque église qui vit dans cette alliance de se l'approprier selon sa culture.

---

3. *Ibid.*, p. 66.

1.3. Distance temporelle et culturelle de la révélation

La question relative à la distance culturelle est différente de la limite culturelle de la révélation. Ainsi, de nos jours, pour entrer dans le contenu de cette révélation, il faut repartir au contexte de départ, c'est-à-dire à l'histoire du peuple juif dans laquelle la révélation a été donnée. Ce retour nécessite plusieurs méthodes. Pour préciser cette idée, Zokoué soulève la question suivante : Dieu s'est révélé en Jésus-Christ il y a deux mille ans, en quoi cela me concerne-t-il ? Cette question atteste de nouveau que la révélation n'a pas été donnée exclusivement à Israël, elle a une portée totalement universelle, pour tous ceux qui ont vécu avant et après cette révélation jusqu'à la fin des temps.

L'Église est appelée à témoigner de cet événement dans sa mission et toutes les personnes qui ont reçu ce témoignage doivent se laisser interpeller par ce message. Il ne s'agit pas de la tradition mais plutôt du message de l'événement. Zokoué fait la différence entre le témoignage et la tradition. Il cite alors René Marlé dans sa critique contre Rudolf Bultmann sur sa position contre la traduction quand il écrit :

> L'Église elle-même ne se comprend pas seulement comme la communauté de ceux qui entendent justement dans la foi, la Parole de Dieu contenue dans l'Écriture, d'une tradition dans laquelle sa pensée est authentiquement conservée et où par conséquent la substance même de l'Écriture ne cesse d'être en état de porter ses fruits de salut. Si en particulier le problème herméneutique prend chez Bultmann la forme provocante et dramatique du problème de démythisation, n'est-ce pas qu'il est posé par un théologien qui veut rencontrer sans intermédiaire le monde de foi d'hommes que vingt siècles séparent du sien ? D'où nécessairement cette impression vertigineuse d'un véritable abîme à franchir. Bultmann nous semble une fois exprimer dans ses dernières conséquences ce que l'on pourrait appeler l'aventure protestante[4].

René Marlé pense que seule la tradition est le chemin qui permet de remonter l'histoire jusqu'à l'avènement de Christ. Mais, on ne peut non plus parler de Christ sans tradition dans le protestantisme, différente du contenu que le catholicisme lui accorde. Quand on parle de la tradition, on parle également de l'histoire et le protestantisme s'est formé pendant l'histoire des traditions qui ont fixé les dogmes et mis en code tout ce que nous connaissons maintenant. Le témoignage

---

4. René MARLE, *Le problème théologique de l'herméneutique*, Paris, Edition de L'Orante, 1963, p. 118.

est la vie de l'Église et là où il y a l'Église, c'est là où la Parole de Dieu est prêchée. L'Église voit le jour à travers la *Creatura Verbi*, la Parole prêchée. L'Église prêche Jésus-Christ depuis plus de deux mille ans et la Parole qu'elle prêche me concerne aussi aujourd'hui et quand je la reçois, c'est à partir de ce moment seulement que le contenu de la tradition devient réalité pour moi. Christ est celui qui peut faire autre chose de la tradition. Pour Zokoué, la différence entre le témoignage et la tradition est qu'il n'existe aucune évolution de la révélation pour la foi. Le Christ d'aujourd'hui est le même que celui d'il y a deux mille ans et dans la foi, le passé se conjugue au présent et le contenu de la révélation ne change et ne changera jamais. Les paroles que l'homme prononce sur Dieu dans l'Église sont considérées comme prédications quand celles-ci sont axées sur la vraie espérance, sur la volonté de témoigner la Parole de Dieu. Il est vrai que toutes les paroles chrétiennes dans l'Église sont adressées à Dieu seul, ou bien à Dieu ou à l'homme. Karl Barth souligne également qu'en tant qu'êtres humains, nous ne pouvons pas parler de Dieu. Pour lui, parler de Dieu voudrait dire :

> Parler sur le fondement de la Révélation et de la foi. Parler de Dieu voudrait dire parler de la Parole de Dieu, la Parole qui ne peut venir que de Dieu, la Parole où Dieu devient homme. Nous pouvons rejeter les quatre mots, mais en les répétant, nous ne disons pas la Parole de Dieu, dans laquelle cette idée devient une réalité, une vérité[5].

De plus selon Karl Barth, « dans le discours sur Dieu qu'est la prédication, il y a une volonté cachée qui donne à ce discours son véritable sens d'"annonce" : la volonté de dire la Parole de Dieu même[6] ». Le discours humain sert la parole divine. Il doit apporter aux consciences bouleversées, la réponse aux questions que les hommes se posent. La Parole de Dieu doit être prêchée et annoncée. Le discours humain ne peut être une prédication que s'il sert la Parole de Dieu de manière authentique. La prédication est un moyen de grâce renvoyant à l'interprétation de Dieu lui-même.

> Le propre de la vraie prophétie, c'est que l'homme qui la prononce ne possède, en tant qu'homme, aucune possibilité de dire la Parole de Dieu. Lorsque notre parole prétend devenir prédication, elle ne peut pas prétendre qu'elle est la grâce, mais seulement qu'elle la sert, qu'elle est un moyen de grâce. Si la volonté humaine qui intervient ici était la volonté de saisir par des moyens humains

---

5. Karl BARTH, *Parole de Dieu et parole humaine*, Paris, Les Bergers et Mages, 1966, p. 214-215.
6. BARTH, *Dogmatique* I, p. 50.

quelque chose qui dépasse l'homme, si elle s'efforçait de mettre l'homme porteur de la Parole à la place de Dieu, elle ne serait qu'une révolte blasphématoire contre Dieu[7].

La volonté humaine qui doit exister est celle d'annoncer l'Évangile, la seule mission qu'elle doit assumer. Par contre, en quoi consiste la prédication de l'Église ? Elle consiste à annoncer l'Évangile. C'est un service de la Parole de Dieu. Un service fondé sur la miséricorde qui nous a été faite. Le ministère de la Parole de Dieu consiste donc uniquement dans l'être et le faire que Dieu désire pour tous les hommes.

1.4. Limite historique de la révélation

L'histoire de la révélation fonctionne avec le temps de la vie. Elle ne se déroule pas rapidement compte tenu de l'histoire humaine et de son existence dans le temps et dans l'espace. Le temps de la révélation qui s'écoule est un temps de la grâce pour permettre à beaucoup de personnes de bénéficier de la grâce de Dieu. Ce que la révélation nous donne pour notre vie est ce dont nous avons tous besoin pour le moment, mais ce n'est pas tout. Il y a aussi le temps du contenu de l'au-delà que nous supposons et qui nous échappe encore selon l'apôtre Paul : « Aujourd'hui nous voyons au moyen d'un miroir, d'une manière obscure, mais alors je connaîtrai comme j'ai été connu » (1 Co 13.12). La fin de l'histoire va aussi marquer la fin de l'histoire de la révélation comme processus.

Dans la présence de Christ, il n'y aura plus de révélation progressive parce qu'elle caractérise l'accomplissement de toutes les promesses. Mais devant Dieu, l'homme reste toujours dans ses limites ontologiques. Comme la Parole de Dieu, nous aurons à connaître avec Dieu une autre forme de révélation plus céleste. La révélation sous sa forme historique va prendre fin avec la fin de l'histoire. Après cette mise au point de Zokoué sur les limites quantitatives de la révélation, il passe aux limites qualitatives de la révélation.

2. Limites qualitatives de la révélation

Le problème principal dans cette logique de pensée est celui que concerne le canon. Zokoué part du principe que, dans la Bible, il y a toute la Parole de Dieu. Dans ce cas, peut-on parler de la limite de la Parole de Dieu ? Le livre de l'Apocalypse en est-il le dernier ? Des questions sont soulevées parce que l'histoire

---

7. *Ibid.*, p. 51.

révèle que les facteurs qui ont été à l'origine de la fixation du canon ne sont pas aussi précis pour les livres de l'Ancien et du Nouveau Testament. La période la plus récente de la recension des livres du canon de l'Ancien Testament est celle des prophètes mais sa canonisation date de la fin du premier siècle de notre époque. Pour le Nouveau Testament, il a fallu attendre la fin du IVe siècle pour que tous les livres soient canonisés au Concile de Carthage. Trois facteurs ont été prépondérants dans le choix de ces livres. Il y a le facteur de l'inspiration pour définir le cadre de la foi. Ensuite, le facteur d'apostolicité où la source de la foi a été démontrée. Et le troisième facteur est celui de la catholicité. Ces livres devaient faire l'objet d'un consensus général.

Tous ces éléments attestent la clôture du canon de la Bible. Et la cohérence qu'on trouve dans la Bible de manière générale établit la suffisance de la Bible par elle-même. Et si d'autres livres ont été retrouvés maintenant comme celui de l'apôtre Paul, il serait impossible de rouvrir de nouveau le canon selon les propos suivants :

> Ce document serait vénérable et utile, sa lecture recommandée ; mais il serait inutile de l'inclure dans le canon, qui, dans son organisation actuelle, est déjà le témoignage authentique et autorisé de la génération apostolique sur la merveilleuse force de la Parole divine sur la Bonne Nouvelle du salut en Jésus-Christ[8].

Il ne peut plus y avoir une autre Bible que celle que le canon a retenue. Au vu de cette analyse, Zokoué est arrivé à la conclusion que « la révélation a des cadres dans lesquels elle se manifeste, mais elle ne reste pas prisonnière de ces cadres ; elle les déborde ou elle les élargit. Elle a une dynamique qui fait que rien ne peut arrêter sa progression[9] ». Par la révélation, l'homme comprend ce que Dieu lui dit et cette compréhension n'est jamais totale et définitive, elle est évolutive tout en apportant à l'homme d'autres nouvelles connaissances. Ce qui pose la question de l'herméneutique.

3. Nécessité de l'herméneutique

Zokoué aborde trois lignes principales. Il commence à traiter la définition qu'il a de l'herméneutique, de la nécessité de l'herméneutique et enfin, de la limite de l'herméneutique.

---

8. J. N. ALETTI, « Le canon des Écritures », *Études*, juillet 1978, p. 109-124.
9. ZOKOUÉ, « Comprendre Dieu », p. 74.

3.1. Définition de l'herméneutique

Pour Zokoué, on ne peut définir l'herméneutique qu'en fonction de la révélation comme son corolaire et il propose la définition suivante : « L'herméneutique est la saisie de la révélation dans sa progressivité[10]. » À cela, il a fait deux remarques. La première concerne la révélation et la deuxième, la progressivité de la révélation. Pour Zokoué, l'herméneutique est la saisie de la révélation. Pourquoi cette pensée ? C'est que la révélation laisse percevoir la liberté que Dieu accorde à l'homme au sens de la distance ontologique de l'homme, qui les sépare et établit en même temps le dialogue entre l'homme et Dieu. Zokoué utilise le concept de dialogue pour exprimer la communication et lui donner un terrain d'entente. Le concept est utilisé dans le sens de la conversation et dans l'obéissance aux principes de la conversation. Il y a celui qui parle et celui qui écoute et répond. Dans cette conversation, l'homme est tenu de répondre correctement à Dieu sans propos déplacés et il ne peut répondre que s'il a compris le message que Dieu lui envoie. La saisie de la révélation passe par la compréhension du contenu du message ; sans cela, il ne peut y avoir dialogue et c'est dans ce cadre que Zokoué dit que la révélation et l'herméneutique vont ensemble, elles sont corrélatives.

La deuxième remarque est que la révélation ne peut être comprise que dans le sens de son processus dynamique. La révélation s'inscrit dans une progression pour l'homme qui se laisse interpeller par elle. Il y a donc action dans ce processus. Et l'herméneutique de la révélation s'incarne dans ce processus. Il est question d'un mouvement incessant qui donne à la révélation tout son sens répétitif. Pour l'homme, elle ne peut être parfaite et totale. Raison pour laquelle, au fil du temps, les méthodes utilisées pour l'interprétation de la révélation ont aussi des limites et des dépassements. C'est ce qui pose la question de la nécessité de l'herméneutique.

3.2. La nécessité de l'herméneutique

Ce point est difficile à expliquer selon Zokoué, parce qu'il soulève un problème au vu de ce qu'il a déjà développé sur la révélation. Pour que l'homme réponde à Dieu, il faut qu'il saisisse la clarté du message ; alors, pourquoi le message n'est-il pas toujours compris de l'homme ? Dieu ne donne-t-il pas toutes les règles pour le rendre clair ? Zokoué veut d'abord élucider ce cas avant de parler des limites de l'herméneutique. Il pose comme principe de base ce qu'il appelle le cercle herméneutique qui va de Dieu et revient à lui. Et l'herméneutique intervient seulement lorsque le dialogue est établi entre Dieu et l'homme. Il faut que l'accord existe entre l'homme et Dieu pour qu'on parle de l'herméneutique. L'homme doit

---

10. *Ibid.*, p. 75.

entrer dans la volonté de Dieu sans contredire cette volonté, sinon la règle de l'herméneutique ne s'applique pas. Pour Zokoué, « l'herméneutique n'est donc pas la recherche d'un sens caché, mais l'approfondissement ou l'enrichissement d'un sens déjà reçu[11]. » L'herméneutique ne peut donner un sens à la révélation que si celle-ci est objectivement comprise. Elle permet à l'homme, comme déjà souligné, d'avoir accès de manière progressive à l'harmonie qui existe entre Dieu et la création. Jésus-Christ est le centre de la révélation ; il donne la possibilité à l'homme de retrouver son humanité véritable et restaure la relation qu'il y a entre lui et Dieu. La révélation est liée à l'histoire, et en tant que telle, l'herméneutique est également liée à cette histoire-là. L'herméneutique est la méthode par laquelle la lecture de la Bible peut se faire ; mais cependant, elle ne doit pas être érigée en système absolu. Il existe plusieurs méthodes herméneutiques qui ne sont que relatives et limitées du fait que toute herméneutique est sujette à la progression de la révélation. C'est pour cette raison que Zokoué définit encore l'herméneutique comme la saisie « de la révélation dans sa progressivité[12] ». Les méthodes de l'herméneutique sont contextuelles et aident à une bonne interprétation et application du message de la révélation qui est Jésus-Christ, qu'on ne doit pas perdre de vue. La vie menée en Christ est une vie de foi et de l'herméneutique. L'une et l'autre sont mutuellement en relation.

3.3. Les limites de l'herméneutique

L'herméneutique ne doit pas avoir une existence au-delà de la révélation. Sa limite ne peut être que celle que lui attribue la révélation. Le centre principal qu'on découvre entre la révélation et l'herméneutique est l'expérience de la vie et ce, selon Zokoué, pour cinq raisons.

La première raison est que Dieu se révèle à l'homme en tenant compte de sa limite ontologique et l'homme, de son côté, ne peut comprendre Dieu que de par sa limite ontologique. Il y a rupture de relation lorsque l'homme faillit à cette limite ontologique. Et l'interprète de la Parole doit considérer dans sa démarche cette limite ontologique. En même temps, l'interprète doit reconnaître la limite de son intelligence et de son ignorance pour ne pas contredire le contenu de la Bible ou faire de ce contenu un exercice de contradiction interne.

La deuxième raison est que la révélation de Dieu s'accomplit toujours dans le contexte de la culture de l'homme. Et chaque culture a ses symboliques et ses éléments de transmission du message. Les difficultés rencontrées sur le champ de la mission, la plupart du temps, sont les conséquences de ce manque

---

11. *Ibid.*, p. 77.
12. *Ibid.*, p. 78.

de connaissance. Le travail de la théologie devient très difficile si les éléments du travail ne possèdent pas des racines profondes dans la culture. Mais toujours est-il que toute méthode herméneutique revêt toujours des insuffisances.

La troisième raison tient à l'histoire du salut. Dieu a révélé à l'homme son plan de salut dès le commencement de l'histoire de l'humanité à travers la révélation. Cette histoire de la révélation s'est étendue dans le temps et l'espace et lorsque aujourd'hui l'homme se saisit de cette histoire pour mieux la comprendre, il doit appliquer la distance herméneutique. L'actualité du message au présent exige une démarche herméneutique qui fait appel au passé et au futur. Cette démarche herméneutique est au service de la prédication et de l'interpellation de la conscience de l'homme.

La quatrième raison concerne la limite de l'histoire. Un jour viendra où l'histoire de la révélation aura une fin et de même, l'herméneutique va dépendre de cette fin. L'herméneutique ne peut s'étaler au-delà de la révélation. Elle n'a tout son sens que dans le domaine de définition de la révélation. Mais en ce qui concerne l'interprétation, doit-elle s'étendre sur l'avenir et parler des choses de l'avenir ? Zokoué répond affirmativement en rappelant que Dieu a déjà ouvert la voie de l'avenir, donc l'interprétation peut en parler. Et l'interprète peut avoir recours à d'autres sciences tant que le facteur opérationnel est sujet à la foi tout en reconnaissant ses limites.

La cinquième raison est la clôture du canon de la Bible qui confère à celle-ci la norme herméneutique. Pour Zokoué, il y a une nuance qu'il faut dégager. L'herméneutique possède des règles qui permettent l'interprétation de la Bible. Mais comment et en quoi l'Écriture limite et contrôle l'herméneutique ? Cette pensée appelle à beaucoup de prudence de la part de l'homme pour qu'il n'impose pas à l'Écriture une interprétation erronée. Les réformateurs ont résolu cette question en parlant de l'action du Saint-Esprit qui fait de l'Écriture son propre interprète. Ce qui minimise beaucoup les risques d'erreurs humaines. Mais si la Bible elle-même s'interprète, comment peut-elle donner des réponses aux questions que les sciences se posent ? Zokoué poursuit sa réflexion en nous faisant remarquer qu'il faut un point de départ. Le point de départ est l'origine divine du message à interpréter. C'est Dieu qui parle et l'interprète travaille sur la Parole de Dieu et si cela est ainsi, ce Dieu qui parle peut agir à tout moment sur l'interprète pour qu'il n'ait pas à s'écarter de la véracité du message de Dieu.

C'est dans ce cadre qu'on peut souligner que la Bible ne s'interprète pas elle-même. Il est question de la soumission de l'interprète à la volonté de Dieu qui empêche toute spéculation de la part de l'interprète. Le travail herméneutique met en étroite relation l'interprète et Dieu. Cela détermine le champ de l'analyse herméneutique seulement à l'intérieur du canon. Dans ce sens, l'interprète est limité dans ce champ herméneutique qui lui est totalement salutaire. La révélation et l'herméneutique collaborent de manière étroite du fait que les deux ont un même but et un même objectif. Mais elles ont chacune leurs propres limites qui sont de natures différentes et se manifestent à l'intérieur de chaque domaine.

La limite principale qui se trouve entre la révélation et l'herméneutique est nommée par Zokoué *la frontière*. Et c'est à travers cette frontière que la révélation et l'herméneutique s'articulent. La frontière entre ces deux concepts est radicale parce qu'elle sépare l'homme de Dieu. La révélation est d'origine divine et l'herméneutique d'origine humaine ; pourtant, les deux sont en relation et Zokoué donne une justification à cette pensée :

> Il est vrai que dans la révélation, Dieu ne se donne pas à l'état pur à l'homme. Il s'incarne, tout en restant cependant radicalement différent de l'homme. De plus, par son incarnation, il n'envahit pas l'homme mais lui laisse une zone de liberté, ce qui l'oblige, justement, à faire de l'herméneutique. C'est cette double limitation volontaire et mystérieuse de Dieu qui fait apparaître la frontière en question[13].

Ce faisant, l'homme n'est jamais coupé de Dieu malgré la liberté dont il jouit. Cela témoigne que Dieu n'a pas de frontière. La frontière se trouve du côté de l'homme. C'est l'œuvre de l'homme de la franchir dans les deux sens. Et la révélation est le point focal de cette rencontre de l'homme et de Dieu au-delà de la frontière. Cette rencontre est l'œuvre de la foi et c'est par elle que l'homme franchit la frontière qui sépare la révélation et l'herméneutique dans les deux sens. Cette zone est dite « zone de foi[14] ».

4. La zone de foi

Zokoué analyse deux grandes questions concernant la zone de foi. Tout d'abord, il présente toutes les caractéristiques de la foi et ensuite il dégage le rôle important que la foi joue dans la vie de l'homme.

4.1. Quelques caractéristiques de la foi

Zokoué ne donne de la foi que la définition qu'il trouve cohérente, celle de l'Épître aux Hébreux : « La foi est une ferme assurance des choses qu'on espère,

---

13. *Ibid.*, p. 84.
14. *Ibid.*

une démonstration de celles qu'on ne voit pas » (Hé 11.1). La définition donnée fait apparaître, selon Zokoué, deux faits. Un fait qui touche le côté subjectif et un autre, le côté objectif. Et en même temps, elle révèle un troisième point qui fait dire à Zokoué que la foi n'est pas un simple sentiment ni une intuition, mais elle a un contenu réel des choses que l'on espère.

La subjectivité et l'objectivité de la foi

Pour tous les hommes et pour chacun d'eux, la nécessité de la foi est vue comme une naissance ontologique. Le Saint-Esprit permet à l'homme de comprendre sa situation pécheresse et de saisir la perche qui lui a été tendue, la manifestation de l'œuvre divine. Mais cette simplicité de la foi est en même temps un mystère parce que c'est en Jésus-Christ seulement qu'il est permis à l'homme de la découvrir. De la conversion de l'homme à Dieu dépend également le but de son être réconcilié et sanctifié, le but de la foi et de l'amour chrétiens. L'homme n'a pas le pouvoir de se donner lui-même ce but. Mais Dieu le lui donne par l'engagement qu'il prend à son égard. Par la foi, l'homme sait que sa réconciliation a eu lieu en Jésus-Christ et qu'ainsi, il n'a rien à attendre de ses propres œuvres. C'est Jésus-Christ seul qui prend la place de l'homme et c'est lui seul qui fait que la foi est justifiante pour l'homme. Cette justification réside dans l'acte par lequel l'homme se trouve qualifié et investi pour être porteur de la promesse de Dieu.

La foi est l'événement particulier qui est constitutif de l'existence chrétienne. C'est à travers cet événement qu'il se passe quelque chose de mystérieux. L'homme fait l'expérience d'une rencontre qui le bouleverse, l'atteint dans son intimité, le saisit et l'oblige à répondre à un appel puissant. Cet appel laisse libre l'homme dans son acte de réponse. Mais avec la puissance du Saint-Esprit, il découvre celui qui se donne à connaître dans la Parole de Dieu. Dans l'avènement de la foi, grâce à la puissance vivante de l'Esprit qui lui est propre et en vertu de la souveraineté qui n'appartient qu'à elle, la Parole de Dieu libère tel ou tel homme parmi beaucoup d'autres, si bien que cet homme devient et redevient sans cesse libre d'approuver cette Parole, de reconnaître qu'elle est valable pour le monde et pour la communauté vivante de Jésus-Christ. Pour Zokoué, il existe une corrélation entre la foi et la liberté de l'homme parce que Dieu n'enlève pas cette liberté de choix à l'homme. Cette liberté atteste la foi authentique dont l'homme peut jouir et qui empêche toute passion, tout fanatisme et toute intolérance.

Foi et souveraineté de Dieu

Toute foi est personnelle, individuelle et exclusive. Cette marque de subjectivité met en évidence la particularité des humains. Chaque être est différencié d'un autre par ses caractéristiques et la foi est vécue sur cette base de différenciation. Aussi, la question se pose dans le sens de faire participer les autres à la foi. Zokoué donne deux réponses à cette question.

La première réponse met l'accent sur la souveraineté de Dieu qui peut répondre aux prières des uns et des autres selon sa volonté. Si tout dépend de la volonté de Dieu, alors pourquoi prier et qu'est-ce que la souveraineté de Dieu ? Elle est quelquefois comprise par l'homme comme la toute-puissance de Dieu sous l'angle des terminologies juridiques et politiques et l'homme se voit écrasé par cette toute-puissance. Telle n'est pas la compréhension de Zokoué. Pour lui, la souveraineté de Dieu s'exprime par rapport à la limite ontologique de l'homme. Elle n'est pas une puissance qui soumet l'homme mais cette réalité qui met en relief la relation de l'homme avec lui à travers la foi. Cette foi, comme nous l'avons souligné, n'est pas imposée à l'homme, car celui-ci reste maître de sa décision. La foi est un acte permis à l'homme par Dieu dans sa grâce. Elle consiste à répondre tout simplement par une reconnaissance à la grâce de Dieu qui me confère l'amour de prier pour les autres. Et Dieu répond toujours à nos prières selon sa volonté.

Intériorité et extériorité de la foi

Le mouvement de la foi part aussi de l'homme vers ses semblables quand il est question de l'intériorité de la foi. L'intériorité de la foi pour Zokoué consiste en l'invisibilité de la foi relative à ce qui se passe en l'homme à partir du moment où il dit posséder la foi. Seule la confession de foi personnelle peut extérioriser la foi. Il s'agit de pratiquer ce que me conseille dans mon for intérieur ma foi. La foi est cette régénération intérieure par laquelle Dieu nous justifie. C'est de la foi, dit Luther, que « jaillissent [...] l'amour et la joie en Dieu et de l'amour une existence libre, spontanée, joyeuse, qui se voue gratuitement au service du prochain[15] ». Seule la foi peut justifier l'homme.

Le chrétien vit sa foi et se définit comme celui que la grâce sauve par la foi en Jésus-Christ. Par l'écoute de la parole extérieure, il reçoit la parole intérieure à travers une expérience existentielle. Dans l'Épître aux Romains, quand Paul dit que l'homme est justifié par la foi seule sans les œuvres de la loi, il donne la définition la plus succincte de l'homme : « Être homme, c'est être justifié par la foi[16]. » La foi reçoit de son origine et de son objet un contenu. L'homme étant incrédule, il ne peut accéder à la foi que grâce à celui qui la lui donne. En Christ,

---

15. M. LUTHER, *La liberté chrétienne*, Paris, Aubier, 1944, p. 295.
16. W. JOEST, « L'horizon eschatologique de la justificia do solafide dans la pensée de Luther », *ETR*, 1969, p. 81.

l'homme pécheur est pardonné, justifié, il devient un être nouveau, et l'incrédulité qui le distinguait est anéantie. Les actes de foi que l'homme pose ne sont rien d'autre que les conséquences de sa foi intérieure qui puise son fondement en Dieu. L'acte dynamique de ce fondement de foi est le Dieu créateur. La foi en Dieu confère à l'homme une grande responsabilité envers ses semblables. Ce qui caractérise la démonstration de la foi qu'on rencontre dans la définition de l'Épître aux Hébreux 11.1.

Hypostase de la foi

L'hypostase de la foi est la dynamique de la foi que l'homme exerce dans son existence. Cette dynamique est l'histoire vécue de l'homme qui commence dans le passé et qui se réalise dans le présent en Jésus-Christ. L'homme appartient à l'histoire de l'humanité passée. L'homme appartient à l'histoire biblique de la chute et de la rédemption. Mais en Christ, il n'est plus prisonnier du passé parce que l'œuvre salvatrice de Christ lui donne une foi vivante à travers laquelle il supppute l'avenir. Et cet avenir en Christ se situe au-delà de l'histoire. Cependant, le passé et l'avenir existent dans le vécu de la foi. Le contenu réel de la foi prend en compte l'histoire mais ne s'arrête pas à celle-ci.

Les traces de la foi sont visibles dans l'histoire, ce qui fait dire que la foi n'est pas irrationnelle. Elle est fondée en Dieu et liée aux promesses accordées par Dieu. Les différentes alliances de Dieu avec les patriarches et l'Église sont les démonstrations de cette réalité. Dans cette histoire de l'humanité, Dieu intervient régulièrement auprès de l'homme pour lui faire percevoir les signes de la foi. Si la foi est saisie par la raison de l'homme, il n'y a aucune incompatibilité entre la foi et la raison, selon les propos de certains auteurs philosophiques. Mais la raison ne peut non plus permettre à l'homme de saisir la profondeur de la foi. Elle n'opère que dans les limites de l'histoire. Zokoué voudrait faire comprendre à travers cette réflexion sur la définition de la foi qu'il ne faut pas du tout confondre « les choses qu'on espère et qui sont les privilèges liés à la foi, avec le fondement de la foi, c'est-à-dire lui-même[17] ». Et tous les privilèges de la foi ne seront accordés à l'homme que dans l'éternité. Zokoué résume toutes les caractéristiques relatives à la foi de la manière suivante :

- La foi vivante, par opposition à la foi morte, pousse l'homme à se ressourcer en Dieu.
- En matière de foi, la souveraineté de Dieu n'étouffe pas mais garantit la liberté de l'homme.

---

17. Zokoué, « Comprendre Dieu », p. 92.

- Il y a un lien de causalité entre l'intériorité et l'extériorité de la foi.
- Enfin, la foi contient des éléments rationnels et extrarationnels[18].

4.2. Le rôle de la foi

Quels sont les rôles que la foi joue à la frontière de la révélation et de l'herméneutique ? Pour Zokoué, la réponse à cette interrogation passe par plusieurs analyses. Il faut d'abord parler de son ressourcement, de la souveraineté de Dieu et de la liberté de l'homme. Ensuite, du rôle de la foi dans la vie interne et externe de l'homme et enfin, du contenu rationnel et extrarationnel de l'homme.

Le ressourcement de l'homme

Que veut dire Zokoué par ressourcement de la foi ? Il pose le prédicat de la foi comme un don de Dieu et en le recevant, l'homme doit entrer en acte. La foi n'est pas la parole mais une puissance qui se pose à l'homme dans le silence de son existence. Et c'est grâce à la révélation que Dieu ouvre l'entendement de l'homme à connaître et à comprendre l'origine de cette puissance qui le pousse à entrer en communication avec ce Dieu qui se tient en dehors de lui. Ce qui revient à dire que la présence de la foi dans l'homme crée pour ce dernier un sentiment d'angoisse et d'insécurité. Cependant, lorsqu'il s'ouvre à Dieu, son sentiment d'insécurité va s'estomper du fait qu'il trouve en Dieu l'objet de sa confiance.

Accepter la révélation, c'est accepter le fondement de cette révélation qui est Dieu et cette démarche est l'œuvre de la parole. La foi est le moyen par lequel l'homme place sa confiance en Dieu. Et Zokoué parle de la foi vivante :

> D'un dialogue fécond entre Dieu et l'homme. C'est par cette foi que l'homme sait qu'il y a eu révélation pour lui, et que la source de cette révélation est Dieu. Il faut qu'il le sache, faute de quoi l'homme dira n'importe quoi ; et au lieu de répondre à Dieu, il s'adressera à n'importe qui, à une créature. La foi ne dit pas à l'homme ce qu'il doit répondre, mais à qui répondre, c'est-à-dire Dieu. La foi oriente d'abord vers la personne de Dieu avant tout discours de l'homme[19].

L'homme est le destinataire de la foi et la réponse qu'il donne pour la réception de cette foi est du domaine de l'herméneutique. Par l'herméneutique, l'homme comprend comment Dieu lui a parlé. L'herméneutique fournit à l'homme les règles pour lui permettre de bien saisir le contenu de la Parole de Dieu à son

---

18. *Ibid.*, p. 93.
19. *Ibid.*, p.94.

endroit et d'en comprendre le sens. Dieu parle à l'homme en Jésus-Christ et cette parole témoigne de l'amour incommensurable pour l'homme.

> Le comment de la réponse de l'homme sera alors conforme au comment de la parole de Dieu : le don de soi. De même, par l'herméneutique, l'homme comprend ce que Dieu lui dit en Jésus-Christ. Non seulement il se sent concerné, parce qu'interpellé par Dieu, mais il prête l'oreille par son entendement à ce que Dieu a dit. Le quoi de Dieu du discours divin va déterminer le quoi du discours humain. C'est dans ce sens que le comment et le quoi de la réponse de l'homme dépendent de l'herméneutique[20].

Cependant, la question qui intéresse plus la foi est celle de savoir à qui, et non celle du comment et du quoi. Toutes les autres réponses dépendent de celle-là. Le comment et le quoi de la réponse sont une question de bon sens ; mais pour qu'il y ait établissement de la relation entre l'homme et Dieu, il faut la foi vivante. L'herméneutique ne peut fournir à l'homme que les éléments de compréhension et ne peut pas mettre l'homme en relation de conscience avec Dieu. Seule la foi permet le lieu de rencontre entre la révélation et l'herméneutique.

La souveraineté de Dieu et la liberté de l'homme

Dans sa souveraineté, Dieu met l'homme devant le choix de saisir ou de ne pas saisir la révélation. Il ne me contraint pas. L'homme doit reconnaître par lui-même le bien-fondé de la révélation qui concerne sa vie et son avenir. Et quand celui-ci accepte la révélation sans contrainte aucune, sa liberté n'est pas non plus aliénée par Dieu. La révélation par excellence de Dieu est le Christ. Il l'atteste lui-même en se présentant comme « le chemin, la vérité, et la vie » (Jn 14.6). Le seul chemin par lequel l'homme peut venir à Dieu. Il est le point central de la médiation entre l'homme et Dieu et invite l'homme à entrer dans le royaume de Dieu. Il existe une relation de l'homme avec l'homme et avec le Christ. Des hommes qui vivent une nouvelle relation quand ils sont en Christ selon ce que la Bible dit : « Si quelqu'un est en Christ, il est une nouvelle créature. Les choses anciennes sont passées ; voici, toutes choses sont devenues nouvelles. Et tout cela vient de Dieu, qui nous a réconciliés avec lui par Christ, et qui nous a donné le ministère de la réconciliation » (2 Co 5.17-18).

Le premier signe de la réalité nouvelle, c'est d'être réconcilié. Le second signe, c'est d'être réuni, parce que la réconciliation rend possible l'union dans la communion avec Dieu. La nouvelle création advient quand la réalité de la

---
20. *Ibid.*, p. 95.

séparation est surmontée par la réconciliation en Christ, son unité spirituelle avec l'humanité et avec soi-même. C'est ce qui donne à son image, dans les Évangiles, une puissance irrésistible et inépuisable. L'Église vit de cette présence spirituelle, la présence de Jésus, et cette réalité permet à l'homme de vivre de manière authentique sa spiritualité, et cela, grâce à Christ. Par ses paroles et ses actes, l'homme reconnaît la présence vivante et agissante de Jésus-Christ qui est omniprésent dans l'histoire de l'humanité. À travers le Christ, Dieu nous fait voir qu'il nous aime, qu'il nous connaît parfaitement et qu'il prend en compte nos limites. Sa souveraineté s'exprime sur nous dans le but de nous faire jouir entièrement de notre humanité. La souveraineté de Dieu garantit la liberté de l'homme et la révélation elle-même est une parole qui libère, amenant l'homme à reconnaître que la source de sa liberté se trouve dans la souveraineté. Ainsi, il ne peut utiliser cette liberté en aucun cas pour se dresser contre Dieu, mais pour faire comprendre à Dieu tout ce qu'il ressent et toutes ses émotions dans le dialogue franc et la prière. Les exemples d'Abraham, de Moïse et d'autres dans l'Ancien Testament sont le témoignage de cette liberté et de l'obéissance à la souveraineté de Dieu.

Le rôle de la foi dans la vie interne et externe

Par la révélation, l'homme découvre son fondement en Dieu et la foi. Il fait l'expérience de Dieu. La révélation de Dieu à l'homme est un acte *extra nos*, c'est-à-dire un acte qui vient de l'extérieur et permet à celui-ci de le reconnaître dans la création et dans l'histoire. Cette expérience intérieure de l'homme s'exprime à l'extérieur par la foi. Ce qui veut dire que la foi est à la source des deux moments de la révélation. De même, le procédé herméneutique ne peut pas non plus être exercé en dehors de la foi. Le rôle que joue la foi est très capital, elle m'intègre dans la connaissance du contenu de la révélation et je la reçois grâce à la foi.

La foi est l'acte le plus intérieur et le plus englobant de l'esprit humain. En tant que tel, elle participe à la dynamique de la vie personnelle de l'individu. La foi n'exclut pas la connaissance, ni le sentiment, ni la volonté. Ces trois éléments se retrouvent dans la foi et ils s'articulent ensemble. Un élément ne peut exister en dehors des deux autres. Par contre, en tant qu'acte de foi de façon individuelle, cela ne rend pas l'individu indépendant de Dieu. C'est dans la foi et par la foi que l'individu peut s'exprimer. Car, ce qui est signifié dans l'acte de foi ne peut être approché d'autre façon qu'à travers l'acte de foi. La parole qui sort de la bouche de Dieu agit en l'homme et ne reste pas en lui, puisque cette parole retourne à Dieu après avoir accompli sa volonté en l'homme. C'est le retour de la foi à Dieu à travers la bouche de l'homme et par sa confession. Si la confession de foi est le fait de dire ce que Dieu a déjà dit, que devient alors la responsabilité de l'homme ? Il faut cependant retenir que le fait de répéter ce que Dieu a dit ne doit pas être compris au premier degré. Cette parole de Dieu qui repart à lui passe par la personnalité de l'homme ; c'est ce qui est dit en retour et cela lui permet de bien comprendre la parole pour bien l'exprimer en retour. En le faisant en toute connaissance de cause, la personnalité n'est pas aliénée mais elle est éclairée par la vérité de cette parole. Ce qui traduit la révélation interne.

La révélation externe contribue de même à l'expression de la personnalité de l'homme. La vérité qu'il a reçue s'exprime aussi à l'extérieur de lui. Cette manière de vivre lui permet de reconnaître d'autres actes de vérité qui sont posés par Dieu dans le monde en dehors de lui par sa parole et il y croit à cause de l'expérience qu'il a déjà faite de la vérité. Par la foi, l'homme reconnaît cette certitude. Zokoué résume en quelques mots les réponses à la question de la manière d'identifier les actes extérieurs :

> Je dispose pour cela trois éléments : la foi, l'expérience et l'analogie. Ce sont ces éléments qui, ensemble, permettent d'identifier les actes de vérité. Il faut au préalable la foi et l'expérience de vie avec Dieu. Ici encore, la foi reste le point d'articulation indispensable entre la révélation et l'herméneutique. Qu'il s'agisse de la révélation interne ou externe, c'est par la foi que l'herméneutique peut suivre ce double mouvement et en rendre compte fidèlement[21].

Le contenu rationnel et extrarationnel de la foi

Isaac Zokoué commence par apporter une précision en montrant que l'histoire est le cadre de la révélation, mais que le contenu de la révélation ne se limite pas à l'histoire. Ce contenu va au-delà de l'histoire et c'est grâce à la foi que le contenu de la révélation est rendu intemporel. Et par la foi, nous avons déjà une certaine connaissance de ce qui est intemporel et nous en avons l'assurance. Dans ce cas, comment interpréter les événements qui restent à venir ? Il est question du sujet du contenu extrarationnel de la révélation. Pour Zokoué, l'herméneutique doit de nouveau être utilisée. Cependant, l'herméneutique, pour son application, fait appel à la raison, aux éléments culturels, aux faits, etc. Alors comment pouvons-nous, à partir de ces règles, interpréter une histoire qui se déroule en dehors de notre histoire ? Comment l'homme peut-il arriver à interpréter l'au-delà ? L'auteur de l'Épître aux Hébreux souligne que « Jésus-Christ est le même hier, aujourd'hui, et éternellement » (Hé 13.8), et fournit à l'homme la clé de

---

21. *Ibid.*, p. 102.

l'interprétation de l'histoire à venir. Le Christ est la clé de l'interprétation. Tout doit s'interpréter à partir de lui. Il est le sens premier et dernier de la révélation.

Toute interprétation eschatologique est élaborée à partir de la personne et de l'œuvre de Jésus-Christ. En le saisissant par la foi, en vivant l'expérience de la foi avec lui, il est possible de fournir une interprétation cohérente des faits des derniers temps. La vie au présent nous donne des indications sur la manière de vivre la vie à venir par la foi. L'herméneutique basée sur la foi rend possible l'interprétation du contenu de la révélation. Aussi, si la foi en Christ nous procure la capacité de vivre sous l'égide de celui-ci, il faut se donner les règles herméneutiques pour comprendre le vécu eschatologique ici et maintenant. Pour Zokoué, l'herméneutique ne dispose pas de tous les moyens pour l'interprétation eschatologique. Quand bien même il est réticent envers l'utilisation abusive de la symbolique comme règle herméneutique, il l'accepte en ce qui concerne l'eschatologie parce que les données eschatologiques sont symboliques et il emprunte la définition du symbole de Paul Ricœur : « J'appelle symbole toute structure de signification où un sens direct, primaire, littéral, désigne par surcroit un autre sens indirect, secondaire, figuré, qui ne peut être appréhendé qu'à travers le premier[22]. » Dans le contenu eschatologique, nous y trouvons le rationnel et l'extrarationnel. Le sens rationnel utilise la foi et la raison pour son interprétation et seule la foi peut établir le lien entre le rationnel et l'extrarationnel. Par conséquent, la foi et la symbolique sont considérées comme la clé de l'interprétation de l'extrarationnel, c'est-à-dire l'eschatologie. Pour Zokoué, l'eschatologie ne doit pas toujours être vue comme une histoire à venir, une histoire de la fin des temps. Elle a aussi ses racines dans le présent. En donnant l'exemple de l'histoire du royaume de Dieu, Zokoué nous fait voir que ce royaume à venir est déjà représenté par l'Église. L'Église constitue pour le croyant une réalité présente et historique. Celui qui attend le royaume de Dieu à venir est invité à vivre activement et pleinement cette attente par un engagement fort dans l'Église. Zokoué met l'accent sur le présent qui ne peut compter que s'il permet à l'homme de préparer l'avenir. L'eschatologie impacte la vie dans le présent. Même si le temps du présent semble court, nous y vivons par anticipation les réalités du temps de la fin.

Pour conclure ce deuxième chapitre, faisons le point sur ce qui a été dit. Dieu se révèle à l'homme après la chute pour le restaurer en vue de son salut. Cette révélation est un acte délibéré de Dieu à cause de l'amour qu'il a pour l'homme déchu. Quand Dieu se révèle, l'homme est conscient de ses propres limites qui lui permettent de recevoir personnellement et individuellement la

---

22. Paul Ricœur, *Le conflit des interprétations*, Paris, Seuil, 1969, p. 16.

révélation de Dieu. Les limites de l'homme ne sont pas des obstacles pour la polarisation de la révélation. Mais elle est toujours accueillie d'abord dans les limites de l'homme. Ce qui oblige l'homme à avoir recours à l'interprétation. L'herméneutique offre alors à l'homme la possibilité de comprendre le contenu de la révélation de manière progressive. Par la révélation et l'herméneutique, Dieu, sur le plan personnel, établit une relation entre l'homme et lui. La communication entre Dieu en tant qu'être infini et l'homme être fini est faite par la foi. La foi rend possible l'interaction entre la révélation et l'herméneutique. Pour que l'homme comprenne Dieu, il faut que la révélation lui parvienne et que l'herméneutique soit une réponse à cette révélation, la foi étant la clé principale de ces deux mouvements. Au chapitre suivant, nous verrons comment, dans la suite de son travail et pour justifier plus sa position, Zokoué fait intervenir les matériaux bibliques et historiques.

3

Herméneutique interne de la Bible

Dans les deux précédents chapitres, l'accent a été mis sur la révélation de Dieu à l'homme de manière personnelle par la parole permettant à l'homme d'entrer en relation avec lui. Cette communion entre Dieu et l'homme reste la base principale qui empêche l'homme d'aller à la dérive. Cependant, elle peut aussi fournir à l'homme la prétention d'objectiver Dieu s'il ne tient pas compte des œuvres de Dieu. Dieu est à la fois en l'homme et en dehors de lui. Hors de l'homme, c'est-à-dire dans l'histoire. Dieu est à l'intérieur et à l'extérieur de l'homme. Ce dynamisme est exprimé dans l'expérience religieuse du peuple d'Israël.

La notion du « Dieu pour nous », selon Zokoué, est quelquefois mal comprise et interprétée par différents théologiens qui ne font que présenter une image incomplète de la double dimension de l'expérience sacrée. Toutes ces théologies ont pour base Genèse 3 et leur grande préoccupation concerne le salut de l'homme, mais le plan de Dieu va au-delà du salut. Dans le Nouveau Testament, il est aussi question du salut ; cependant, Zokoué souligne que dans la vision de Dieu les deux Testaments « sont traversés de bout en bout par une conception de la vie qui dépasse notre vision du salut[1] ». L'harmonie de vie avec Dieu commence au jardin d'Éden et se concrétise dans la nouvelle Jérusalem. Toutefois, il faut revoir sous l'angle sotériologique le contenu donné à la notion du salut qui, à partir de certains concepts, est traitée sous l'angle juridique ; ce qui étiole un peu son contenu premier qui est la vie et la vie dans la Bible est une question de relation avec Dieu. C'est cette étude que Zokoué se propose de faire en interrogeant l'herméneutique interne de la Bible et nous en parlerons dans ce troisième chapitre.

---
1. *Ibid.*, p. 108.

Les expériences vécues par les premiers témoins sont importantes pour notre connaissance parce qu'à travers elles, nous avons la démonstration de la vie vécue en relation intime avec Dieu. Et les interprètes doivent arriver à travers leur herméneutique aux mêmes résultats que les témoins de la Bible. Cette ascension ne semble pas trouver l'agrément chez quelques auteurs tel Gerard von Rad que Zokoué cite : « Une bonne partie de l'interprétation de l'Écriture telle qu'elle est pratiquée dans le Nouveau Testament porte la marque d'une époque, et que nous ne pouvons plus vivre cette voie[2]. » Mais von Rad ne nie pas tout parce qu'il reconnaît cette base en écrivant ce qui suit :

> Les interprètes de la Bible hébraïque ne peuvent se passer du bénéfice des travaux de leurs prédécesseurs de l'antiquité. Non seulement ils découvriront quels textes bibliques demandaient à leurs yeux une interprétation particulière, mais ils s'apercevront que les problèmes rencontrés par les auteurs du Midrash sont les mêmes et ils pourront avoir la surprise de constater que les solutions modernes aux difficultés de l'Écriture étaient souvent pressenties dans ces anciens écrits… Mais au-delà de l'intérêt immédiat qu'il représente pour l'exégèse, le Midrash offre par sa nature même, le lien historique le plus proche de la tradition même de l'Ancien Testament. Les savants qui ne se laissent pas égarer par la tendance analytique de l'école de la critique littéraire apprécieront pleinement l'importance du Midrash des premiers temps pour une juste compréhension de l'esprit dans lequel l'Écriture a été compilée[3].

Pour Zokoué, les propos tenus vis-à-vis des auteurs du *midrash* peuvent aussi être appliqués à ceux de la Bible. Ces auteurs, de par leur contexte existentiel, avaient plus de compétences pour comprendre et en parler que nous, malgré les différentes méthodes modernes que nous possédons. Mais cette situation ne doit pas nous empêcher d'interpréter la Bible. Avec les règles de l'herméneutique que nous avons en notre possession, le travail peut se faire. Pour les écrivains, il faut reconnaître que ce sont des cas particuliers. Ils avaient reçu une mission spéciale qui est et demeure propre à eux ; tout ce qu'ils ont écrit mérite de nos jours une interprétation. Et par le critère de l'interprétation immanente, ce travail reste possible, selon les réformateurs, comme l'écrit Klaas Runia :

---

2. Gerard von Rad, *Théologie de l'Ancien Testament*, Genève, Labor et Fides, vol. II, 1967, p. 228.
3. *Ibid.*

L'Écriture est sa propre lumière. C'est un fait très important que l'Écriture s'interprète par elle-même. Luther ne nie pas que nous avons besoin de l'illumination de l'Esprit pour interpréter l'Écriture, mais il rejette l'idée que l'Esprit est donné en dehors de l'Écriture comme un addendum. L'Esprit vient dans et à travers l'Écriture elle-même[4].

De ce principe de Luther ressort celui de la circularité de l'Écriture. Zokoué retient cette idée du principe de la circularité parce qu'elle est une nécessité théologique. Ce principe témoigne de l'unicité du message de Dieu quelle que soit sa diversité. Mais toujours est-il que le principe de la circularité n'est pas totalement suffisant pour expliquer le principe herméneutique de la Réforme : « L'Écriture est son propre interprète à cause du Saint-Esprit qui lui donne une clarté interne[5]. » Selon *The Cambridge History of the Bible* :

> Puisque le kérygme chrétien a été formulé dès le début par des Juifs pour les Juifs, à l'aide d'arguments et de méthodes d'exposition juifs, il va sans dire qu'une connaissance approfondie de l'exégèse juive contemporaine est essentielle pour la compréhension du message du Nouveau Testament, et plus encore de Jésus[6].

L'herméneutique interne de la Bible est la meilleure méthode pour rendre objectif le contenu des textes. Zokoué l'utilise en dehors des discussions sur la critique des sources et des traditions. Il s'en tient seulement au but plutôt qu'à l'aspect technique. Trois grands repères serviront à l'analyse de l'herméneutique interne de la Bible. Le premier repère est celui de la naissance des textes de l'Ancien Testament, le deuxième, les textes du Nouveau Testament et le troisième, la pédagogie divine.

I. L'Ancien Testament

Nous verrons successivement dans cette partie la naissance des textes, la structure des textes, l'expérience religieuse d'Israël et le statut de l'Ancien Testament.

---

4. K. Runia, « The Hermeneutics of the Reformers », *Calvin Theological Journal* 19, 1984, ronéoté, p. 229 [traduction libre].
5. Zokoué, « Comprendre Dieu », p. 111.
6. *The Cambridge History of the Bible*, Cambridge, The University Press, 1970, p. 229 [traduction libre].

1. La naissance des textes

Deux points sont à l'ordre du jour pour aborder cette partie. Zokoué va poser d'abord le principe de la tradition orale et ensuite celui de l'Écriture.

1.1. La tradition orale

La tradition orale est mentionnée pour tous ceux qui ont une existence avant l'émergence de la tradition écrite. Ce sont ces croyants qui ont vécu leur foi en Dieu seulement à travers ce que leur offre la révélation dans ce contexte de la tradition orale. Parler de la tradition orale semble très difficile au vu du manque d'éléments appropriés pour en témoigner. Cependant, la question reste entière. Comment la Parole de Dieu a été transmise ? Sans doute par une communication orale donnée de génération en génération. La lecture du pentateuque fait mention des diverses apparitions de Dieu à son peuple. Et ces apparitions étaient pour les premiers peuples des éléments de la révélation de Dieu à son peuple et constituaient la base de leur croyance. Zokoué fait quatre remarques sur les différentes apparitions de Dieu à son peuple.

La première remarque touche à l'histoire et à la tradition orale. Elle n'est pas un mythe, car les mythes ont une autre proportion d'existence. On le constate à travers certains récits de la Bible. Il est toujours question de lutte de domination entre les dieux et l'existence de l'homme. La tradition orale relate, en ce qui la concerne, les faits de la révélation qui mettent Dieu en relation avec l'homme. Ces événements se déroulent dans l'histoire. Dieu intervient dans l'histoire de l'homme et l'homme est interpellé par la présence de Dieu qui agit à des degrés divers. Dieu est toujours intervenu dans l'existence de l'homme dans l'histoire.

La deuxième remarque est liée au caractère de la tradition orale. Contrairement aux mythes, la tradition possède un autre caractère. On voit dans cette relation Dieu qui, toujours, va à l'encontre de l'homme là où celui-ci se trouve avec toute sa vision cosmogonique culturelle. Mais dans le cadre de la révélation, le langage qui permettait à cet homme de parler de Dieu est teinté des symboles et des signes de sa culture. Mais comment se fait-il qu'à bien des égards, cette expression de dire Dieu n'a pas varié de génération en génération dans son contenu ? La réponse est très simple, c'est à cause de l'inspiration. Dieu a inspiré ces hommes pour que sa parole puisse perdurer dans le temps. Dieu a protégé sa parole malgré les interprétations qu'en donne l'homme pour qu'elle reste vivante pour toute l'humanité.

La troisième remarque soulève le caractère sacramentaire des apparitions de Dieu à l'homme dans l'histoire. La transmission de la Parole de Dieu a été spontanée et assurée mais sa teneur se trouve dans ces apparitions de Dieu qui laissent des signes visibles. Les hommes, pour s'approprier ces signes visibles, matérialisent les faits à travers la construction des sites de représentativité qui, pour eux, étaient des moyens externes d'entrer en relation avec Dieu. Ces signes faisaient office de devoir de mémoire et de souvenirs. La Parole de Dieu est écrite dans le cœur de l'homme et est appelée à atteindre toute la terre selon Ésaïe 11.9 : « La terre sera remplie de la connaissance de l'Éternel, comme le fond de la mer par les eaux qui le couvrent ». Dieu donne sa parole à l'homme pour que cette parole soit transmise à toute l'humanité et les premiers écrivains s'étaient acquittés de ce principe avec délicatesse.

La quatrième remarque prend en compte les trois autres points déjà débattus et Zokoué la formule sous forme de question comme suit : « Entre l'événement et son interprétation, où se situe la révélation ?[7] » Cette question ne pouvait pas avoir son sens si quelques auteurs n'avaient pas des points de vue différents. Dieu, en se révélant à l'homme, accorde à ce dernier cette grâce d'interpréter le contenu de la révélation ; la rencontre de Dieu avec l'homme est déjà un événement et un événement sans une interprétation perd tout son sens. L'interprétation va de pair avec la révélation comme événement et sans l'interprétation, il n'y a pas du tout d'événement. Dans la plupart des cas, des événements attestent la révélation de Dieu au cours de l'histoire. Cependant, il faut donner une précision : ce ne sont pas tous les événements qui sont sujets de la révélation de Dieu même s'il est souverain, tels les événements négatifs produits par pure méchanceté des hommes. N'oublions pas que Dieu a créé les hommes libres de choix ; ce qui confère aux hommes l'entière responsabilité de leurs mauvais actes. Et la tradition orale a expérimenté ces écueils d'interprétation de la révélation. Les propos suivants d'Emmanuel Levinas en témoignent :

> Que la parole du Dieu vivant puisse être diversement entendue, ne signifie pas seulement que la révélation se mette à la mesure de ceux qui l'écoutent mais que cette mesure la mesure : la multiplicité des personnes irréductibles est nécessaire aux dimensions du sens ; les multiples sens, ce sont des personnes multiples. [...] Cela ne signifie en aucune façon, que, dans la spiritualité juive, la Révélation soit laissée à l'arbitraire des fantasmes subjectifs[8].

Le message transmis par la tradition orale garde toute sa cohérence sur Dieu même si d'autres interprétations ont cherché à altérer son sens premier.

---

7. *Ibid.*, p. 114.
8. E. LEVINAS, « La Révélation dans la tradition juive », dans *La Révélation*, Bruxelles, Publications des Facultés Universitaires, 1977, p. 60-61.

En l'absence de l'écrit, l'inspiration divine a été à la source de cette transmission du message par la tradition orale.

1.2. L'Écriture

Le passage de la tradition orale à l'Écriture est une étape décisive pour la transmission de la Parole de Dieu. Ce passage n'a pas ôté à la tradition orale toute sa puissance. Elle est restée vivante tout au long de sa période. La tradition écrite a été impulsée par Dieu selon certains auteurs. Dieu a pris l'initiative d'insuffler dans le cœur de ces auteurs de mettre par écrit sa parole comme le dit l'apôtre Paul : « Toute Écriture est inspirée de Dieu » (2 Tm 3.16). L'ordre de Dieu est un acte de révélation et vient de Dieu lui-même et non de l'homme. L'Écriture est un don de Dieu au service de l'humanité et chaque auteur apporte la révélation de Dieu dans le moment et pour le moment où il vit. Et chacun a conscience de faire partie d'une succession qui a un commencement. Dieu parle de façon incarnée dans des circonstances définies et ce sont toujours des hommes qui témoignent de cette Parole de Dieu avec, dans et à travers leur propre langage. Dans cette logique de pensée, il faut faire la différence entre l'inspiration et la rédaction des textes bibliques. L'écrivain possède déjà la révélation quand il doit la mettre par écrit. Il y a deux niveaux d'action. L'écrivain au premier niveau a déjà la révélation par la tradition orale et reçoit l'ordre de la mettre par écrit. Le deuxième niveau est celui de l'inspiration qui est à la base de la réception du message et de son intelligibilité. La mise en forme de tout l'écrit est du domaine de l'homme avec tout ce qu'il a comme personnalité, style. Si Dieu a permis la tradition écrite de l'Écriture c'est parce que dans sa volonté première, il faut qu'elle soit enracinée dans l'histoire de l'humanité. La révélation a été mise dans le système de communication que l'homme a inventé et qui assure sa stabilité et sécurité.

À travers l'Écriture, la révélation entre dans un autre processus de transmission et se donne à apprendre et à comprendre par la théologie. Dans la tradition orale, les faits sont racontés tandis que dans la tradition écrite, on peut interpréter et structurer la volonté de Dieu. L'exemple de la loi donnée par Dieu à Moïse et de son inscription sur les tablettes témoigne de cette évolution dans la transmission du message. En même temps, les cultes sont régis par des textes et bien réglementés. Même si la tradition orale continue d'exister, elle est de plus en plus corrigée et structurée par l'écrit. Dans l'Ancien Testament, en dehors du décalogue, l'Exode marque le dénouement de cette étape et reste comme le repère historique de l'élection de Dieu. C'est l'époque où l'Écriture est mise au service de la révélation qu'elle doit transmettre. Avec l'Écriture, Israël devient le centre religieux de l'humanité. Mais la révélation de Dieu est pour toute l'humanité avant et après l'Écriture, quand il se fait connaître à Moïse : « Je suis le Dieu de ton père, le Dieu d'Abraham, le Dieu d'Isaac et le Dieu de Jacob » (Ex 3.6). On voit une évolution à travers ces mots. Avant l'Exode, le cadre historique de la révélation de Dieu est limité à un peuple, et après l'Exode, il s'ouvre à toute l'humanité. Israël n'a pas été choisi par Dieu pour seulement transmettre le message de la révélation, il en est aussi le destinataire. Il doit comprendre ce message et l'appliquer à lui-même d'abord, chose qui a été bénéfique pour toute l'humanité. Ce qui donne toute son importance à l'herméneutique interne de la Bible. Cette histoire pose la base principale de cette herméneutique et il faut la connaître.

2. La structure des textes

Zokoué propose deux méthodes d'approche pour ce travail. La première méthode est une vue synoptique de l'Ancien Testament, et la seconde celle par laquelle chaque auteur présente son message.

2.1 Classification littéraire

L'Ancien Testament n'est pas une œuvre littéraire composée d'emblée dans la forme que nous connaissons, mais une collection, une bibliothèque de textes littéraires très différents qui ont été délibérément réunis et présentés à une communauté donnée, destinée à être une communauté religieuse, ethnique ou culturelle qui soit prête à la reconnaître. Dans le judaïsme, les textes de l'Ancien Testament sont répartis en trois groupes : la loi, les prophètes et les écrits. Les écrivains eux-mêmes ne se souciaient guère de la classification de ces écrits qui a été faite plus tard. La classification adoptée par le Nouveau Testament ne concerne pas l'ordre littéraire, elle est plutôt d'ordre théologique. Et pour les besoins de l'exégèse et de l'herméneutique, les théologiens ont recouru à une classification des textes par genre littéraire.

Paul Ricœur distingue cinq fonctions dans le genre littéraire qu'il nomme discours à savoir : le discours prophétique, narratif, prescriptif, de l'hymne, de sagesse[9]. Cette classification de Ricœur est adoptée par la majorité des théologiens de l'Ancien Testament. Cependant, il existe une différence entre le système juif de classification et les théologiens occidentaux. Pour les Juifs, la classification tient à l'histoire connue du peuple basée sur la tradition. En mettant la loi en premier, ils ont dans leur esprit l'élément constitutif de leur croyance que Dieu leur a donné. Ensuite, il y a les prophètes à cause des messages qu'ils ont dilués dans la vie de leur peuple. Des messages reçus de la part de Dieu

---

9. Paul RICŒUR, *Cinq études herméneutiques*, Genève, Labor et Fides, 2013.

qui contiennent des promesses faites par Dieu. Et enfin, les écrits qui, pour la plupart, datent de la période postexilique qui est une étape de reconstruction. La classification juive est une classification faite selon la chronologie de l'histoire et qui a un sens totalement théologique. Si elle est historique, elle met en évidence toute l'expérience faite par le peuple d'Israël de la rencontre avec Dieu. Pour les théologiens occidentaux, la classification adoptée sert plus pour les analyses techniques et scientifiques pour le besoin de l'herméneutique. Les textes sont mis côte à côte sans lien interne, et pour une bonne interprétation, il faut revenir à la classification juive qui confère un sens théologique aux différents textes tout en faisant apparaître la structure dynamique des textes.

2.2. Le non-système

Zokoué utilise le concept système pour présenter ce qu'il y a de particulier à la Bible. Le système est plus attribué à une étude qui prévaut d'une certaine cohérence dans sa présentation et son organisation ; mais pour la Parole de Dieu, il ne peut y avoir un système adéquat. Même si la cohérence se dégage dans la lecture des Écritures, elles sont avant tout un article de foi plutôt que des données analytiques. Christ ne constitue pas une base de repère pour une approche intellectuelle et rationnelle. Il est Dieu, il est omniscient et omnipotent. Il ne peut être objectivé. C'est ce qui ressort dans les écrits des auteurs bibliques. Ils ne mettent pas ce qu'ils ont compris de la Parole de Dieu dans un système. Ils racontent ce qu'ils ont entendu, vu et ressenti au cours de leur existence et de l'expérience qu'ils ont faite dans leur rencontre avec Dieu. La Bible n'est pas soumise à un quelconque système. Elle en est au-delà. Il ne faut pas non plus condamner tout système.

Nous savons que le message de Dieu n'est pas enfermé dans un système, mais si on le reçoit, il faut le mettre dans un système pour le comprendre. Le manque de système dans la Bible est une ouverture à l'universalité de la Parole de Dieu. Chaque texte biblique implique d'abord de comprendre et de respecter sa singularité, et ce n'est que sur cette base qu'il devient alors éventuellement possible de débattre de son enracinement dans la culture. Le grand enjeu herméneutique est de parvenir à faire le lien entre le texte dans son contexte d'origine et la lecture que nous en faisons aujourd'hui dans notre contexte historique. Ce qui donne à chaque culture ce droit d'élaborer sa théologie par rapport à la Bible comme base principale. Les premiers savants juifs ont eux aussi essayé de donner une unité au message de Dieu dans les différents talmuds. Le souci majeur de cette recherche est dû à la finitude de l'homme qui doit adapter le message selon sa propre compréhension et c'est ce qui l'oblige à systématiser la Parole de Dieu.

La démarche théologique doit toujours avoir pour point de départ la Bible, et la théologie en tant que discours de l'homme sur Dieu peut toujours être reformulée. Seule la Bible reste permanente. Ce qui signifie que tous les systèmes utilisés pour le comprendre sont sujets aux retouches et mises en cause à la lumière de la Parole de Dieu qui reste vivante et permanente, sans pour autant qu'on la mette dans un système qui n'aura qu'une vie temporelle. Elle reste toujours ouverte, et ce avec quelques risques d'hérésies et de prolifération des interprétations entraînant d'autres formes de théologie, et donnant accès à l'émergence des sectes et d'autres mouvements similaires. Pour expliquer l'idée, Zokoué donne pour exemple le cas de la théologie moderne. De nos jours, on se rend compte de plus en plus qu'on peut faire de la théologie sans base biblique et on assiste de moins en moins à une interaction entre la théologie et la Bible. Pour Zokoué, cette absence de système dans la Bible donne lieu à l'apparition des textes sous la forme de péricopes. Et selon Bornkamm :

> Les Évangiles racontent... l'histoire de Jésus sous forme de péricopes, de courtes scènes anecdotiques ; dont la réunion ne constitue pas une histoire, mais qui contiennent chacune pour sa part toute la personne et toute l'histoire de Jésus. Aucune d'entre elle n'a besoin d'être expliquée par des événements ultérieurs qui seraient le développement de ce qui précède. Nous sommes placés dans le cône lumineux de telle scène, et de celle-là seulement[10].

Cette même logique est adaptée par von Rad pour l'Ancien Testament. Pour lui, ce n'est pas possible de « faire en quelque sorte la somme des idées contenues dans tous les *logia* des prophètes... Ce fait est évidemment d'une extrême importance pour toute exégèse[11] ». Zokoué fait remarquer que les deux auteurs, Bornkamm et von Rad, utilisent les concepts de péricopes et de *logia* de manière isolée les uns des autres. Et leur considération ne prend pas en compte l'agencement logique des idées. Ce qui tord un peu le problème de l'unité de la Bible. Même si la Bible parle des hommes, tous les textes relatifs à cette relation selon les différentes formes à travers lesquels ils se posent parlent toujours de la même chose. Il s'agit de la rencontre du Dieu trinitaire avec l'espèce humaine.

---

10. Günther BORNKAMM cité par G. VON RAD, *Théologie de l'Ancien Testament*, vol. II, p. 79. Il faut préciser que la péricope est utilisée dans une exégèse des textes. C'est un extrait qui forme une unité ou une pensée qui se suffit à elle-même et est cohérente. Le sens de la péricope doit être perçu de manière indépendante de son contexte. On peut aussi définir la péricope comme un texte biblique composé de plusieurs versets, qui traite un même sujet ou communique un même message.
11. *Ibid*. Les *logia* sont des paroles, des textes ou une base de données.

Les péricopes et les *logia* ne sont que des conséquences de cet événement. Tout interprète doit être conscient de la particularité des textes bibliques en tenant compte de l'exigence de cette relation.

2.3. La réinterprétation

La réinterprétation de la Parole de Dieu est la conséquence du manque de système de structure de la Bible. Elle tient à la compréhension du déroulement des faits de l'Ancien Testament dans sa recherche de mise en langage compréhensible pour l'humanité.

> Ainsi tout élément important pour la compréhension de la littérature d'Israël consiste à reconnaître l'existence des formes anciennes qui doivent remonter aux temps les plus anciens de la vie du peuple [...] et dont les débuts ne peuvent être définis avec précision, puisqu'elles-mêmes s'étaient développées progressivement à partir de situations réelles de vie, pratiques religieuses comprises. Mais dans une large mesure, ce ne sont pas ces formes originelles que nous trouvons maintenant dans cette littérature, ni même dans la plupart des cas le cadre original, mais une nouvelle adaptation et réinterprétation de cette matière pour obtenir un sens plus large et plus profond[12].

Cette citation met en relief la quintessence de cette approche qui est la réinterprétation dans toute son objectivité. Par rapport aux autres sciences, l'adaptation et la réinterprétation des textes bibliques ont un contenu permanent au cours de la constitution de l'Ancien Testament. Cependant la réinterprétation ne freine pas le processus de la poursuite de la révélation. Les nouvelles données s'ajoutent aux anciennes et nécessitent la réinterprétation. Aussi, Zokoué soulève la question de la valeur de la réinterprétation. Comment doit-on l'envisager ? Comme des commentaires subjectifs des données relatives à la révélation ou simplement comme une démarche herméneutique ? La réponse à cette interrogation est que la réinterprétation des textes est plus qu'une démarche herméneutique. C'est un acte de révélation et c'est encore le lieu de la rencontre entre la révélation et l'herméneutique. Elle actualise le message de Dieu qui est donné à l'humanité selon les différents contextes de sa réception.

---

12. *The Cambridge History of the Bible*, p. 84.

2.4. La révélation progressive

La réinterprétation soulève le problème de la révélation progressive. La révélation progressive ne concerne pas la structure du texte mais touche au domaine de la réinterprétation. La révélation progressive peut aussi être considérée comme la révélation successive pour mettre l'accent sur la succession des actes dans le temps, sans être évalués ni comparés sur le plan qualitatif. La Bible atteste de la justice des œuvres de Dieu en faveur de l'humanité qui donne une idée de progression. C'est le même Dieu qui agit, qui promet et qui accomplit. La révélation est toujours positive et ouverte. Elle n'est pas quelque chose qui est passé mais elle reste toujours une réalité actuelle et présente. La Bible nous met en contact avec des événements passés et des événements à venir, indépendamment de l'exercice de réinterprétation. Cependant, le point crucial concerne l'homme. Quelle est sa place dans ce processus ? Comment l'homme vit-il cette révélation progressive ?

Il y a une nuance que les théologiens ne font pas entre l'histoire de la révélation et la réception de la révélation qui sont engagées toutes les deux dans des processus. Le processus de l'histoire de la révélation va de la promesse à son accomplissement, de l'inachèvement à l'achèvement, et touche au plan de Dieu pour l'humanité. Et l'accueil progressif de la révélation est le lot de l'homme et de ses limites. Il est question de deux choses différentes pour lesquelles les gens ne font pas de différence.

> Il est évident que la révélation, où qu'elle commence, doit prendre l'homme au niveau où elle le trouve. Elle doit correspondre à son niveau de connaissance, à sa culture, à ses habitudes sociales et à ses idées éthiques… La révélation doit commencer quelque part et doit agir patiemment selon les lois du développement historique… La révélation, sans que cela n'enlève rien à sa réalité et à son autorité, est au vrai sens du terme, un processus organique : elle croit du moins au plus, en s'adaptant à chaque instant au niveau de développement de ceux qui la reçoivent[13].

La citation de James Orr prend en compte l'histoire de la révélation et sa réception par l'homme. Mais l'accent est mis plus sur l'homme qui reçoit la révélation que le processus de la révélation elle-même. Que ce soit l'histoire de la révélation ou de son accueil, les deux sont considérées comme des processus. Pour Zokoué, James Orr est en pleine confusion parce que si nous avons la Bible,

---

13. James ORR, *The Problem of the Old Testament*, London, Ed. J. Nisbet, 1909, p. 472, 474 [traduction libre].

elle a été donnée dans sa forme définitive. Cependant, sa lecture, son étude s'étalent durant toute notre existence et nous n'arrivons pas à l'épuisement de son contenu. Par conséquent, il ne s'agit pas de la progression historique de la révélation qui nous donne la capacité d'en saisir le contenu. La même nuance se retrouve dans les propos de Daniel Lys :

> S'il y a une progression dans la révélation, elle ne peut, en aucun cas être le résultat d'une évolution automatique… Il n'est pas du tout certain que l'homme soit nécessairement d'autant plus capable de comprendre l'autorévélation de Dieu à mesure que celle-ci est plus récente… En résumé, la révélation n'est pas progressive dans le sens qu'elle fait évoluer l'homme religieusement jusqu'à ce qu'il soit capable de saisir la totalité de la révélation ; car cela voudrait dire, d'une part, que la révélation peut se fragmenter, et d'autre part, que l'homme est nécessairement plus évolué sur le plan religieux au fur et à mesure que le temps passe ; mais elle est progressive en vue de faire avancer l'histoire[14].

Pour Lys, Dieu, en se révélant à l'homme, a toujours été à ses côtés et lui vient en aide à cause de sa finitude. Dieu est le même se révélant dans l'histoire de l'humanité ; c'est le seul vrai Dieu que l'homme a rencontré. Il faut admettre que le processus de la révélation est différent du contenu de la révélation. Le processus est un fait historique qui dépasse ma propre existence. La croyance en Christ est une certitude pour moi qu'il viendra me chercher et c'est dans le processus de la révélation que je puise cette certitude. Les écrivains de la Bible ont donné à la progression de la révélation une dimension spirituelle. Ils parlent des œuvres accomplies par Dieu depuis la création dans le but de la confiance placée en Dieu pour le présent et pour l'avenir. Pour le théologien Paul Tillich, il existe trois périodes de la révélation. Il faut noter que ce théologien fait référence à la révélation selon le temps et non selon la progression.

> L'histoire de la révélation montre qu'il y a une différence entre des révélations originelles et des révélations dépendantes. […] Une révélation est originelle quand elle se produit dans une constellation qui n'existait pas auparavant. Pour la première fois, il y a jonction de ce miracle et de cette extase. L'originel se situe des deux côtés. Dans une révélation dépendante, le miracle et sa réception originelle forment ensemble le côté du don, tandis que le côté de la réception

---

14. Daniel Lys, *The Meaning of the Old Testament*, Nashville, Abingdon, Press, 1967, p. 92, 94, 95 [traduction libre].

se modifie quand des individus et des groupes nouveaux entrent dans la même corrélation de révélation[15].

L'idée de Paul Tillich n'est pas encore achevée. Les deux premières périodes sont déjà signalées, et il faut la troisième période.

> Le centre de l'histoire de la révélation divise le processus entier en révélation préparatoire et en réception de la révélation. L'instrument de la réception de la révélation est l'Église chrétienne. La période qui correspond à la réception de la révélation a commencé avec le début de l'Église. Toutes les religions et toutes les cultures extérieures à l'Église sont encore, du point de vue chrétien, dans la période de préparation. Mieux encore, beaucoup de groupes et d'individus au sein des nations et des églises chrétiennes sont bel et bien dans la période de préparation[16].

Pour Zokoué, cette pensée de Tillich peut se comprendre, du fait que nous sommes dans la période de la révélation dépendante qui ne donne pas un plus à la révélation centrale. La révélation dépendante actualise la révélation centrale. Et la réactualisation de la révélation donne cours à la révélation préparatoire. Malheureusement, Tillich ne fait plutôt qu'une analyse de la révélation et de l'interprétation de la révélation. En le faisant, l'image qu'il donne de la révélation est non-dynamique. En Christ, la révélation centrale a cependant déjà eu lieu, mais le Christ reviendra et cela donnera le sens à l'avènement de Christ. Il est question de sa seconde venue et cette attente du retour de Christ justifie et donne un caractère dynamique à la révélation.

3. L'expérience religieuse d'Israël

L'histoire d'Israël a été marquée et jalonnée par des pierres d'attente que l'analyse des textes nous donne. L'expérience religieuse est au centre de ces pierres d'attente. La foi d'Israël ne repose spécifiquement que sur le vécu. Pour le peuple juif, ce vécu n'est pas totalement abstrait, c'est un vécu concret, si on s'en tient à tous les noms de Dieu qui sont donnés par rapport à son intervention dans la vie de ce peuple. La foi des Juifs n'est pas conceptualisée, et pourtant les théologiens ont mis Dieu dans des concepts. Mais on se rend compte qu'en

---

15. Paul TILLICH, *Théologie systématique*, volume 1, trad. André Gounelle, en collaboration avec Mireille Hébert et Claude Conedera, Paris/Genève/Sainte-Foy, Éditions du Cerf/Labor et Fides/Presses de l'Université Laval, 2000, p. 175.
16. Paul TILLICH, *Systematic Theology*, Chicago, The University Press, 1967, p. 126, texte traduit de l'anglais par Isaac Zokoué.

matière de foi, le concept est dépassé. Quels sont les éléments sur lesquels Israël a tablé son expérience de Dieu ? Zokoué formule quatre orientations.

3.1. La rencontre avec Dieu

La première orientation est celle des rencontres avec Dieu. À travers la tradition orale, on voit comment Dieu intervient dans la vie de son peuple. L'histoire des patriarches en est une grande illustration. Dieu vient à la rencontre de son peuple et écoute le cri de son peuple, tel le cas du prophète Ésaïe quand il dit : « Nous sommes depuis longtemps comme un peuple que tu ne gouvernes pas, et qui n'est point appelé de ton nom... Oh ! Si tu déchirais les cieux et si tu descendais... » (Es 63.19). On voit l'attente d'Ésaïe de l'intervention de Dieu dans son existence. Pour rendre pérennes les souvenirs des rencontres avec Dieu, le peuple juif s'est doté d'éléments constitutifs. Nous avons déjà parlé des différents noms accordés à Dieu qui expriment les sentiments que ce peuple a de Dieu. On rencontre aussi cette reconnaissance dans la tradition africaine. Toutes les techniques au monde ne peuvent pas exprimer autant la profondeur de cette expérience d'Israël de la rencontre avec Dieu. En donnant des noms à Dieu, Israël efface la distance qui existe entre Dieu et lui. Par les noms, il y a une sorte de proximité de Dieu avec les hommes. La question de proximité a déjà été traitée par Dieu lui-même, par la création du tabernacle et ensuite du temple. Les noms font de Dieu un refuge et une sécurité pour le peuple juif. Même si le peuple avait peur de ce Dieu, il résorbait cette crainte dans la confiance qu'il éprouvait en sa présence. Dieu n'est pas éloigné de son peuple. L'expérience religieuse d'Israël est une expérience de rencontre avec un Dieu personnel et plein de bonté.

3.2. L'amour de la loi

La deuxième orientation est celle de l'amour de la loi. Par la loi, le peuple juif est conscient qu'il a été choisi par Dieu et qu'il appartient à Dieu. Ce sentiment d'appartenance est le point focal de l'existence de ce peuple. Par rapport aux autres peuples qui choisissaient leurs dieux, le Dieu d'Israël n'est pas choisi par le peuple, c'est plutôt le contraire. C'est Dieu qui a choisi Israël comme son peuple. Et ce Dieu ne peut être changé. Il existe entre lui et le peuple une appartenance réciproque, d'où les expressions « mon peuple » et « mon Dieu ». Dieu s'engage auprès de son peuple et la loi a permis à Israël de posséder une conviction de l'amour de ce Dieu. Cependant, connaissant les conséquences pour ceux qui désobéissent à la loi, elle n'a pas toujours été mise en pratique par Israël. La loi a été appréciée par le peuple parce qu'il la trouvait excellente : « Tu es descendu sur le mont Sinaï, tu leur as parlé du haut des cieux et tu leur as donné des ordonnances droites, des lois de vérité, des prescriptions et des commandements excellents » (Né 9.13, Colombe) ; « Les paroles de l'Éternel sont des paroles pures, un argent éprouvé sur terre au creuset, et sept fois épuré » (Ps 12.7). L'Ancien Testament nous donne des passages à travers lesquels, la loi est vivement appréciée par le peuple ; ce qui dénote la conscience d'Israël de tous les privilèges que la loi lui accorde. L'appréciation de la loi par Israël est la source de son appartenance à Dieu.

3.3. Enracinement dans l'histoire

La troisième orientation concerne le problème de l'enracinement dans l'histoire. Toute la foi d'Israël est enracinée dans l'histoire. Toute la vie d'Israël est gérée par Dieu et se déroule sous son regard. Tout est sacré. L'enracinement dans l'histoire ne doit pas être vu comme une succession d'événements qui arrivent, il fait ressortir l'obéissance aux ordonnances de Dieu. Tout manquement peut entraîner des conséquences sur tout le peuple. Dieu est présent dans cette histoire. Il est le maître de l'histoire d'Israël. C'est lui qui a tout créé et le péché peut créer le désordre ; pour ce faire, il doit être retiré.

3.4. La méditation

La quatrième orientation concerne la méditation. Israël est appelé à méditer la loi de Dieu quotidiennement. Il doit rechercher et interpréter le sens, ce qui a trait à l'herméneutique de cette loi. Zokoué, pour mieux comprendre le sens de la méditation, a procédé à une analyse philologique qui donne ce qui suit :

> Il en ressort que la méditation de la Parole de Dieu pour Israël, n'est pas seulement une activité intellectuelle, une réflexion sur..., mais l'engagement de tout son être. Pour méditer cette Parole, on devrait la murmurer, la dire soi-même, dans son cœur et par la bouche ; on devrait aussi, pour reprendre l'expression du psalmiste, être incliné vers elle, c'est-à-dire s'y appliquer. Murmurer la Parole évoque la répétition[17].

La Parole de Dieu doit être mise en pratique parce que la conséquence de la méditation est sa mise en pratique. Sans la méditation de la Parole de Dieu, l'agir de l'homme peut prendre une autre dimension par ce que le cœur recèle, et selon Jérémie, « le cœur est tortueux par-dessus tout, et il est méchant » (Jr 17.9). Pour Zokoué, la méditation et la pratique de la Parole sont complémentaires. Toute connaissance de la Parole de Dieu passe par son écoute et c'est à travers elle que le sens peut être trouvé. La répétition ou la méditation de la parole a un effet

---

17. Zokoué, « Comprendre Dieu », p. 140.

pédagogique. Tout interprète doit savoir que la méditation de la Parole de Dieu a le pouvoir de conduire à sa fin toute réalité, de donner à toute chose son sens vrai, son sens dernier. L'interprétation à donner doit être concrète. Tout cela est lié à la foi et cette foi se dégage dans la méditation de la Parole de Dieu, et Israël l'a découverte. Cette foi rencontrée dans l'Ancien Testament se retrouve aussi dans le Nouveau Testament.

4. Le statut de l'Ancien Testament

L'Ancien Testament est le livre qui est vraiment primé par les théologiens africains. Ils établissent une corrélation entre les religions traditionnelles africaines et l'Ancien Testament. Pour eux, les religions traditionnelles africaines préparent à la rencontre du Nouveau Testament. De même que l'Ancien Testament a permis au peuple juif de bien comprendre l'histoire des promesses qui lui sont faites, les religions traditionnelles africaines sont aussi des bases de préparation à la compréhension du message de l'Évangile. Cette conception revient à dire que l'Ancien Testament n'est rien d'autre qu'une voie culturelle qui permet de bien appréhender le mystère de l'incarnation qui a eu lieu dans ce milieu. Si c'est le cas, il y aurait à côté de l'Ancien Testament d'autres révélations allant dans ce sens. Alors, l'Ancien Testament perd le privilège de son statut de livre révélé. Quel est réellement son statut aujourd'hui ?

Aujourd'hui, le problème du statut de l'Ancien Testament se pose au chrétien au vu de certains passages du Nouveau Testament. La loi a été abolie et il n'est plus question d'être circoncis ou de ne pas l'être, ce qui donne accès à plusieurs interprétations. Pour Luther, toutes les religions sont des religions de loi. « Il en va de même avec tous les autres points de l'Ancien Testament ; celui qui les néglige n'est pas injuste et celui qui les observe n'est pas non plus injuste, mais il est tout à la fois permis et légitime de les observer et de les négliger[18]. » Pour Luther, le temps de l'Ancien Testament ne s'impose pas au chrétien. Mais il fait aussi comprendre que le Nouveau Testament est la révélation de l'Ancien Testament ; cependant, il ne met pas l'accent sur la continuité de l'Ancien Testament :

> De même que l'Ancien Testament est un livre qui contient la loi et le commandement de Dieu, ainsi que l'histoire de ceux qui ne les ont pas observés, de même le Nouveau Testament est un livre qui

---

18. Martin Luther, *Œuvres*, vol. IV, Genève, Labor et Fides, 1963, p. 24-25.

contient l'évangile et la promesse de Dieu, ainsi que l'histoire de ceux qui y croient et de ceux qui n'y croient pas[19].

La pensée de Luther établit la similitude entre l'Ancien Testament et le Nouveau Testament. Ces deux livres contiennent la loi, les commandements et l'histoire des personnes qui ont obéi et de ceux qui ont désobéi. Mais il ne donne pas les conséquences attenantes à ces différentes positions. Nous reconnaissons qu'aucune interprétation ne peut enlever à l'Ancien Testament le statut de base de la révélation de Dieu à l'homme. Si l'homme prend conscience de sa culpabilité en tant qu'être pécheur et éprouve le désir d'être sauvé, cette interpellation lui est dictée par la révélation que donne l'Ancien Testament. Toute conversion authentique suppose de manière implicite la reconnaissance de la condition de l'homme telle que l'explique l'Ancien Testament.

L'Ancien Testament est la source de la révélation de Dieu à l'homme. C'est ce que nous fait comprendre Calvin, quand il met l'Ancien Testament au même niveau que la révélation spéciale disant qu'il n'existe aucune comparaison entre les deux révélations :

> L'alliance faite avec les Pères anciens en sa substance et vérité est si semblable à la nôtre qu'on peut dire la même avec elle. Seulement, elle diffère en l'ordre d'être dispensée [...]. Je reçois volontiers toutes les différences que nous trouvons couchées en l'Écriture, mais à telle condition qu'elles ne dérogent rien à l'unité que nous avons déjà émise [...]. Or, en tant que j'ai pu observer en considérant diligemment l'Écriture, il y en a quatre [...]. Je me fais fort de montrer qu'elles appartiennent toutes, et se doivent référer à la manière diverse que Dieu a tenue en dispensant sa doctrine, plutôt qu'à sa substance. Ainsi, il n'y aura nul empêchement que les promesses de l'Ancien Testament et du Nouveau Testament ne demeurent semblables, et que Christ ne soit tenu pour fondement unique des unes des autres[20].

Contrairement à Luther, Calvin met sur un pied d'égalité l'Ancien Testament et le Nouveau Testament, en accordant à chaque livre une autorité commune. Aussi souligne-t-il non seulement leur continuité, mais il voit aussi dans les deux Testaments une sorte de transfert entre l'Ancien et le Nouveau Testament. Pour Calvin, l'Ancien Testament ne doit pas cesser d'exister.

---

19. Martin LUTHER, *Œuvres*, vol. III, Genève, Labor et Fides, 1964, p. 257.
20. Jean CALVIN, *Institution chrétienne*, Livre II, Genève, Labor et Fides, 1955, p. 208-213.

Entre l'Ancien Testament et le Nouveau Testament, il ne faut pas procéder à une dichotomie, et l'exemple de l'apôtre Pierre est explicite à cet effet. Il incorpore les écrits de l'apôtre Paul dans les autres écrits :

> Croyez que la patience de notre Seigneur est votre salut, comme notre bien-aimé frère Paul vous l'a aussi écrit, selon la sagesse qui lui a été donnée. C'est ce qu'il fait dans toutes les lettres, [...] dans lesquelles il y a des points difficiles à comprendre, dont les personnes ignorantes et mal affermies tordent le sens, comme celui des autres Écritures, pour leur propre ruine (2 P 3.15-16).

Les écrivains du Nouveau Testament prennent la Parole de Dieu dans son ensemble ; ils n'en font pas une dissection. L'ancienne alliance a fait place à la nouvelle et si le mode de l'ancienne alliance ainsi que sa qualité ont changé, il est toujours question d'alliance ; l'objectif visé par les deux alliances reste le même.

Sous l'ancienne alliance, la loi de Dieu est écrite sur des tablettes et sous la nouvelle alliance, la loi est écrite dans le cœur de l'homme (Jr 31.31ss). Dans les deux cas, il n'y a aucun changement dans la loi de Dieu. « Après avoir autrefois, à plusieurs reprises et de plusieurs manières, parlé à nos pères par les prophètes, Dieu, dans ces derniers temps, nous a parlé par le Fils » (Hé 1.1-2). Le même message de Dieu est adressé à toute l'humanité. Il n'est pas question d'un ancien message et d'un nouveau message, mais du même message. Le message chrétien est caractérisé par la promesse et l'accomplissement de cette promesse. Et pour conclure ce débat sur le statut de l'Ancien Testament, Zokoué cite James I. Packer :

> La révélation du Nouveau Testament repose entièrement sur l'Ancien comme sur sa fondation, et enlever la fondation une fois que la superstructure est en place, est le moyen le plus sûr de démolir la superstructure elle-même. Ceux qui négligent l'Ancien Testament ne profiteront guère du Nouveau[21].

II. Le Nouveau Testament

L'approche des débats peut être similaire à celle qui a été utilisée pour parler de l'Ancien Testament. Aussi, il n'est point question de revenir sur les mêmes principes. Cependant, l'idée de continuité qui se trouve dans le Nouveau Testament fait l'objet d'un approfondissement par Zokoué. Deux grandes

---

21. James I. PACKER, *Revelation and the Bible*, Philadelphia, The Westminster Press, 1965, p. 59.

lignes seront analysées. Il s'agit de la continuité avec l'Ancien Testament et des nouveautés dans le Nouveau Testament.

1. Continuité avec l'Ancien Testament

Pour situer cette continuité avec l'Ancien Testament, Zokoué fait intervenir trois points. Le premier point concerne la production des textes, le deuxième, l'unité du message et le troisième, le style des textes.

1.1. La production des textes

Le principe de la tradition orale vu dans l'Ancien Testament se pose aussi pour le Nouveau Testament. L'histoire du Christ a été d'abord racontée et proclamée. Les gens ont témoigné de sa personne et de ses œuvres, et c'est plus tard que l'Écriture a vu le jour. Par contre, si un événement est raconté, il faut avoir une ligne pour son interprétation et comme dans l'Ancien Testament, Dieu était aux commandes aux côtés de la communauté chrétienne naissante. Comme pour l'Ancien Testament, la même question peut être posée : est-ce que tout ce que les gens ont souligné comme témoignage tient d'un cas de révélation ? Zokoué formule deux réponses à cette question.

La première est que le contenu du message est révélé. Jésus-Christ révèle dans ce témoignage sa personne, la personne de Dieu et celle du Saint-Esprit. La seconde réponse confère la révélation au sens du message. Les disciples établissent la corrélation entre l'Écriture et la vie de Jésus. Leur interprétation est christologique, même si ce point de vue soulève certaines critiques de quelques théologiens. Dans l'Écriture, Dieu nous parle et c'est ainsi que la révélation a pour nous un sens. C'est grâce à la révélation que les disciples ont compris le sens de l'Écriture après la résurrection du Christ, comme l'apôtre Jean le souligne : « Ces choses sont arrivées, afin que l'Écriture fût accomplie » (Jn 19.36). Les disciples étaient fidèles à la voie tracée par leur maître et le témoignage écrit fait corps avec ce qui constituait l'Écriture pour les disciples.

Le Nouveau Testament présente l'événement christique dans sa globalité pour l'humanité et met en lumière ce qui vient avant et ce qui va venir après le ministère de Jésus. Le Nouveau Testament pourrait être considéré comme un simple recueil de témoignages et non comme un livre révélé. Par contre, on peut souligner que c'est un témoignage qui, grâce au Saint-Esprit, est devenu révélation pour nous. Ce qui atteste que le Nouveau Testament est révélé. Dieu a été à l'œuvre en ordonnant que sa parole soit écrite. L'ordre de mettre par écrit les témoignages inspirés peut être perçu à travers ce passage : « Enseignez-leur à observer tout ce que je vous ai prescrit » (Mt 28.20) ou de manière explicite,

« Écris donc les choses que tu as vues, et celles qui sont, et celles qui doivent arriver après elles » (Ap 1.19). Les textes du Nouveau Testament ont vu aussi le jour par la volonté de Dieu et sous son inspiration.

1.2 L'unité du message

Comme pour l'Ancien Testament, il n'y a pas un système approprié pour classifier les textes du Nouveau Testament. Nous voyons que chaque écrivain complète un autre écrivain et il existe une sorte de complémentarité et d'homogénéité dans tous les textes. En voulant critiquer la disposition des textes ou créer un conflit entre les différents auteurs du texte, on impose aux textes notre vision humaine. Il n'existe pas de système dans le Nouveau Testament. Tous les textes pris ensemble témoignent d'une unité interne, parce que tous ne parlent que de la foi en Jésus-Christ. Le Christ, en tant que personne une et indivisible, échappe à tout système. Aucun système ne peut se prévaloir d'objectiver la Bible et de l'interpréter selon sa convenance, raison pour laquelle toutes approches critiques émises à l'endroit de l'Écriture ne sont que de simples hypothèses. Elles ne peuvent être acceptées comme des données absolues. L'unité de l'Écriture n'est fondée que sur Dieu seul.

1.3. Le style

En tant qu'annonce de la Bonne Nouvelle, le style qu'on y rencontre est celui de la narration. La narration rend vivantes les actions de Dieu et celles des hommes. Elle peut permettre d'expliquer, d'interpréter, de persuader et de convaincre. La narration découle d'un style direct et personnel. Tous les écrivains du Nouveau Testament s'inscrivent dans ce style. Leur manière d'écrire et de témoigner de ce qu'ils ont vu, entendu et dit, reste vivante et très personnelle. C'est le style du témoignage qui doit être interprété. Il véhicule un message plein de vie et de chaleur. Le style de l'Ancien comme du Nouveau Testament est toujours relié à la personnalité de l'écrivain qui s'adresse à des personnes précises dans un contexte précis.

2. Les nouveautés dans le Nouveau Testament

Zokoué, en parlant de nouveautés dans le Nouveau Testament, ne met pas en cause la continuité qui existe entre l'Ancien Testament et le Nouveau. Mais il veut plutôt mettre l'accent sur l'Être Nouveau comme accomplissement de la promesse. Pour cela, il envisage quatre approches. La première met l'accent sur l'incarnation, la deuxième sur la prépondérance de la foi, la troisième traite de la nouvelle alliance et la quatrième, de son accomplissement.

2.1. L'incarnation

Pour que la promesse donnée dans l'Ancien Testament s'accomplisse, il faut atteindre le sommet de la révélation de l'histoire qui est l'incarnation. En lisant Barth :

> L'incarnation est un pur miracle, une action qui relève de la pure miséricorde divine. Elle est, au cœur de la création, l'événement parfaitement imprévisible qu'on ne saurait ni concevoir, ni postuler, soit en parlant de l'univers, soit en partant de Dieu[22].

Il est vrai que l'incarnation tient lieu de miracle mais elle a été déjà annoncée par les écrits de l'Ancien Testament. Elle est imprévisible à l'homme par sa manifestation, même si celui-ci est au courant des prophéties de l'Ancien Testament. Les Juifs avaient une autre interprétation des promesses messianiques, qui est celle tournée vers le passé. Pour comprendre le présent, il leur faut un recours aux faits passés et c'est ce qui a valu le temps qu'il a fallu pour qu'ils comprennent la réalité de l'incarnation. Mais par la suite, ils ont reconnu dans les prophéties que ce mystère avait été annoncé par les prophètes depuis la nuit des temps, depuis l'origine de l'humanité.

La deuxième nouveauté qu'on rencontre dans le Nouveau Testament est l'incrédulité du peuple à croire à cet événement. Malgré les messages de l'Ancien Testament, cette incrédulité persiste. Dans le Nouveau Testament, les témoignages des évangélistes de la naissance de Jésus ont été, dans la plupart des cas, mis en cause. L'œuvre que Jésus accomplit au vu et au su de ce peuple, et dont l'Ancien Testament a parlé, n'est pas acceptée. Alors pourquoi cette incrédulité ? Cette incrédulité est mise en relief à la lumière de l'incarnation. Par conséquent, quelle doit être sa source ? Pour Zokoué, sa source découle du « péché contre le Saint-Esprit[23] » qui sème le doute dans le cœur de l'homme, et selon Paul Tillich :

> La source de cette affirmation d'un sens au sein même de l'absurde, la source de cette certitude au cœur même du doute n'est pas le Dieu du théisme traditionnel, mais le « Dieu au-delà de Dieu », la puissance de l'être qui est agissante en ceux qui n'ont aucun nom pour la nommer, pas même celui de Dieu. C'est la réponse à ceux qui demandent un message du fond de leur néant et au bout de leur courage d'être[24].

---

22. Barth, *Dogmatique* I, 2/1, p. 125.
23. Zokoué, « Comprendre Dieu », p. 154.
24. Tillich, *L'existence et le Christ*, p. 24.

Pour Tillich, celui qui nie Dieu est un insensé, et le doute pour Tillich n'est pas synonyme du nihilisme de Dieu. Cependant, la foi est également un risque parce que l'infini se rencontre dans un acte fini, et qui dit fini, dit aliénation. S'il y a risque de la foi, il y a également doute. La foi implique le doute. « Le risque de la foi ne consiste pas à accepter des propositions sur Dieu, l'homme et le monde encore incomplètement vérifiables [...]. Le risque de la foi repose sur le fait que l'élément inconditionnel ne nous concerne ultimement que s'il s'incarne concrètement[25]. » Si cela se faisait, cette prise de conscience ferait apparaître cet aspect de non possession de la foi par nous-mêmes, d'où la présence du doute.

Le doute n'est pas une expérience continuelle à l'intérieur de l'acte de foi, mais il est toujours présent comme un élément fondamental de la structure de la foi. Il n'y a pas de foi sans un intrinsèque « en dépit de[26] ». Le doute impliqué dans la foi est un doute existentiel accompagnant tout risque. Il n'existe pas d'exclusion entre foi et doute mais plutôt une solidarité. On a le droit de se poser des questions puisque la foi consiste en des questionnements. Le doute sérieux comporte à juste titre un élément de foi. Il n'est pas question de doute méthodologique et scientifique pouvant entraîner un caractère provisoire et une opération intellectuelle. Il ne s'agit non plus de doute sceptique, qui n'est qu'une attitude qui consiste à ne rien prendre au sérieux. Le doute dont nous parle Tillich est celui qui est impliqué dans la foi. C'est le doute qui pose l'affirmation de l'infini, c'est le doute existentiel.

« Le doute existentiel et la foi représentent les deux pôles d'une même réalité, celle d'être ultimement concerné[27]. » La foi n'élimine pas le doute, mais le surmonte, lui résiste et le domine. La foi est un courage d'être, de continuer, de persévérer ; parce que « le courage ne nie pas l'existence du doute, mais il l'intègre en lui comme une expression de sa propre finitude et il affirme, en dépit du doute, ce qui le préoccupe de façon absolue[28] ». Lorsqu'il y a doute, la foi peut le vaincre par le courage. Le courage est l'affirmation de soi, de l'être, en dépit du fait du non-être. La foi, en participant à la puissance de l'être lui-même et de l'être fini, est l'acceptation existentielle qui transcende, et également « l'état d'être saisi par la puissance de l'être qui transcende tout ce qui est et à laquelle participe tout ce qui est. Celui qui est saisi par cette puissance est capable de s'affirmer parce qu'il sait qu'il est affirmé par la puissance de l'être même[29] ».

---

25. Paul Tillich, *Dynamique de la foi*, Tournai, Castermann, 1968, p. 22.
26. *Ibid.*, p. 38.
27. *Ibid.*, p. 39.
28. *Ibid.*, p. 119.
29. Paul Tillich, *Le courage d'être*, Tournai, Castermann, 1967, p. 166.

C'est la foi qui peut aider à surmonter le vide du sens et qui permet, de même, d'accepter l'inacceptable.

Le doute radical chez Tillich n'est qu'une étape provisoire vers le salut et l'incrédule participe déjà *de facto* à l'Être Nouveau et au salut. L'incarnation concerne tous les hommes parce que Jésus, l'Être Nouveau, a assumé l'humanité de chaque homme parce que tout le monde aura droit à la résurrection, et Zokoué est d'accord avec Tillich quand celui-ci écrit : « À un degré ou à un autre, tous les hommes participent à la puissance de guérison de l'Être Nouveau. Sinon ils perdraient leur être : les conséquences autodestructrices de l'aliénation les auraient détruits[30]. » Par l'incarnation, Jésus accomplit et surmonte la mort de l'homme.

2.2. La prépondérance de la foi

La parole reçue doit non seulement être écoutée mais il faut aussi la pratiquer. Cette parole doit être une parole d'autorité. L'homme croit à cette parole d'autorité qui lui a été révélée. La Parole de Dieu dans le Nouveau Testament est présentée par les écrivains sous forme d'argumentation. Par contre, ceux de l'Ancien Testament mettent en lumière la culpabilité de l'homme, l'incitant à la repentance. Le Nouveau Testament appelle l'homme à croire et la réponse à cet appel doit être claire et précise. On voit que dans le Nouveau Testament, Jésus cherche à susciter la foi. La foi touche l'Écriture tout entière, mais le Nouveau Testament la met au premier plan et touche à la nature de la nouvelle alliance.

2.3 La nouvelle alliance

La nouveauté est représentée par la nouvelle alliance. Depuis Jérémie 31.33, on voit Dieu dire « Je mettrai ma loi au-dedans d'eux, je l'écrirai sur leur cœur ». Ces mots annoncent la transition de l'ancienne alliance vers la nouvelle alliance. Dans l'Ancien Testament, le peuple avait déjà la loi dans son cœur mais la nouvelle donne est que dans le Nouveau Testament, il y aura un accent qui sera mis de manière particulière sur la loi dans le cœur du croyant. La loi dans l'Ancien Testament est conséquente à une structure d'inachèvement. Et dans la nouvelle alliance, nous avons affaire à une structure d'achèvement. Le sens réel de la loi n'est rien d'autre que le Messie.

Le croyant entre en relation directe avec le Christ qui habite en lui. Le Christ accomplit la loi tout en lui donnant son sens plein. La révélation de la nouvelle alliance révèle Dieu (Père, Fils et Saint-Esprit) qui habite dans le cœur de l'homme. La nouvelle alliance n'entre pas en rupture avec l'ancienne alliance, mais elle

---

30. Tillich, *L'existence et le Christ*, p. 298.

présente un dépassement par rapport à l'ancienne alliance. Ce dépassement est un renouvellement dans la continuité et c'est toujours l'œuvre de Dieu. L'apôtre Paul présente le croyant de la nouvelle alliance comme « une nouvelle créature », un « homme nouveau ». La nouvelle alliance annonce également un nouveau comportement éthique, un nouveau style de vie, une vie spirituelle, une nouvelle vision des choses. C'est la base de ce que le Nouveau Testament nous révèle.

2.4. L'accomplissement

La quatrième nouveauté, c'est l'accomplissement de toutes les promesses faites au peuple de Dieu. La nouvelle alliance entre dans cet accomplissement parce qu'elle est la dernière. Avec le Christ, l'Écriture trouve sa plénitude. Certes, il y a eu l'attente de ce moment qui nous est racontée dans l'Ancien Testament, qui était celle du Messie et les caractéristiques d'un homme différent des autres qu'Israël va recevoir. Cette attente s'est concrétisée à la venue en Israël de cet homme qui est reconnu comme le Messie, le Dieu incarné qui met fin à la longue attente. L'accomplissement nous appelle plus à la sainteté, à la sanctification. Cependant, pour Zokoué, parler de l'accomplissement c'est encore soulever un problème, car la présence du Messie ne met pas non plus fin à la méchanceté de l'homme.

Le Christ, dans l'Évangile selon Luc 4.21, semble donner une voie à suivre en réponse à ce problème : « Aujourd'hui cette parole de l'Écriture, que vous venez d'entendre, est accomplie. » En se focalisant sur l'Écriture, il nous révèle que c'est l'Écriture qui est accomplie en lui. Jésus est venu pour accomplir l'Écriture, parole qu'il a prononcée aussi sur la croix : « Tout est accompli » (Jn 19.30). L'œuvre messianique a déjà été accomplie, même si l'accomplissement de quelques promesses reste encore à venir. Mais le Nouveau Testament nous dit que toute l'œuvre messianique est accomplie. Il n'y a pas un accomplissement partiel et il n'y a pas non plus contradiction entre cette œuvre messianique et les promesses dont parle Ésaïe 11 et 66 qui restent encore à venir.

III. La pédagogie divine

Pour Zokoué, cette thématique est très importante et nécessite toute notre attention. Il prend comme point de départ la notion de l'alliance comme modèle de la pédagogie de Dieu. Pour lui, ce qu'il appelle pédagogie divine, c'est la manière dont Dieu s'est révélé progressivement dans l'histoire. Pour parler de cette pédagogie divine, il fait appel aux quatre alliances.

1. Les quatre alliances

La première alliance est celle qui a été contractée avec Noé et ses fils (Gn 9.1ss). Dans cette alliance, Dieu promet à Noé et à sa famille de ne plus détruire le monde par l'eau. Cette alliance confère non seulement à l'homme le salut physique, mais il s'étend aussi à toute créature. C'est une alliance de vie que Dieu traite avec Noé. Pour von Rad, l'histoire du salut commence avec Abraham.

> Si l'on réduit les vastes exposés qu'Israël a écrits de son histoire à ce qui est fondamental au plan théologique, c'est-à-dire aux interventions de Yahvé qui sont constitutives pour Israël, on aboutit à ceci : deux fois, Yahvé est intervenu de façon particulière dans l'histoire d'Israël pour poser les fondements du salut de son peuple. D'abord dans l'ensemble des faits groupés dans la confession de l'histoire canonique du salut donc d'Abraham à Josué ; ensuite dans l'affermissement de David et de son trône pour toujours[31].

Pour von Rad, à partir d'Abraham, la promesse du salut sera concrétisée. Mais pour Zokoué, le point de départ de l'histoire du salut ne peut être Abraham ; il est plus loin qu'Abraham – depuis le jardin d'Éden – et sa mise en forme a commencé avec l'alliance avec Noé qui détermine l'exécution du plan de Dieu. Dans cette alliance, on voit déjà apparaître la grâce de Dieu. Il promet de ne plus détruire et l'homme, et la création, tout en dissociant le cas de l'homme de celui des créatures. Mais pour l'homme, la promesse du salut physique est incomplète.

La deuxième alliance est celle qui est établie avec Abraham. Dieu promet à Abraham un pays, une terre. Il n'y aura plus le déluge. Il promet de faire d'Abraham le Père de toutes les nations. Abraham reçoit la promesse que ses descendants hériteront d'un grand pays et deviendront une grande nation. Ils seront le canal par lequel Dieu bénira toutes les nations. Dieu, dans ses œuvres mystérieuses, jette encore son dévolu sur un homme sans héritier et doté d'une femme stérile, recevant la promesse d'être père pour l'envoyer dans un pays inconnu. Il lui promet d'être le père de la nation et qu'il rendra grand son nom et selon von Rad, « la promesse faite à Abraham dépasse de beaucoup sa personne et sa descendance. Le salut et le jugement ont été introduits par Dieu dans l'histoire et c'est d'après l'attitude que les hommes prendront que le salut et le jugement seront déterminants[32] ». Cette promesse caractérise la vocation de celui qui sera le père des nations à travers une pérégrination remplie de plusieurs découvertes bonnes et audacieuses.

---

31. VON RAD, *Théologie de l'Ancien Testament*, vol. I, p. 306.
32. G. VON RAD, *La Genèse*, Genève, Labor et Fides, 1968, p. 158.

Tout le reste du cycle d'Abraham est centré sur les trois promesses que sont la bénédiction personnelle qui devient universelle, la descendance et la terre. Ces promesses forment l'enjeu du cycle : elles tardent à se réaliser, elles sont menacées par des conflits et des tensions, confirmées et clarifiées par Dieu ; même mises à l'épreuve, elles se réalisent partiellement ou en entier. Et d'autre part, il y a le comportement d'Abraham face à ces mêmes promesses. Il accepte, il croit, il doute, il s'inquiète, il s'impatiente, il risque, il cherche des solutions humaines, il pose des actions héroïques[33].

Dans l'alliance abrahamique, il y a des pas importants qui ont été faits. La bénédiction de toutes les familles de la terre en Abraham. La bénédiction sera accordée en fonction de la conduite des hommes. Le choix d'Abraham et la promesse de la bénédiction découlent de la bonté de Dieu et de toute sa miséricorde. Un autre élément fait son apparition, c'est la circoncision comme condition pour bénéficier de cette alliance. L'alliance abrahamique est conditionnelle pour tous les hommes. Dieu traite avec l'homme dans les limites de sa liberté. Et cela concerne aussi l'alliance mosaïque.

La troisième alliance est l'alliance mosaïque. Il faut reconnaître que les deux premières alliances (avec Noé et Abraham) ne sont pas définitives. Elles sont toutes deux insuffisantes ; certes, avec Abraham, il y a eu émergence d'un élément nouveau qui est la circoncision. Mais avec Moïse, il y a eu négociation entre Dieu et Moïse au mont Sinaï. Cette alliance concerne tout le peuple d'Israël, c'est-à-dire les descendants d'Abraham. Par rapport à l'alliance abrahamique, il y a aussi un fait nouveau : la table de la loi donnée par Dieu à Moïse pour la vie du peuple après un va-et-vient entre Dieu et le peuple. Moïse devient la figure d'un médiateur de l'alliance. Cette alliance est une alliance de consécration et d'appartenance réciproque. À travers la loi et le culte, Dieu révèle sa sainteté et l'alliance est traitée avec tout le peuple et non avec une seule personne comme Abraham.

La quatrième alliance prend en compte les trois premières alliances. Tout ce qui a été souligné dans les alliances précédentes s'y retrouve en termes d'accomplissement et de perfection. La nouvelle alliance est la dernière de toutes les autres alliances. La nouvelle alliance établit un autre régime axé sur le Christ et on y entre non sur la base des textes comme dans l'ancienne alliance, mais par un engagement personnel. À chaque alliance contractée, il y a eu une insuffisance, jusqu'à la dernière alliance qui ouvre une voie royale à Dieu.

---

33. Walter Vogels, *Abraham « notre père »*, Paris, Cerf, 2010, p. 15-16.

Les quatre alliances constituent pour chacune une étape dans la révélation progressive. Chaque étape traversée jette sur l'étape suivante une lumière encore plus grande de la connaissance du plan de Dieu. Pour ce faire, Zokoué dit que « l'alliance a donc été la méthode choisie par Dieu pour faire progresser la révélation[34] ».

2. Le fonctionnement des alliances

Chez Zokoué, les alliances sont mises en mouvement selon quatre angles. Le premier angle touche à sa matérialisation. Les quatre alliances sont scellées par le sang. Et on le constate même avec l'alliance noachique dont la fin s'est soldée par un sacrifice d'animal (Gn 8.20ss). Ce sacrifice préfigurait déjà celui du Christ mort pour le salut de l'humanité. Chaque alliance possède en elle-même un signe particulier. À l'alliance noachique, il y a eu l'arc-en-ciel ; pour l'alliance abrahamique, il y a eu la circoncision ; à l'alliance mosaïque, les prescriptions rituelles et à la dernière alliance, le baptême et la Cène. Chaque signe de l'alliance témoigne d'un rappel permanent de l'invitation de l'homme à la communion avec Dieu. Chaque élément nouveau représente un aspect différent de son attribution par l'homme. Cependant, l'évolution qu'on rencontre d'une alliance à une autre porte, dans chaque contexte de son traitement, le contenu d'un message suffisant pour faire comprendre au peuple sa relation avec Dieu. La seule présence de Dieu était nettement suffisante pour le peuple. Par la manifestation des signes dans les alliances, Dieu faisait prendre conscience au peuple de sa présence au milieu de lui. Il est question de nourrir au fur et à mesure la foi du peuple qui n'est pas délaissé par Dieu.

L'alliance s'ouvre toujours sur une ère nouvelle et marque dans le même temps, une nouvelle vie avec Dieu. Quand l'alliance a déjà produit son effet, il appartient au contexte dans lequel cela s'est produit pour les générations à venir. De même, l'alliance n'est pas un événement ponctuel, il crée la dynamique et constitue un point de repère dans le présent et montre le chemin à suivre. Le peuple qui bénéficie de cette alliance est mû par une foi vivante. C'est-à-dire un engagement à vivre les effets de l'alliance. L'alliance permet au peuple de vivre une attente à venir, du fait que l'alliance met en acte les promesses à venir qui sont déjà vécues par anticipation par le peuple.

En fin de compte, à travers les alliances, c'est toujours l'histoire de l'humanité de l'homme qui est mise en relief, cette histoire de l'humanité qui s'est accomplie dans la personne du Christ comme la fin des alliances. La pédagogie de Dieu

---

34. Zokoué, « Comprendre Dieu », p. 166.

nous fait reconnaître que Dieu utilise les hommes pour accomplir sa volonté, tout en conférant à ceux-ci la liberté de vivre l'alliance ou de ne pas en faire partie, avec toutes les conséquences possibles. Cette pédagogie est relationnelle et Dieu l'utilise pour ramener les hommes à lui. Les hommes sont libres de ne pas accepter l'appel de Dieu et de l'autre côté, Dieu met tout en œuvre pour que l'homme vienne à lui et le reconnaisse comme son Dieu. Cette pédagogie divine est tournée entièrement vers la vie.

4

Situation du problème herméneutique

Le travail qui sera abordé dans ce chapitre touche à l'organisation de l'herméneutique et de ses différentes méthodes dans l'interprétation de la Parole de Dieu. Zokoué met davantage l'accent sur les présuppositions que sur les méthodes à utiliser. Dans ce chapitre, le travail de thèse de Zokoué nous amène dans un débat théologique et technique. Il sera question de la fonction des techniques qui sont recensées pour nous permettre de bien traduire et interpréter la Parole de Dieu. Cinq grandes articulations sont prises en compte. La première pose le problème de l'herméneutique, la deuxième porte sur l'anthropologie biblique et l'anthropocentrisme, la troisième va établir la relation entre la Parole de Dieu et l'Écriture. La quatrième est celle de l'objectivation et la cinquième articulation va soulever le problème du phénomène hérétique.

I. Le problème de l'herméneutique

L'ossature est soulignée par deux approches, à savoir le nœud du problème et le critère scripturaire. Le grand débat a lieu autour de la mort et de la résurrection de Jésus. En dehors de l'annonce de la promesse dans l'Ancien Testament et du contenu de sa réalisation dans le Nouveau Testament, les interprétations diffèrent. S'il y a hésitation parmi les Juifs pour la reconnaissance de cette histoire, il y a eu au moins des témoins oculaires représentés par les disciples présents. Cependant, malgré l'accomplissement des événements annoncés par Jésus, les disciples étaient dubitatifs, tel le cas de ceux sur la route d'Emmaüs, et il a fallu au Christ, en rompant le pain, de tenir un langage axé sur sa personne et ses œuvres afin qu'ils puissent reconnaître qu'il est vraiment le messie. La lecture christologique est la base de l'herméneutique biblique.

1. Le nœud du problème

Le Christ lui-même a tenu un discours révélateur sur sa personne dans la Parole de Dieu pour être compris par ses disciples. Il a fallu pour les disciples beaucoup de foi pour comprendre le contenu du message. Cette difficulté remonte à Genèse 3 qui met en relief le problème de la chute de l'homme et des conséquences qui en découlent. La grande conséquence est que la chute a obnubilé la conscience de l'homme sur l'intelligence des choses de Dieu. Cette intelligence des choses de ce Dieu ne peut être appréhendée par la raison, ni par des méthodologies quelconques. Les méthodes rationnelles ne peuvent pas octroyer la certitude de la connaissance des choses de Dieu. À cause de sa finitude, l'homme ne connaît pas tout et même si peu. L'ordre de la création étant bouleversé par la corruption des hommes, la connaissance de Dieu et de soi sont placées en position de rupture, l'objectivité de la connaissance n'est plus relationnelle. L'une et l'autre deviennent incapables d'arriver à leur juste fin. Il faut un guide et ce sera l'Écriture[1].

Ce Dieu souverain est la source de tout ce qui est : il est la source de toutes les choses parce qu'il est leur créateur. Il a tout introduit dans l'existence, y compris la création à partir du temps et de l'espace. Il n'a pas créé parce qu'il a été forcé de le faire par n'importe quelle nécessité. Il a librement créé selon son propre plan et but, qui a eu comme conséquence un univers qui était bon. La rupture entre Dieu et l'homme a créé une distance herméneutique entre ce qui s'est passé et son interprétation. Et pour être dans la volonté de Dieu, l'interprète doit se confronter à la distance herméneutique qui sépare le texte de son sens. La distanciation est le fait que l'acte même de dire est différent de ce qui a été dit. Et le travail de l'herméneutique consiste à mettre en relation les données du texte et son sens. Le vide qui sépare le document et sa signification est le vide que l'homme ressent autour de lui, vide qui le menace et l'inquiète.

Le problème herméneutique va de pair avec l'histoire même du christianisme. Non seulement il place le lecteur dans l'histoire du christianisme, mais il soulève la question existentielle et met en relief la critique historique. Des points qui ont été débattus par deux théologiens, René Marlé et Paul Ricœur. L'histoire du peuple d'Israël dans l'Ancien Testament relate le problème herméneutique par l'accueil de la révélation et son interprétation. Pour Zokoué, la base christique est le lieu où se noue le problème herméneutique et c'est aussi le lieu de la réponse à tout le problème herméneutique. Par conséquent, le nœud herméneutique se

---

1. Michel KOCHER, « Le Saint-Esprit, interprète des Écritures et du croyant », *Hokhma*, 1986, n°31, p. 25.

trouve dans l'événement christique et le Saint-Esprit développe et accomplit cet événement dans le cœur des chrétiens. La révélation de Dieu en Christ donne un sens à tout cela. Elle accorde à l'herméneutique un développement cohérent et efficace de l'interprétation de l'Écriture. Et ce, à partir de la foi en Christ.

2. Le critère scripturaire

Comment fonctionne le critère de l'Écriture ? Lorsqu'on constate que l'herméneutique est une investigation, le point de retour est effectué par l'interprète pour s'assurer de la vérité du message. Cette manière de faire correspond aux différentes méthodes utilisées pour faire parler le texte. Il est question du principe de circularité dont parle Luther. Le retour au texte, tout en se référant à un autre texte pour mieux exprimer le contenu du texte, concerne le critère scripturaire. Le travail envisagé ne peut avoir comme base l'Écriture comme critère principal. Toute démonstration de critère n'est pas aussi sûre pour juger les résultats de l'herméneutique.

Pour Zokoué, lorsqu'il est question de critère, il y a en-dessous quelque chose d'ambigüe dont il faut parler. En principe, l'Écriture nous donne la possibilité de connaître et de nous connaître. En même temps, elle nous amène à des jugements subjectifs et objectifs ; elle touche en même temps les domaines théorique et pratique de la vie. Par contre, il est difficile de la prendre seule comme critère ou comme son propre critère. Cependant, ce problème peut être résolu en faisant appel à son statut. Zokoué justifie le choix qu'il a fait de l'Écriture comme critère par un autre argument théologique des réformateurs. Et surtout, celui avancé par Calvin :

> Si nous voulons bien pourvoir aux consciences, à ce qu'elles ne soient point tracassées sans cesse de doutes et de légèretés, qu'elles ne chancellent point, n'hésitent point à tous scrupules, il est requis que la persuasion, que nous avons dite, soit prise plus haut que de raisons humaines ou jugements ou conjonctures : à savoir du témoignage secret du Saint-Esprit. Bien que Dieu seul soit témoin suffisant de soi en sa Parole, toutefois cette parole n'obtiendra point foi au cœur des hommes si elle n'y est scellée par le témoignage intérieur de l'Esprit. [...] Le Seigneur a assemblé et accouplé comme d'un lien mutuel, la certitude de son Esprit et de sa Parole, afin que notre entendement reçoive cette Parole en obéissance, y voyant reluire l'Esprit, qui lui est comme une clarté pour lui faire contempler la face de Dieu, afin aussi que sans crainte de tromperie

ou d'erreur, nous recevions l'Esprit de Dieu, le reconnaissant en son image, c'est-à-dire en sa Parole[2].

Dans cette citation de Calvin, il y a le côté objectif, le côté subjectif de la Parole et les deux à la fois, qui donnent à la doctrine chrétienne sa crédibilité. Mais pour tout cela, il faut compter sur le rôle que joue le Saint-Esprit. C'est lui qui impulse la compréhension et la connaissance de l'Écriture pour nous. L'Écriture peut alors servir de critère parce qu'elle se trouve dans le cœur de tous les croyants. Et elle peut résister, grâce au Saint-Esprit, à une mauvaise interprétation. C'est le Saint-Esprit qui aide l'interprète dans le discernement.

II. Anthropologie et anthropocentrisme

Au sein du mystère du monde, l'homme détient une place centrale étant conçu comme le maillon qui lie la création à Dieu. Cette position particulière est notamment fondée sur la création spéciale de l'homme, c'est-à-dire sur la présence de l'image de Dieu dans l'homme. Le thème de « l'image » sert de fondement à toute une anthropologie. La révélation biblique commence dans la rencontre avec le Dieu créateur de toutes choses, qui dévoile son visage dans l'être humain créé à l'image et à la ressemblance de Dieu. C'est pourquoi l'Incarnation du Verbe est à la fois le premier et l'ultime discours de la théologie, celui qui permet tous les autres. Il ne peut y avoir de théologie authentique qui ne soit également une anthropologie. C'est l'aventure de Dieu avec la famille humaine devenue sa famille qui déploie à nos yeux une anthropologie authentique.

C'est donc en parcourant les grands textes de la Bible (A.T. et N.T.) sur la création comme projet de Dieu pour l'humain, la chute comme exil hors de ce projet et les réponses de Dieu au péché jusqu'à la recréation de l'être humain, que nous tenterons d'appréhender ce qu'est l'humain dans le regard de son créateur et sauveur. Tout particulièrement son rapport à Dieu, à son prochain, à la vie et au monde.

1. L'homme face à Dieu

Isaac Zokoué nous fait connaître la position de l'homme devant Dieu. Elle se conçoit de deux façons : soit l'homme prend conscience de sa position devant Dieu, soit il affirme son indépendance devant Dieu. C'est ce que Zokoué appelle l'anthropocentrisme de l'homme dans le sens où lui-même va chercher à définir

---

2. Jean CALVIN, *Institution chrétienne*, Livre I, Genève, Labor et Fides, p. 41, 44, 56.

les conditions de ses relations avec Dieu. Ce sont ces deux attitudes qui sont résumées sous le titre de l'homme face à Dieu. Beaucoup de théologiens dans leurs approches vont de l'anthropologie biblique vers l'anthropocentrisme et de la confession de foi vers l'auto-affirmation de l'homme. L'anthropologie biblique présente deux thèses : l'homme créé à l'image de Dieu et l'homme comme partenaire de Dieu dans l'alliance en Jésus-Christ.

En tant que créature, l'homme dépend totalement de Dieu et en tant que partenaire, il est créé à son image et selon sa ressemblance. Le Nouveau Testament tient compte de cet équilibre et sa rupture plonge l'homme dans l'anthropocentrisme. L'histoire de l'Église révèle dans son parcours cette rupture de l'équilibre, en parlant des difficultés qu'elle a rencontrées, tels les cas des hérésies et de la reformulation de la confession de foi. La grande controverse enregistrée est celle touchant la double nature de Christ. Les débats ont été menés par deux écoles d'interprétation acceptant la divinité de Dieu sans nier son humanité et l'humanité de Dieu sans nier sa divinité, et c'est ce qui ressort dans les deux citations de Cyrille d'Alexandrie et de Théodore d'Antioche.

> Le Christ est Dieu par nature, même après s'être uni, selon cette sorte d'unité que nous avons dite, à sa propre chair. La chair qu'il a assumée ne nous fera pas rejeter cet être unique en dehors des limites de la divinité. Nommer le Christ, ce n'est pas signifier un homme vulgaire comme nous, mais le Verbe né de Dieu, fait homme et incarné[3].

Et pour Théodore d'Antioche, « Jésus-Christ était homme parfait comme nous, mais en plus de ce que nous avons, il avait aussi le Verbe de Dieu qui l'habitait et lui était uni[4] ». Cependant, la controverse christologique a trouvé au concile de Chalcédoine toute une formule acceptée par les écoles d'interprétation. La christologie de Chalcédoine a rencontré l'agrément de tout l'Occident. La citation suivante en témoigne : « C'est le dogme chrétien, en obligeant à définir ce qui en Jésus-Christ était le Verbe de Dieu lui-même, qui a fait édifier une métaphysique de la personne, ultime unité et identité à soi-même, dont l'esprit anime encore tout l'humanisme occidental aujourd'hui[5]. » Le fait de renvoyer l'individu à lui-même pose « la maïeutique » de Socrate quand il souligne la connaissance de soi-même par soi-même. En effet, comme il existe un monde extérieur de choses,

---

3. Marie-Joseph Nicolas, « La doctrine christologique de saint Léon le Grand », *Revue Thomiste*, n°3, 1951, p. 625.
4. *Ibid.*, p. 633.
5. *Ibid.*

il existe aussi un monde intérieur, concret et vivant des souvenirs, d'images, de rêves, le monde des états de conscience que chacun de nous découvre de lui-même.

Il s'agit ici d'une connaissance de moi-même par moi-même. Si j'ose juger les autres, suis-je arrivé à me connaître moi-même ? Au vu de cela, Socrate nous demande de procéder à un examen de conscience qui est exigé du croyant. C'est afin de nous juger nous-mêmes que nous devons, dans le silence, sonder les profondeurs de notre vie interne, nous efforcer de connaître nos intentions et nos désirs les plus secrets. La connaissance de soi est un instrument au service de la repentance. Jean-Jacques Rousseau a de même épousé cette pensée :

> Trop souvent, la raison nous trompe, nous n'avons que trop acquis le droit de la récuser, mais la conscience ne nous trompe jamais ; elle est le vrai guide de l'homme ; elle est à l'âme ce que l'instinct est au corps ; qui la suit obéit à la nature, et ne craint point de s'égarer[6].

Zokoué souligne que l'humanisme occidental doit beaucoup aux débats christologiques de Chalcédoine. Mais cet humanisme a provoqué un glissement de la théologie biblique vers l'anthropocentrisme. Ce qui a valu le mélange entre la théologie et la philosophie.

> Quel aurait été le destin de la théologie occidentale s'il ne s'était trouvé historiquement lié à celui de la métaphysique grecque ?... Nous restons encore sur le terrain de la même recherche, lorsque... nous demandons si le développement de la philosophie occidentale eut été possible en dehors d'une stimulation et d'une émulation chrétienne[7].

Dans la pratique, la relation entre la philosophie et la théologie a toujours soulevé de grands débats dans l'histoire de l'Église. Les deux appartiennent à la science positive mais ne possèdent pas le même objet de recherche. En fait, la philosophie n'est pas incompatible avec la théologie. Mais il existe également plusieurs idéologies dans la philosophie et certaines sont en contradiction avec l'existence du Dieu révélé, tout en professant l'autonomie de l'homme. L'homme affirme son identité face à Dieu de manière indépendante. Il revendique sa liberté mais sans pour autant nier la notion de la transcendance selon la pensée ci-après :

---

6. Blaise PASCAL, *Les grands textes de la philosophie*, p. 140.
7. J. P. RESWEBER, *La théologie face au défi herméneutique*, Paris/Louvain, Ed. Vander, 1975, p. 2.

Exclusivement transcendant, (Dieu) n'est que le juge souverain, qui rétablit l'harmonie, troublée ici-bas, entre le royaume de la vertu et celui des passions. Il nous est salutaire de croire à la réalisation future de cette harmonie. Mais dans le fait, nous ne pouvons rien savoir de Dieu, toutes nos connaissances étant liées aux formes de l'espace et du temps... En tout cas, Dieu n'agit pas sur nous, car c'en serait fait de notre liberté et de notre moralité. La vertu humaine n'aurait plus aucune valeur[8].

Les différentes approches qui donnent à l'homme l'autonomie ne font pas appel à l'existence de Dieu comme le créateur de toutes choses. L'homme ne peut vivre sa liberté en dehors de la sphère de Dieu, comme le souligne le psalmiste : « Comme une biche soupire après des courants d'eau, ainsi mon âme soupire après toi, ô Dieu ! Mon âme a soif de Dieu, du Dieu vivant [...]. Pourquoi m'oublies-tu ? » (Ps 42.2-3, 10). À travers ces paroles, nous sentons l'inquiétude du psalmiste d'être délaissé par Dieu et privé de sa liberté. La liberté de l'homme se vit dans la présence de Dieu et non en lui-même.

L'autre élément qui a été à la base du passage de l'anthropologie biblique à l'anthropocentrisme est le facteur culturel qui a servi à la formulation de la théologie. Il est vrai que la culture a été dans l'expression théologique de nos jours, tout en rendant complexe l'application de certaines exigences évangéliques. Et en même temps, elle a contribué aussi à l'expression de cette vérité qui rend libre ceux qui l'acceptent. Beaucoup de missionnaires ont été la cause de ce freinage, parce que tout ce qui est culturel n'est pas bien vu dans les églises. La culture peut être l'expression d'une attitude chrétienne authentique. Le seul problème qui se pose, c'est quand la théologie intègre la culture sans au préalable la juger, ni la transformer.

2. La lecture existentialiste

Il faut d'abord savoir que l'existentialisme est un courant qui postule que l'être humain est responsable de sa vie à travers ses propres actions, en dehors de tout système théologique, philosophique ou moral. L'existentialisme place l'homme au centre de sa réflexion, l'homme est seul pour décider du sens qu'il va donner à son existence. Beaucoup de philosophes dans leurs approches essayent de réduire la distance qui existe entre l'être et l'homme, en partant de la question de l'être. Pour discuter de la lecture existentialiste, Zokoué pose le problème

---

8. E. G. LÉONARD, *Histoire du Protestantisme*, vol. 3, Paris, PUF, 1964, p. 123.

de l'ontique et de l'ontologique en faisant référence aux philosophes Martin Heidegger, Søren Kierkegaard et Paul Tillich.

Tout ce qui est ontique touche à l'être, à son entité, sa manière d'exister ou d'être et la philosophie d'Heidegger établit la distinction entre l'être et l'étant. Paul Tillich est inspiré par quelques éléments de la philosophie d'Heidegger :

> Une bonne partie de sa terminologie provient de la littérature homilétique du piétisme allemand. Son interprétation de l'existence humaine implique et développe, quoique de manière intentionnelle, une doctrine de l'homme qui est une doctrine de la liberté et de la finitude humaine. Elle est si étroitement en rapport avec l'interprétation chrétienne de l'existence qu'on est forcé de la décrire comme une philosophie théonome [sic] malgré l'athéisme énergique de Heidegger[9].

Tillich appelle *théonomie* cet état d'esprit, pour qui toute forme de vie de l'esprit est expression de l'absolu-réel qui surgit en elle. Mais lorsqu'une période de *théonomie* approche de son déclin, on tend alors à conserver pour elles-mêmes les formes qui furent jadis une expression adéquate de leur contenu, bien qu'elles soient désormais devenues vides. Dans la *théonomie*, l'homme ne se réfère plus à une norme qui serait au-delà de lui, ni à sa propre raison, mais au fondement transcendant de son propre être. C'est à travers une culture *théonome* que l'on pourra résoudre les conflits existentiels entre une culture sécularisée et une culture soumise à une norme religieuse. Ce concept de *théonomie* peut permettre de bien comprendre les problèmes des relations entre le christianisme et les religions non chrétiennes[10]. Cependant, Tillich établit aussi des limites dans l'approche de l'existentialisme heideggérien :

> Il est certain que ce n'est pas une philosophie qui présuppose la réponse théologique à la question de la finitude humaine pour l'exposer ensuite en termes philosophiques... la philosophie de l'existence pose d'une manière nouvelle et radicale la question dont la réponse est donnée à la foi dans la théologie[11].

Tillich développe, à partir de l'existentialisme de Heidegger, une théologie ontologique, en remplaçant l'être de Heidegger, en l'identifiant à Dieu et en établissant la relation entre l'homme et Dieu. Le fondement de l'être est l'Être.

---

9. Paul TILLICH, *Aux confins*, Paris, Planète, 1971, p. 70-71.
10. J. C. PETIT, *La philosophie de la religion de Paul Tillich*, Montréal, Fides, 1974, p. 97.
11. *Ibid.*

« Dans sa nature la plus intime, le monde fini renvoie au-delà de lui-même. En d'autres termes, il est auto-transcendant... La réalité se dépasse afin de revenir à elle-même dans une nouvelle dimension. C'est ce que signifie se transcender[12]. » Tillich met l'accent sur le sacré. Le sacré est ce qui est inconditionné. Le sacré qui prend naissance dans le fondement de l'être est porteur de la signification inconditionnée. Tout « être sacré » porte l'affirmation et la négation purement existentielle du point de vue de l'inconditionnée[13].

La question du sacré n'est pas du tout réductible à l'humain, elle n'est pas non plus de nature authentique. Emmanuel Toniutti, dans son exposé « La notion du sacré à travers la peinture expressionniste dans les écrits du premier enseignement de Paul Tillich[14] », définit le sacré en deux points : le premier point comprend la réunion de l'essence et de l'existence. Dieu est le fondement de l'être, il est l'essence de toute chose, puisque tout ce qui existe dans la nature est constitué d'être. Le sacré est l'inconditionné auquel participe l'être humain sans même le savoir, en entretenant un rapport inconscient avec le fondement de l'être. L'homme s'approche de son essence lorsqu'il est capable d'appréhender le sacré par l'intermédiaire de son instinct, une situation qui exclut tout délire mystique. Le second point est que l'être humain réalise l'union de l'essence et de l'existence, quand touché par l'inconditionné, il rassemble en lui-même les forces qui vont le mener vers le bien et vers l'amour.

L'instinct du sacré engendre un mouvement vers une existence mise en ordre par l'amour et la grâce de Dieu. Mais là où se trouve le sacré, se trouve aussi le profane. Le conflit existe d'une manière perpétuelle entre l'existence de l'homme et sa relation avec l'inconditionné, relation que caractérise toute l'ambiguïté de la religion. La question du sacré est indissociablement liée à celle du sens de l'être. Il existe de l'être en chacun de nous. La question du sacré et du profane a été abordée dans la conférence de 1924 de Tillich sur « Église et culture ». Mais celui-ci se refuse à se limiter à cette assertion d'opposition du sacré et du profane, telle qu'elle est exprimée par mode de juxtaposition. Pour lui, « cette simple juxtaposition du sacré et du profane, de l'Église et de la société, signifie déjà la suppression d'un des termes de la polarité, celui du sacré, ainsi que sa réduction au niveau du profane[15]. » Cette façon de procéder résulte de la vision

---

12. Tillich, *L'existence et le Christ*, p. 18-19.
13. Paul Tillich, *Philosophie de la religion*, Genève, Labor et Fides, 1971, p. 79.
14. E. Toniutti, « La notion du sacré à travers la peinture expressionniste dans les écrits du premier enseignement de Paul Tillich », 12e colloque de l'Association Paul Tillich, Luxembourg, mai 1997.
15. Paul Tillich, *La dimension religieuse de la culture : écrits du premier enseignement, 1919-1926*, Paris/Québec, Éditions du Cerf, Presses Université Laval, 1990, p. 101.

de l'hétéronomie et de l'autonomie. Par contre, le sens du sacré doit se trouver en dehors du point de vue de l'hétéronomie et de l'autonomie. Il doit se situer du point de vue de la *théonomie*. Le sacré doit comporter sa propre négation.

L'objet sacré n'a rien d'absolu en lui-même de par sa propre essence, il ne transcende en rien les autres réalités, profanes et finies. Son privilège, son caractère spécifiquement sacré, lui vient d'ailleurs, il lui vient de son état de médium, le symbole de l'inconditionné.

> Il n'y a donc dans les choses elles-mêmes aucun fondement de leur caractère sacré. Elles ne sont pas sacrées en elles-mêmes. Cependant, il existe bien des choses et des personnes des formes et des événements qui possèdent un pouvoir symbolique supérieur, et dont l'accomplissement de la signification est de devenir des choses sacrées[16].

Tillich établit une corrélation entre la situation de l'homme et la théologie. L'homme s'interroge sur sa situation et la théologie lui fournit des réponses. Pour Tillich, la théologie existentialiste a une tendance anthropocentrique. Et Zokoué est tout à fait d'accord avec cette position de Tillich. La théologie existentialiste organise la relation autour de l'homme plus qu'autour de Dieu. Cependant, il se pose la question de savoir si la théologie existentialiste n'est pas restée prisonnière du cadre phénoménologique. Pour Zokoué, l'Écriture renvoie l'homme à lui-même pour le préparer à rencontrer Dieu et à le servir. La théologie existentialiste est une herméneutique de l'histoire, selon la justification de Paul Tillich.

> Vouloir interdire la transformation de l'ontologie potentielle présente dans la Bible en une ontologie actuelle – bien entendu à l'intérieur du cercle théologique – serait réduire la théologie à n'être qu'une répétition et un agencement de citations bibliques. Il serait alors impossible d'appeler le Christ « le *Logos* »[17].

Dans ces propos, Tillich fait ressortir tout le programme de son herméneutique : « L'étude des symboles chrétiens que nous avons entreprise dans les précédents chapitres voulait être non une "démythologisation" mais une "délittéralisation" [sic][18]. » La démarche existentielle est une herméneutique qui comporte la présupposition, l'analyse et la prise de décision, et l'être aliéné est

---

16. Tillich, *Philosophie de la religion*, p. 81-82.
17. Tillich, *L'existence et le Christ*, p. 23.
18. *Ibid.*, p. 181.

l'être pour le néant, l'être justifié est l'être pour Dieu, c'est-à-dire l'homme que Dieu veut. Tillich souligne, de manière insistante, l'aspect réceptif de l'homme qui doit accepter d'être accepté :

> À vrai dire, il n'y a rien dans l'homme qui permette à Dieu de l'accepter. Mais précisément c'est ce que l'homme doit accepter : il doit accepter d'être accepté par Dieu, il doit accepter l'acceptation. Mais comment une telle acceptation est-elle possible en dépit de la culpabilité qui rend l'homme ennemi de Dieu, demandera-t-on ? On répond traditionnellement : « À cause du Christ[19]. »

L'objectivité de la justification implique l'aspect subjectif ; sans acceptation du salut, elle n'est que désespoir. La foi seule permet à l'homme d'accepter son salut. Il s'agit de la foi dans son acceptation classique, comme don du Saint-Esprit. La foi n'est pas la cause de la justification. Dieu seul, par pure grâce, en est la cause. La foi est une voie qui permet la réception de la justification ; elle la rend possible. La cause de la justification est Dieu seul par grâce, mais croire que l'on est accepté est le canal par lequel la grâce parvient à l'homme[20]. Tel est le sens de la justification « *sola fide*[21] ».

De même, la notion de la sanctification, c'est-à-dire la transformation par l'Être Nouveau, considérée en tant qu'acte divin, la régénération et la sanctification sont un seul acte.

> La régénération exprime la réalité de la réunion, la justification en exprime le caractère paradoxal, l'une et l'autre exprimant l'acceptation de l'inacceptable. La sanctification est distincte de l'une et de l'autre comme un processus se distingue de l'événement par lequel il commence. [...] À la lettre « justification » veut dire « rendre juste », et, d'autre part, « sanctification » *peut* vouloir dire « être reçu dans la communion des *sancti* », c'est-à-dire dans la communauté de ceux qui sont saisis par la puissance de l'Être Nouveau[22].

> La sanctification est le processus par lequel la puissance de l'Être Nouveau transforme les individus et la communauté à l'intérieur et en dehors de l'Église. L'individu chrétien comme l'Église, le domaine

---

19. *Ibid.*, p. 210-211.
20. *Ibid.*
21. *Ibid.*
22. *Ibid.*, p. 211 (italiques dans l'original).

religieux comme le domaine séculier, sont l'objet de l'opération sanctifiante de l'Esprit divin qui est la réalité de l'Être Nouveau[23].

C'est ce que souligne l'apôtre Paul : « Ne vous conformez pas au siècle présent, mais soyez transformés par le renouvellement de l'intelligence » (Rm 12.2). Paul établit un principe qui doit être valable pour tout discours théologique.

3. La lecture structuraliste

Lorsqu'on aborde le concept de structure, on ouvre la porte à plusieurs interprétations. C'est une théorie selon laquelle l'être humain ne peut être appréhendé qu'à travers un réseau de relations, telles des structures auxquelles il participe de manière inconsciente. R. Boudon en donne la définition suivante : « L'analyse structurale, c'est l'analyse de système, c'est-à-dire une théorie permettant de rendre compte de l'interdépendance des éléments d'un objet conçu comme une totalité[24]. » Le structuralisme a recours, après tous les débats philosophiques, à la linguistique qui invite à une autre analyse de fonctionnement du signe. Pour elle, la langue est un système de différences ; aucun de ses éléments n'a de valeur en lui-même. Il la tient de ses relations avec tous les autres éléments de la langue considérée comme un tout structuré. Autrement dit, la relation est constitutive des éléments.

> Dans la langue, il n'y a que des différences. [...] Qu'on prenne le signifié ou le signifiant, la langue ne comporte ni des idées ni des sons qui préexisteraient au système linguistique, mais seulement des différences conceptuelles et des différences phoniques issues de ce système[25].

La linguistique serait le terrain de prédilection de ce nouvel instrument d'analyse. Avec le structuralisme, nous quittons le domaine de l'ontologie existentialiste. Mais les deux systèmes ont quelque chose de commun, c'est la notion de relation. Zokoué se pose alors la question de savoir : « Est-ce la relation interpersonnelle qui régit l'existence à laquelle participent les choses ; dans l'autre, ou c'est la relation personne-chose qui constitue le moteur de l'existence ?[26] » Le structuralisme soulève la question de la globalité. Et cette globalité est-elle le fait de l'homme ou de quelque chose d'autre ? Zokoué formule deux hypothèses.

---

23. *Ibid.*, p. 212.
24. *Encyclopaedia Universalis*, Vol. 15, Paris, 1968, 1980, p. 342/1.
25. F. de Saussure, *Cours de linguistique générale*, Paris, Payot, 1974, p. 166.
26. Zokoué, « Comprendre Dieu », p. 203.

La première hypothèse prend l'homme comme critère domiciliant le critère de globalité. Ce qui revient à dire que l'homme détermine les choses selon sa manière de voir. Il analyse les théories, les élabore et rend compte de la relation qui existe entre les éléments constituant l'objet. Lui-même en fait partie. Dans ce cas, l'analyse structurale est anthropocentrique.

La deuxième hypothèse voit dans les objets le critère de globalité. C'est plus ici le point de vue matérialiste. Dans ce cas, si ce critère de globalité ne se trouve pas en l'homme, il se trouverait alors en dehors de l'homme, c'est-à-dire dans la nature. Cette conception est reconnue comme erronée de nos jours. Elle touche plus à l'idéologie d'Épicure et de Lucrèce. Une telle idéologie n'aboutit nulle part. L'homme ne contrôle plus son destin qui lui échappe entièrement. En parlant de la lecture structuraliste, le but poursuivi par Zokoué est celui de voir en quoi cette méthode peut aider à la construction d'un discours théologique. Par conséquent, le structuralisme ne peut être au service de l'herméneutique biblique que si, et seulement si, des réformes en profondeur sont menées dans son système. Le structuralisme ne donne pas la place à la révélation.

Cependant, le structuralisme en tant que pensée traversée par plusieurs autres pensées ne peut être mis tout bonnement à l'écart. Il existe un point commun entre le structuralisme et la vision biblique de la création. Le point commun résulte de la notion d'harmonie. Ce qui ouvre la porte à un débat théologique. La vraie harmonie, c'est celle qu'on rencontre dans la relation entre Dieu et sa création. Il est vrai qu'il reste encore des pistes d'investigation à explorer pour rendre la lecture structuraliste plus concrète pour l'herméneutique biblique.

4. La lecture matérialiste

La lecture matérialiste de la Bible a voulu donner une interprétation marxiste de la lecture de la Bible. Elle propose une autre grille de lecture plus engagée de la théologie. Une théologie de révolution. Comme la lecture structuraliste, la lecture matérialiste reste toujours une méthode.

> Soyons bien clair, il n'est pas possible d'envisager cette lecture, même en pensant la maintenir dans le statut de simple méthode. Elle est, répétons-le, une idéologie. Elle est une explication globale du monde, de l'histoire, des hommes (et de la religion, il ne faudrait pas l'oublier) et des textes[27].

---

27. A. MAILLOT, « Lectures plurielles », *Foi et Vie*, n°5, 1980, p. 18.

A. Maillot n'est pas d'accord avec la lecture matérialiste qui n'est qu'une autre forme d'idéologie. Cependant, il existe une relation entre la doctrine marxiste et la pensée biblique. Et on le constate dans les propos de Fernando Belo :

> Rien dans ce texte n'est neutre, le parti pris, sinon la prise de partie, est annoncé clairement. Arrivé dans le champ d'une épistémologie matérialiste et d'une problématique révolutionnaire, j'aurai pu, comme tant d'autres, laisser tomber l'ensemble de l'édifice idéologique religieux qui avait passionné ma jeunesse... J'ai donc préféré prendre les devants et m'attaquer au texte décisif, à l'évangile lui-même[28].

Pour Fernando Belo, l'idéologie marxiste n'est pas compatible avec l'approche biblique. Ce faisant, il procède à une lecture révolutionnaire de la lutte des classes, toute l'œuvre du Christ. Le mystère de Jésus est lu sous l'angle de la lutte pour l'émancipation des pauvres. En faisant de l'Évangile une interprétation marxiste, il est amené à modifier tous les concepts bibliques selon son idéologie. C'est ainsi qu'on voit le péché être remplacé par la dette, la mort de Jésus par le meurtre, etc.[29]. Georges Casalis, à l'opposé de Belo, a une méthodologie qui est basée sur le vécu et non sur la théorie comme Belo. Il propose une théologie inductive qui tient compte du réel. C'est ainsi qu'il critique le christianisme traditionnel qui ne s'occupe pas de l'engagement politique et qui a perdu la vision sociale et culturelle de l'humanité. Pour ce dernier, il y a entre le marxisme et le christianisme une interprétation intégrée.

> La lecture du matérialisme de l'Évangile et l'interprétation évangélique du marxisme signifient d'une part : la clarification permanente des arrière-plans et des impacts économico-politiques de chaque réalisation historique du christianisme ; d'autre part : l'insistance sur l'importance égale de chacune des trois instances, économique, politique et idéologique et, à la fois, leur autonomie relative... Si c'est la référence marxiste qui est constamment mise en tension dialectique avec le message évangélique, c'est que le marxisme est considéré ici comme l'instrument le plus propre à permettre l'analyse adéquate de nos sociétés et à fournir les instruments aptes à les transformer radicalement[30].

---

28. Fernando BELO, *Lecture matérialiste de l'Évangile de Marc*, Paris, Cerf, 1974, p. 19.
29. ZOKOUÉ, « Comprendre Dieu », p. 206.
30. Georges CASALIS, *Les idées justes ne tombent pas du ciel*, Paris, Cerf, 1977, p. 213.

L'idée de Casalis, montrant que le christianisme ne s'est pas engagé dans les débats politiques, est acceptée par Zokoué, mais pour lui, point n'est besoin d'une approche marxiste pour étayer cette position. Il est vrai que l'Évangile et le marxisme militent pour la vie de l'humanité mais dans leur objectif, il y a une divergence de vue. L'Évangile se préoccupe de l'homme dans le sens où il veut le mettre en contact avec Dieu, et le marxisme met l'homme en relation avec l'homme. En fin de compte, la lecture matérialiste de l'Évangile est une lecture anthropocentrique qui n'ouvre pas un horizon à la destinée de l'homme comme l'Évangile. Il n'y a pas l'avenir d'une maturation de l'homme pour l'avenir, contrairement à l'Évangile qui nous révèle plutôt un déclin de l'homme dans le futur.

L'ère du changement souffle sur la théologie et personne n'est à l'abri. Pour le moment, l'histoire de l'Occident est une histoire basée sur l'approche positiviste et apte à épouser de nouvelles idéologies et de nouvelles découvertes dans tous les domaines. De même, l'approche marxiste s'inscrit dans cette nouvelle idéologie. Mais les pays du Sud ne sont pas exemptés par ce courant marxiste comme le souligne Casalis : « L'homme nouveau, c'est que ma sagesse et ma folie d'intellectuel occidental, c'est que mon christianisme et mon marxisme vont être bousculés par mes frères latins d'Afrique, d'Amérique latine, et pourquoi pas aussi de la vieille Europe...[31] » Pour Zokoué, qu'il s'agisse des lectures existentielle, structuraliste ou matérialiste, toute leur orientation est anthropocentrique. Il est vrai que beaucoup de voix se sont élevées contre ces positions, mais toujours est-il que c'est de faible intensité. L'herméneutique qui tient la route et qui doit être mise en valeur est celle qui nous renvoie sans cesse à la Parole de Dieu, à son écoute et à sa méditation. Ce qui soulève une autre question pertinente. Où peut-on alors trouver la Parole de Dieu ? Et l'Écriture est-elle la Parole de Dieu et digne d'être l'objet de l'herméneutique ?

III. Parole de Dieu et Écriture

Ce sujet est d'une importance capitale. Il touche même la base de la thèse posée par Zokoué en ce qui concerne le fait de comprendre Dieu à la frontière de l'herméneutique. Sur quelle base ce mouvement peut-il s'amorcer ? Si l'Écriture ne peut être le socle de l'orientation de l'herméneutique, quel autre objet peut permettre une bonne herméneutique ? Pour traiter de cette interrogation, Zokoué a avancé cinq points de discussion. Il a commencé à circonscrire d'abord

---

31. *Ibid.*, p. 215.

l'énoncé du problème, pour aborder ensuite la position de Luther, de Bultmann, de Käseman. Il termine par la lecture symbolique et la position de Calvin.

1. Énoncé du problème

Le problème de la place de l'Écriture se pose toujours. Pour l'Église catholique, le problème de l'Écriture est posé en relation avec la tradition. La place de l'Écriture par rapport à celle de la tradition ecclésiale est trop complexe quand on s'en tient à la conclusion de Vatican II.

> Mais comme l'Écriture Sainte doit être lue et interprétée avec le même Esprit qui l'a fait écrire, pour découvrir correctement le sens des textes sacrés, il ne faut pas donner une moindre attention au contenu et à l'unité de l'Écriture tout entière, compte tenu de la tradition vivante de l'Église tout entière, et de l'analogie de la foi... Car tout ce qui concerne la manière d'interpréter l'Écriture est soumis en dernier lieu au jugement de l'Église, qui s'acquitte de l'ordre et du ministère divin de garder et d'interpréter la Parole de Dieu[32].

L'Écriture doit avoir un statut différent de la tradition et être soumise à elle. Pour les protestants, l'Écriture est mise en rapport avec la Parole de Dieu et la parole humaine. Il est vrai qu'une telle position a contribué à une séparation entre la Parole de Dieu et celle de l'homme ou à la création d'un fossé entre les deux positions. Cela met en relief, comme souligné, le statut de l'Écriture et de son contenu. Est-ce que la Bible est une compilation de témoignages des premières communautés croyantes ou est-elle le message de Dieu adressé à son peuple à travers les prophètes et les apôtres ? Deux problèmes sont à souligner. Le premier fait du contenu de la Bible un contenu non révélé, et le second met en évidence l'inspiration et l'inerrance de la Bible si elle est parole révélée. De ce débat surgit un autre subséquent qui touche à la divinité et l'humanité de Jésus et à celle de l'Écriture. Telles sont les positions qui sont débattues par Zokoué.

2. La position de Luther

Pour les réformateurs, l'Écriture est liée à la personne de Jésus-Christ et cette position est à la base de leur approche et de tout leur enseignement. On rencontre cette idée à travers les propos de Luther sur la Cène.

---

32. F. Mussner, *Histoire de l'herméneutique*, Paris, Cerf, 1972, p. 21.

> Le Christ a uni les deux choses, la Parole et son corps, à manger spirituellement avec le cœur et corporellement avec la bouche... L'Esprit ne peut être auprès de nous autrement que par des choses corporelles, tels que la Parole, l'eau, le corps du Christ et les saints sur la terre. Dieu ne nous donne pas de paroles ou de commandement qui n'insère et ne nous présente en même temps une chose corporelle extérieure[33].

Pour Luther, la Bible parle de Christ et tout ce qui est contenu dans la Bible ne parle que de lui. Le Christ est dans la Bible de la même manière qu'il est aussi dans le pain de la Cène. Tous les livres sacrés traitent du Christ comme le don de Dieu pour notre foi : « Ce qui est capital dans l'Évangile, c'est de reconnaître et de recevoir Christ comme un don de Dieu[34]. » Pour Luther, la Parole de Dieu, c'est soit la parole faite chair, c'est-à-dire le Christ, soit la parole contenue dans la Bible. Le concept de « Parole de Dieu » ne pose pas de problème pour Luther. Elle exprime la même idée pour lui.

> Car l'humanité de Christ signifie pour Luther non seulement l'homme Jésus, mais tout ce qui représente de quelque façon une concrétisation de l'Éternel dans le fini et le corporel, ainsi le sein de la Vierge, la crèche, la croix, en outre l'Écriture et les apôtres. Toutes ces choses extérieures et corporelles sont, comme l'homme Jésus, porteuses de la parole divine : c'est en elles que se cache l'Éternel « Logos » et par elles qu'il agit[35].

Luther fait une interprétation à partir de l'Évangile. Pour lui, l'Évangile ne se définit jamais d'une manière indépendante et unique. L'Évangile apporte le Saint-Esprit, il nous enseigne la voie de la justification. L'Évangile n'exige pas, il nous dit tout simplement de croire en Christ et tout est accompli. Il est la lumière qui éclaire et qui vivifie les cœurs, car il montre ce qu'est la grâce de Dieu, ce qu'est la miséricorde de Dieu, ce qu'est la rémission des péchés. Par conséquent, la Bible ne s'interprète qu'à partir de l'Évangile. La christologie détermine l'herméneutique luthérienne, contrairement aux autres théologiens pour lesquels l'herméneutique détermine leur approche christologique.

Zokoué voit dans la démarche de Luther une certaine cohérence, parce qu'il constate l'inefficacité de la lettre comme une chose extérieure, et il reconnaît le rôle que le Saint-Esprit joue dans la nécessité de la foi pour la compréhension

---

33. Marc Lienhard, *Luther : témoin de Jésus-Christ*, Paris, Cerf, 1973, p. 204-250.
34. Henry Strohl, *La pensée de la Réforme*, Genève, Delachaux et Niestlé, 1951, p. 70-71.
35. *Ibid.*, p. 228.

de l'Évangile. De même, la personne de Jésus ne peut être assimilée à la Bible comme document écrit. Luther opère une distinction entre la parole écrite et la Parole faite chair. De ce point de vue, Zokoué trouve qu'il manque un quatrième maillon qui est le lien qu'on peut établir entre la parole écrite et la Parole faite chair. La parole qui révèle le Christ ne peut qu'être une parole de révélation. Le seul problème de Luther consiste à ne pas établir le lien qui va de l'Écriture à Christ. Il n'a fait que séparer la Parole de Dieu de l'Écriture.

3. Les positions de Bultmann et de Käsemann

Rudolf Bultmann et Ernst Käsemann sont des théologiens de l'époque moderne qui ont une approche radicale par rapport à celle des réformateurs. André Malet fait cette remarque à propos de Bultmann : « Distinguer entre la Parole de Dieu et le livre qui la contient, mais surtout prendre cette différence au sérieux et la pousser jusqu'à ses dernières conséquences, tel est le sens de son effort[36]. » Si nous avons insinué la radicalité de l'approche entre Luther et les théologiens modernes, en l'occurrence Bultmann, c'est pour dire que beaucoup prétendent que Bultmann tient de Luther cette séparation entre la Parole de Dieu et l'Écriture. La nuance vient du fait que Bultmann part d'une christologie totalement différente de la conception de Luther. Bultmann s'intéresse plus au problème de l'interprétation du message chrétien que de la personne de Christ. Aussi, ses options de départ sont totalement différentes de celles des réformateurs.

Les options de départ de Bultmann doivent être recherchées chez Barth, car lui aussi établit une distinction entre la Bible et la révélation. Cependant, son approche christocentrique lui évite le scandale de Bultmann, comme Barth le souligne dans ce qui suit : « Quand nous étudions la Bible, nous avons affaire d'abord à un témoignage écrit, qui ne coïncide pas automatiquement avec la révélation, mais qui l'atteste seulement, et c'est en cela que consiste sa limite[37]. » Le constat de Bultmann est que la Bible est constituée de mythes et que les premiers disciples ont commencé à la « démythologiser », mais quelques traces subsistent encore. Quelle est la compréhension de Bultmann quand il parle de « démythologiser » ?

> Par démythologisation, j'entends un procédé herméneutique qui interroge les énoncés ou les textes mythologiques sur leur sens

---

36. André MALET, *La pensée de Rudolf Bultmann*, Genève, Labor et Fides, 1962, p. 79.
37. *Ibid.*, p. 104.

réel. Il est donc présupposé que le mythe parle d'une réalité, mais de manière inadéquate. Est également présupposée une compréhension déterminée de la réalité[38].

Et la réalité trouvée doit être le cœur de toute approche. Dans ce cas, quelle piste faut-il prendre ? Peut-on parler de la réalité comme un fait objectivable et qu'on peut en même temps rendre mesurable ou bien la considérer comme une sorte d'existence ? Bultmann prend en compte le fait existentiel pour l'assigner à l'interprétation du mythe.

> Le mythe veut parler d'une réalité qui est au-delà de la réalité qui est objectivable, observable et maîtrisable, d'une réalité qui a pour l'homme une importance décisive, qui signifie pour lui le salut ou la perdition, la grâce ou la colère, qui exige respect et obéissance[39].

L'accent est mis sur l'existence de l'homme mais quelle est cette réalité dont nous parle Bultmann qui est objectivable et observable ? Et si cette réalité est le Christ, que fera alors l'homme pour entrer en contact, puisque cette réalité se trouve au-delà de lui ? Bultmann répond que c'est à travers le kérygme chrétien qui est un acte de révélation ici et maintenant. Un acte qui se joue dans l'instant ou dans la décision de l'homme.

Pour Bultmann, la révélation entraîne l'homme dans une autre dimension de l'existence.

> La révélation est un événement qui anéantit la mort, et non une doctrine qui enseigne que la mort n'existe pas. Mais ce n'est pas un événement à l'intérieur de la vie humaine, c'est un événement qui vient du dehors et qui ne peut donc pas être constaté à l'intérieur de cette vie[40].

Pour Bultmann, l'Écriture ne peut être considérée comme révélation parce qu'elle ne constitue pas un événement. En cela, le contenu de l'Écriture est mis en cause. Mais si la loi est perçue comme une présupposition de l'Évangile, alors l'Ancien Testament ne doit pas être seulement considéré comme un document historique.

> La précompréhension de l'Évangile qui naît de l'Ancien Testament peut tout aussi bien naître d'autres incarnations de la loi divine, c'est-à-dire partout où un homme se sait lié et limité par les

---

38. BULTMANN, *Foi et compréhension*, tome II, p. 384.
39. *Ibid.*, p. 390.
40. *Ibid.*, p.29.

exigences morales concrètes ou générales qui sont issues de son (être-avec-l'autre) et qu'il doit percevoir par sa conscience[41].

Il est vrai que pour Bultmann, la révélation en tant qu'événement ne peut être possédée par l'homme, et Dieu non plus ne peut être possédé dans la foi. Elle est *extra-nos* et requiert toujours une prise de décision. L'approche de Bultmann a été critiquée par Ernst Käsemann qui fut longtemps son disciple. Cette critique est venue plus tard parce que, dès le début, Käsemann était d'accord avec Bultmann sur la distinction de la Parole et de l'Écriture et s'élève contre ceux qui pensent que le Verbe ne s'est pas incarné en un homme véritable. Il donne sa position dans son livre intitulé *Essais Exégétiques* :

> Le caractère normatif de l'ensemble de l'Écriture repose sur le fait que la réalité de l'histoire établie par l'Evangelium est attestée de façon exemplaire uniquement par l'Écriture dans sa totalité. Mais l'addition de tous les témoignages scripturaires particuliers ne constitue pas l'Evangelium. Sinon l'Écriture serait un livre tombé du ciel, et le docétisme définirait notre conception de la révélation. La tension entre l'Evangelium et l'Écriture est la condition absolue de toute interprétation théologique[42].

Non seulement Ernst Käsemann affirme que l'Écriture a un caractère normatif, mais il accepte globalement son contenu tout en faisant ressortir son aspect historique. Mais le reproche qu'il fait à Bultmann tient du fait que celui-ci, par sa méthode, a impacté un bon nombre de démarches de toute une génération. Mais heureusement, selon Käsemann, il y a eu une fin à cette influence. Aussi, sa critique se base sur trois points :

> En premier lieu on s'efforce de démontrer que les synoptiques renferment beaucoup plus de tradition authentique que ne veut le reconnaître la partie adverse [partisans de Bultmann]. En second lieu, on défend spécialement la fiabilité, sinon de toute la tradition des évangiles, au moins de la plus ancienne, concernant la Passion et Pâques. Dans les deux cas, on cherche à s'opposer à une séparation, ou même à une antithèse, entre le kérygme et la tradition. On voudrait maintenir fondamentalement que le kérygme inclut aussi la transmission de faits tels qu'ils ont été livrés par la tradition. En troisième lieu, on est parvenu à la conception systématique d'une

---

41. BULTMANN, *Foi et compréhension*, tome I, p. 357.
42. Ernst KÄSEMANN, *Essais Exégétiques*, Neuchâtel, Delachaux et Niestlé, 1972, p. 131.

histoire du salut parallèle à l'histoire du monde, insérée en elle, mais qui cependant peut en être détachée et possède ses propres lois et sa propre continuité[43].

La position de Käsemann touche à la tradition, mais celle de Bultmann met plutôt l'accent sur le kérygme. On voit dans ces trois points soulevés par Käsemann un certain rapprochement avec Bultmann. En cherchant à critiquer Bultmann, Käsemann reste encore attaché à ses principes. Les deux théologiens mettent une différenciation entre la révélation, ou l'Évangile, et l'Écriture. Les deux parlent du renouvellement des textes en vue d'annoncer la Bonne Nouvelle à l'homme d'aujourd'hui. Et si Käsemann procède à une distinction entre l'histoire du salut et l'histoire du monde, Bultmann en parle aussi en d'autres termes. Pour Zokoué, Bultmann et Käsemann sont plus proches l'un de l'autre que séparés dans leurs différentes approches. Cependant, il existe encore un autre élément qui entre en compte dans la séparation de l'Écriture et de la réalité de son contenu : il est question de la lecture symbolique.

4. La lecture symbolique

Cette approche tient lieu de référence à la méthode qui a été appliquée entre temps pour l'exégèse au Moyen Âge. La lecture symbolique de la Bible coïncide avec la lecture moderne. Au Moyen Âge, les chrétiens ont commencé à lire la Bible de manière littérale, et avec l'accent de l'évolution, ils ont commencé à changer d'avis parce que les textes auraient été écrits en langages symboliques, et la lecture devrait se faire dorénavant de manière symbolique, allégorique, topologique et analogique. Dans la lecture de la Bible, plusieurs sens restent à considérer.

L'exégèse du Moyen Âge est très structurée et donne des difficultés à la compréhension réelle du message. Tandis que l'exégèse juive, non structurée, accorde des voies à plusieurs interprétations. La lecture symbolique se situe entre les deux formes d'exégèse. La lecture symbolique nous amène du sens littéral au sens imagé ou figuré. Les deux sens ne sont pas alignés ensemble. Aussi, le sens figuré ou caché nécessite une bonne interprétation et selon Paul Ricœur : « L'interprétation est le travail de pensée qui consiste à déchiffrer le sens caché dans le sens apparent, à déployer les niveaux de significations impliquées dans la signification littérale[44]. » Cependant, la lecture symbolique recèle également des

---

43. *Ibid.*, p. 146-147.
44. RICŒUR, *Le conflit des interprétations*, p. 16.

limites. Et selon Ricœur : « Opacité, contingence culturelle, dépendance à l'égard d'un déchiffrage problématique : telles sont les trois déficiences du symbole face à l'idéal de clarté, de nécessité et de scientificité de la réflexion[45]. »

Zokoué intervient dans ce débat pour signaler que la lecture symbolique n'est pas une clef qui permet de vivre une interprétation totale et claire de l'Écriture. L'Évangile nous appelle à un engagement de toute notre existence. Cette interpellation n'est pas à prendre sous forme d'interprétation symbolique, et toutes les interpellations n'engagent pas toujours des décisions. Par conséquent, l'herméneutique symbolique me donne la possibilité de comprendre que la Parole de Dieu se trouve au-delà de la lecture que j'en fais et je dois chercher le sens entre les lignes. Il est vrai que certains passages de l'Écriture ont besoin d'une lecture symbolique mais on ne peut en faire une méthodologie totale.

5. La position de Calvin

Le réformateur Jean Calvin établit une relation interne entre le Christ et l'Écriture, et c'est par rapport au témoignage du Saint-Esprit que l'homme advient à la connaissance de l'Écriture comme Parole de Dieu. « Il est nécessaire que le même Esprit qui a parlé par la bouche des Prophètes, entre en nos cœurs, et les touche au vif pour les persuader que les Prophètes ont fidèlement mis en avant ce qui leur était commandé d'en haut[46]. » Quand Calvin parle du Saint-Esprit, il lui confère une place très importante dans l'acte de Dieu. L'Esprit est la puissance par laquelle le Père et le Fils opèrent, c'est-à-dire que toute l'activité de Dieu est activité pneumatique (cf. Ps 104). De même, l'Esprit est la main de Dieu par laquelle il exerce sa vertu et sans l'Esprit, Christ est inutile, inactif.

> Il nous servira ici de noter quels titres l'Écriture attribue à l'Esprit, quand il est question du commencement et de tout le cours de la restauration de notre salut. Premièrement, il est nommé Esprit d'adoption (Rm 8.15, Gal 4.6) ; parce qu'il nous est témoin de la bienveillance gratuite attestant que nous sommes enfants de Dieu, il nous donne confiance et courage à prier, et même il nous met les paroles dans la bouche pour que nous puissions hardiment crier : Abba, Père ! Par une même raison, il est appelé l'arrhe et le sceau de notre héritage (2 Cor 1.22), parce qu'il nous vivifie du ciel, bien que nous soyons pèlerins en ce monde et semblables à des pauvres

---

45. *Ibid.*, p. 313.
46. Calvin, *Institution chrétienne*, Livre I, 7/4, p. 41.

trépassés, et nous certifie que notre salut est bien assuré de tout danger (Eph 1.13-14)[47].

Ce qui revient à dire que par le Père, l'Esprit opère, et par le Fils, l'Esprit opère également. Calvin ajoute que c'est par la vertu et l'opération secrète du Saint-Esprit que nous jouissons de Christ :

> Or, bien que nous obtenions cela par la foi, néanmoins puisque nous voyons que tous indifféremment n'embrassent pas cette communication de Jésus-Christ qui est offerte par l'Évangile, la raison nous induit à montrer plus haut, pour nous enquérir de la vertu et opération secrète du Saint-Esprit par laquelle nous jouissons de Christ et de tous ses biens[48].

L'Esprit n'ajoute pas quelque chose à l'œuvre du Père et du Fils. L'œuvre de l'Esprit est de réaliser l'œuvre du Père et du Fils et sa propriété est de ne pas faire quelque chose de lui-même. C'est dans ce sens que le pasteur Michel Kocher fait cette affirmation :

> Lorsqu'un protestant aborde la question du rôle de l'Esprit dans la lecture de la Bible, il fait souvent, sans même en avoir conscience, référence à un homme qui a modelé la pensée protestante à ce sujet : Jean Calvin. À l'exception de l'orthodoxie luthérienne et du courant zwinglien, Calvin est au point de départ de la position de toutes les familles protestantes. La vision calvinienne est à bien des égards originale et théologiquement très forte, par conséquent elle est fondatrice du vivant même du réformateur, ses vues étaient reprises par ses détracteurs les plus déclarés ! Ce n'est pas un hasard si aujourd'hui des courants différents du christianisme protestant se réclament de lui[49].

Calvin ne sépare pas la révélation de l'Écriture et c'est à travers la lecture de la Bible que l'homme peut être interpellé et transformé. L'Esprit qui a inspiré les auteurs à rédiger la Bible est le même aujourd'hui qui éclaire notre entendement quand nous lisons la Bible. C'est lui qui nous inspire et qui nous pousse à l'expérience du sacré. Comment cela arrive-t-il ? Pour Calvin, le texte est déjà une parole et quand l'homme le lit, il se parle à lui-même. C'est le Dieu vivant qui

---

47. J. CALVIN, *Institution chrétienne*, Livre III/3, Genève, Kerygma, 1955, p. 11-12.
48. *Ibid.*
49. KOCHER, « Le Saint-Esprit », p. 24.

me parle par l'Écriture et je l'écoute, et ce par l'opération du Saint-Esprit comme Christ l'a promis à ses disciples :

> L'Esprit-Saint, que le Père enverra en mon nom, vous enseignera toutes choses et vous rappellera tout ce que je vous ai dit. [...] L'Esprit de vérité, qui vient du Père, il rendra témoignage de moi [...] L'Esprit de vérité, il vous conduira dans toute la vérité ; car il ne parlera pas de lui-même, mais il dira tout ce qu'il aura entendu, et il vous annoncera les choses à venir. Il me glorifiera, parce qu'il prendra de ce qui est à moi, et vous l'annoncera (Jn 14.26 ; 15.26 ; 16.13-14).

Jésus met en relief l'inspiration de tous les écrits du Nouveau Testament et Zokoué est d'accord avec Calvin sur ce point :

> Premièrement, il est à noter que, tant que nous sommes hors de Christ (Ep 4.15) et séparés de lui, tout ce qu'il a fait ou souffert pour le salut du genre humain nous est inutile et de nulle importance. Il faut donc, pour nous communiquer les biens dont le Père l'a enrichi et rempli, qu'il soit fait nôtre et habite en nous. C'est pourquoi il est nommé notre chef et premier-né entre plusieurs frères ; et il est dit aussi d'autre, que nous entrons en lui et le vêtons (Rm 8.29 ; 11.17 ; Ga 3.27), parce que rien de ce qu'il possède ne nous appartient, comme nous avons dit, jusqu'à ce que nous soyons faits un avec lui[50].

IV. L'objectivation

À travers les débats évoqués, la philosophie est entrée de plein pied dans le monde de la théologie. La plupart des concepts utilisés sont des concepts philosophiques ; ce qui dit que sans référence à la philosophie, le discours théologique a du mal à s'inscrire dans le monde de la discussion. H. Duméry fait cette remarque :

> Aux siècles de foi et d'autorité, la théologie était la reine des sciences. La philosophie était sa servante ou plutôt, comme gémissait Kant, sa suivante, alors que la philosophie, observait-il, n'a qu'un service à rendre : précéder et non pas suivre, marcher en tête des disciplines, tracer ou éclairer leur route[51].

---

50. Zokoué, « Comprendre Dieu », p. 220.
51. H. Duméry, « Sciences », dans *Encyclopaedia Universalis*, Vol. XIV, Paris, 1968, p. 751.

De nos jours, le statut de la théologie a été préservé grâce aux théologiens qui veulent lui accorder une place parmi les sciences humaines. Cependant, pour les hommes des sciences, la théologie est mise au rang de discours sur la foi ou d'un discours métaphysique. Cette manière de voir les choses par les scientifiques marque une certaine défaillance dans leur compréhension du concept « théologie ». Dans la théologie, il est question de la connaissance que Dieu a du monde, et non pas de la connaissance que l'homme a de Dieu. Et pour ce faire, la théologie n'est pas intégrée dans le monde des sciences, ou bien ils l'assimilent à d'autres disciplines comme la psychologie, la sociologie, l'anthropologie, la philosophie, etc.

Le statut qui est conféré maintenant à la théologie tient beaucoup du fait de la définition du concept « science » qui a changé au cours de l'histoire. Et Zokoué retient la définition qui semble plus générale et plus appropriée selon lui.

> Ensemble de connaissances et de recherches ayant un degré suffisant d'unité, de généralité, et susceptibles d'amener les hommes qui s'y consacrent à des conclusions concordantes, qui ne résultent ni de conventions arbitraires, ni des goûts ou des intérêts individuels qui leur sont communs, mais des relations objectives qu'on découvre graduellement, et que l'on confirme par des méthodes de vérification définies[52].

Dans cette définition donnée, on décèle une neutralité. La définition ne fait appel à aucun facteur extérieur à l'homme. Tout esprit scientifique soulève la question de l'objectivité et pour Zokoué, c'est seulement à partir du XIXe siècle que la science s'est détournée de tout ce qui caractérise la métaphysique. Mais, pour Duméry, la science ne peut pas se valoir seule.

> La science seule est une utopie, car elle trouvera toujours sur son chemin des artistes, moralistes, critiques, mystiques ou révolutionnaires pour endiguer et limiter ses caprices... la philosophie ne prouve rien et n'a rien à prouver, si ce n'est que les preuves et les séries des preuves, dont la science est si fière, ne sont que des intervalles de clarté, des segments de parcours logique, des chaines de médiations, dont nul ne perce à jour ni l'origine ni l'extrémité[53].

---

52. A. LALANDE, *Vocabulaire technique et critique de la philosophie*, Paris, PUF, 1988, p. 954.
53. TILLICH, *L'existence et le Christ*, p. 115.

Les différentes interprétations que nous trouvons aujourd'hui dans le monde de l'herméneutique théologique sont dues à cet apport de la science. Mais une question principale demeure, celle de savoir si le savoir révélé peut être soumis aux critères de la science. Zokoué répond par l'affirmative et par la négative. La réponse affirmative touche à l'objet de l'analyse qui est double. Il est question du divin et de l'humain. Pour Zokoué, il est préférable que les données de la révélation puissent être traitées scientifiquement du fait que toute la démarche scientifique reste toujours une démarche historique. La rencontre de Dieu et l'homme s'est inscrite dans l'histoire et de ce fait, elle peut faire l'objet d'une analyse scientifique.

La révélation est un événement qui s'est déroulé dans l'histoire et elle ne peut échapper à la science à cause de sa crédibilité. En tant que fait de l'histoire, elle est rationnelle et observable. Selon Paul Tillich, la révélation est un événement paradoxal parce qu'il donne à l'homme matière à réflexion. « À la lettre, ce qui est paradoxal, c'est ce qui contredit la doxa, l'opinion qui repose sur l'ensemble des expériences humaines ordinaires, aussi bien sur ses éléments empiriques que sur ses éléments rationnels[54]. » La révélation prend le contrepied de la raison à cause de son caractère paradoxal. La révélation pousse à la méditation en donnant des éléments qui peuvent permettre un discours sur Dieu. Pour ce faire, la théologie est compatible avec la démarche scientifique.

Cependant, il faut déterminer dans la révélation les choses qui peuvent être objectivables, c'est-à-dire l'existence d'une limite à la démarche scientifique d'analyser les faits de la révélation. Les données ne peuvent être analysées qu'aux seules limites de ce qui est observable. Mais ce qui est visible dans l'histoire cache aussi un aspect invisible de cette histoire. La science est limitée par le principe de la révélation et comme exemple, Zokoué donne celui-ci : « Jésus est crucifié et cela est un acte objectivable. Mais la signification spirituelle de cette mort est à chercher au-delà du fait de la crucifixion[55]. » Par conséquent, avec la science, seule une partie des faits de la révélation peut être prise en compte. Par contre, on ne peut non plus ériger une barrière entre la science et la révélation. La théologie doit composer avec elle. Pour faire valoir les insuffisances de cette thèse et relativiser les méthodologies scientifiques, Zokoué tente une approche sous quatre points.

Le premier point est que l'herméneute ait une activité inscrite dans ses relations avec Dieu, une relation plus globale que le simple discours théologique. Et c'est fort de cette certitude qu'il peut commencer l'interprétation de la Parole de

---

54. *Ibid.*
55. Zokoué, « Comprendre Dieu », p. 228.

Dieu. Celui qui veut faire de la théologie doit toujours être conscient de la relation qui le lie avec Dieu, et c'est à ce compte-là qu'on peut être un bon théologien.

Le deuxième point est qu'en gardant sa relation avec Dieu, il ne lui est pas non plus interdit d'adopter les méthodologies scientifiques. Il reste, comme tout chercheur, au même niveau que les autres chercheurs dans d'autres domaines. La seule différence pour lui est qu'au-delà des recherches qu'il mène, il y a Dieu qui lui parle. Dans ce cas, l'interprétation ne peut plus être neutre parce que le texte confère une interpellation existentielle. En pratiquant la rigueur scientifique, il ne faut pas faire de cette pratique une absoluité. La foi en Dieu doit être le facteur qui guide l'interprète. À cela, l'interprète devrait toujours être conscient de ses limites.

Le troisième point est la réponse à la question posée. Il s'agit de la prière. Elle est le lieu de rendez-vous avec le Saint-Esprit. Il faut toujours être prêt à compter sur Dieu. Le travail de recherche et d'analyse scientifique n'exclut pas la prière. La prière n'a jamais eu pour but de remplacer le type de travail qui est fait ; mais l'effort fourni peut être entièrement vain si le Seigneur n'est pas impliqué. Il faut se confier à lui pour l'impact du travail, tout comme on s'est confié à lui pour nous guider à découvrir sa volonté et à interpréter les textes. « Si l'Éternel ne bâtit la maison, ceux qui la bâtissent travaillent en vain » (Ps 127.1). Il faut rester à l'écoute du Saint-Esprit.

Enfin, le quatrième point qui rejoint celui dont parle Duméry doit être retenu par tous les interprètes de la Bible : le fait de recourir aux méthodes scientifiques ne doit pas constituer un facteur de conflit entre ceux qui ont pour tâche d'annoncer la Bonne Nouvelle, malgré la multitude des méthodes utilisées ou employées.

Isaac Zokoué soulève ces quatre principes élémentaires qui doivent caractériser les interprètes voulant rester à l'écoute de Dieu à travers l'Écriture. Il faut qu'ils se présentent devant Dieu les mains vides, tout en lui faisant connaître leurs insuffisances et leurs ignorances. Après quoi, ils peuvent effectivement parler de lui. L'Écriture ne peut être interprétée que dans ce cas-là et c'est une illusion de croire que seule notre intelligence scientifique peut nous aider à le faire. C'est ce que Zokoué nomme le « phénomène hérétique ».

V. Le phénomène hérétique

Le terme « hérétique » désigne un phénomène capital de l'histoire du christianisme. Il s'agit des divergences de vues qui sont survenues dans les grands débats et qui ont finalement donné accès à la séparation des églises. L'Église catholique a utilisé ce terme pour désigner ceux qui prêchent une autre doctrine contraire à celle de l'Église catholique. Zokoué commence par citer le philosophe Bossuet qui fait une distinction entre l'hérétique et le catholique. Selon Bossuet, « le propre de l'hérétique, c'est-à-dire de celui qui a une opinion particulière, est de s'attacher à ses propres pensées ; et le propre du catholique, c'est-à-dire de l'universel, est de préférer à ses sentiments le sentiment commun de toute l'Église[56] ». Le contexte dans lequel Bossuet a écrit fait comprendre que c'est contre le protestantisme.

De nos jours, pareils propos ne peuvent plus avoir un impact, parce que chacun est libre de faire valoir ses impressions, même au sein de l'Église, sans pour autant être taxé d'hérétique. La plupart des théologiens défendent leurs opinions à partir de leurs méthodes scientifiques, en dehors de l'orthodoxie, sans être inquiétés. Il est vrai que le mot hérétique est de moins en moins employé aujourd'hui pour désigner celui qui a des idées contraires aux dogmes de l'Église. Autrement, beaucoup de théologiens de nos jours figureraient dans le lot. Pour Zokoué, derrière les thèses des théologiens qui adoptent une méthodologie leur permettant quelquefois une interprétation de la vérité isolée de son contexte, se pose le grand problème de la théologie et de l'Écriture. Chaque théologien adopte une méthode de son choix pour constituer son discours théologique, mais en fonction de quelle situation ce choix a-t-il été fait ? Zokoué voit dans cette question deux voies à approfondir. La première concerne le choix des éléments de la théologie et la seconde, la justification de ses éléments.

1. Le choix des éléments de la théologie

Par des exemples concrets, Zokoué fait appel à deux théologiens qu'il connaît bien. Il s'agit de Barth et de Tillich. Pour son discours théologique, Tillich fait le choix du contexte. Pour lui, toute question théologique est situationnelle. Par conséquent, le choix du théologien est lié à sa situation. Tout son discours est une réponse qu'il donne aux problèmes soulevés par la situation. Sa méthode consiste à partir de la situation pour trouver des réponses bibliques et il l'appelle la méthode corrélative.

Barth, quant à lui, a comme point de départ pour son discours théologique la révélation. Les matériaux adéquats pour rédiger un discours théologique se trouvent dans la personne et l'œuvre de Jésus-Christ. Dieu entre dans la vie de l'homme et c'est cela qui constitue le contenu du discours du théologien. La méthode de Barth est une méthode déductive. Tillich tient compte d'abord de la situation, mais Barth prend en compte premièrement la lecture de la Bible. Et

---

56. Paul Foulquie, *Dictionnaire de la langue philosophique*, Paris, PUF, 1962, p. 316.

c'est quand la Parole de Dieu est annoncée que quelque chose se passe. Malgré leur position différente, les deux théologiens ont foi en Dieu. Cependant, chaque démarche comporte un risque. Le risque encouru par la méthode corrélative de Tillich est celui de ne choisir, dans l'Écriture, que les passages qui sont en rapport avec la situation. Pour lui, l'accent est mis sur les solutions qu'on peut apporter à l'homme dans une situation critique donnée et tout le reste peut être délaissé. Pour Zokoué, l'argumentation prônée par la méthode corrélative de Tillich ne prend en compte que le caractère progressif de la révélation. Ce n'est pas à l'homme de limiter la révélation de Dieu. Tout le discours doit présenter tout le dessein de Dieu pour l'homme.

De même, en utilisant la méthode déductive de Barth, le risque serait que beaucoup de gens ne se sentent pas touchés si on part de la Parole de Dieu pour advenir à leur situation. Les hommes ont besoin qu'on se préoccupe plus de leur problème d'abord. Dans les deux cas, il y a toujours un problème et pour Zokoué, la solution est à trouver dans la souplesse et l'alternance.

> L'alternance est parfaitement illustrée dans Jean 3 et 4. S'adressant à Nicodème, docteur de la loi, Jésus ne part pas de la situation mais de la révélation. À l'inverse, avec la femme samaritaine, Jésus part de la situation et non de la révélation. Dans les deux cas, l'objectif est d'amener l'interlocuteur à découvrir et à recevoir la grâce de Dieu. Dans les deux cas, Jésus rencontre ses interlocuteurs sur leur propre terrain[57].

Pour Zokoué, il existe toujours un problème en rapport avec les deux exemples cités. Le principe de l'adaptabilité ne peut pas fonctionner en théologie. Il faut, dans un discours théologique, un agencement d'idées et de faits ; ce qui soulève de nouveau le problème du choix des éléments et on le constate dans le nombre d'herméneutiques utilisées. Pour lui, la prédication va rester le meilleur discours sur Dieu et sa Parole.

2. Justification du choix des éléments de la théologie

Tout ce qui correspond à l'herméneutique est basé sur certains principes. Toute herméneutique prend son essor à partir d'une présupposition et son rôle est de justifier les différentes formes de théologies. Il faut reconnaître que l'herméneutique ne doit pas être vue comme l'interprétation directe de l'Écriture, mais plutôt comme l'interprétation de l'Écriture à travers les grilles

---

57. Zokoué, « Comprendre Dieu », p. 236.

d'une théologie[58]. Cela concerne aussi l'exégèse. Par conséquent, est-il possible de poser des principes herméneutiques en dehors des systèmes théologiques ? Pour répondre à cette question, Zokoué fait référence à deux philosophes : Descartes et Kant. Dans le *Discours de la méthode*, Descartes veut relativiser la vérité selon quatre principes :

> De ne recevoir jamais aucune chose vraie pour vraie que je ne la connusse évidemment être telle, c'est-à-dire d'éviter soigneusement la précipitation et la prévention, et de ne comprendre rien de plus en mes jugements que ce qui se présenterait si clairement et si distinctement à mon esprit que je n'eusse aucune occasion de le mettre en doute[59].

La raison ou les idées selon Descartes sont innées et restent les vraies sources de toutes nos connaissances. Les idées nous sont données par Dieu qui est le garant de toutes les idées. Cependant, à propos des idées, Descartes en distingue trois sortes. Il existe des idées que nous formons nous-mêmes d'après le monde extérieur, il y a aussi les idées factices et enfin, les idées innées données par Dieu et qui sont nécessaires à la connaissance des lois et de la nature. Dans le même ordre d'idée, Descartes soutient que chaque esprit humain a en lui une potentialité de la connaissance de la vérité qu'il suffit de mettre en pratique. Alors, il faut reconnaître que la première cause de toutes ces semences de vérité est Dieu et Descartes le souligne sans ambages :

> Premièrement, j'ai tâché de trouver en général les principes ou premières causes de tout ce qui est ou qui peut être dans le monde sans rien considérer pour cet effet que Dieu seul, qui l'a créé, ni les tirer d'ailleurs que de certaines semences de vérités qui sont naturellement en nos âmes. Après cela, j'ai examiné quels étaient les premiers et plus ordinaires effets qu'on pouvait déduire de ces causes[60].

Pour Descartes, ce qu'il appelle la « semence naturelle de vérité » est supposée être le premier principe de vérité innée. De ces principes, il s'agirait de la semence de la lumière naturelle ou de la raison qui doit guider la vérité dans la pensée. En ce sens, « Dieu nous ayant donné à chacun quelque lumière pour discerner le vrai d'avec le faux, je n'eusse pas cru me devoir contenter des opinions d'autrui un seul moment, si je ne fusse proposé d'employer mon

---

58. *Ibid.*, p. 237.
59. René DESCARTES, *Discours de la méthode*, Paris, Ed. Garnier et Frères, 1960, p. 28.
60. J. F. REVEL, *Discours de la méthode*, Paris, Librairies Françaises, 1973, p. 165.

propre jugement à les examiner lorsqu'il serait temps[61] ». Voilà pour Zokoué une autre façon de considérer sa propre connaissance comme principe de la vérité. Comment faire alors pour réécrire sa propre connaissance, seulement en se basant sur la foi seule en Dieu et en sa Parole ? Cette pensée est aussi celle d'autres théologiens des pays du Sud pour la reformulation de la théologie à partir des catégories qui leur sont propres. Mais si cela semble difficile, il est à retenir que seule la foi en Christ est capable de rassembler tous les croyants en un seul corps et non les formes de théologie. Il est question d'une foi commune et non d'une théologie commune.

L'autre expérience est celle de Kant qui établit la différence entre la raison pure et la raison pratique. Dans cette approche, les difficultés de résolution des problèmes, qu'il appelle apories, seront reléguées au domaine de la métaphysique. En le faisant, il établit des *a priori*, des principes qu'il trouve dans la raison. Dès lors, il convient de noter que la lecture de Kant relève d'une complexité ardue et difficile. À travers la méthode rationaliste de Descartes, Kant reconnaît que seules les idées de la raison sont claires et distinctes. C'est par rapport à la fonction de la raison cartésienne que la métaphysique sera dénoncée par Kant comme illusoire, parce qu'elle est hors de portée de l'homme. Pour lui, ce n'est pas la figure divine de l'Absolu, de l'omniscience qui vient relativiser la finitude humaine mais plutôt l'homme.

Précisons que l'objet de la philosophie de Kant est la raison. Tout en considérant cette raison comme faculté qu'a l'être de connaître la vérité, Kant est parvenu à réaliser un discours cohérent et universel. C'est en fait ce qui a conduit à l'élaboration de la *Critique de la raison pure*. Selon lui, il faut « s'assurer si les fondements en sont solides[62] ». Cette critique permet finalement de circonscrire le champ de la raison et ses limites. Elle permet en outre de connaître ses déterminations et motivations, son sens nécessaire et réel. En traitant de la notion de vérité chez Kant, on se rend compte que ce concept ne peut être traité en dehors du problème de la connaissance et de la raison chez Kant.

Si les *a priori* kantiens relèvent de la raison, ceux du théologien chrétien se trouvent dans l'Écriture, dans l'affirmation du rôle du Saint-Esprit, dans la compréhension de l'Écriture, l'autorité de la Bible, la nécessité de la foi, etc. Il serait opportun maintenant de laisser tous les débats sur les méthodologies et de consacrer du temps aux a priori bibliques de l'herméneutique. Pour Zokoué, l'herméneutique précède et détermine la théologie. L'homme doit d'abord être à l'écoute de ce que Dieu lui dit avant de produire un discours théologique cohérent.

---

61. *Ibid.*, p.122.
62. E. Kant, *Critique de la raison pure*, (1781), Paris, Flammarion, 1987, p. 62.

5

Révélation et herméneutique comme vie

Le cinquième chapitre peut être compris comme la conclusion générale de la démarche entreprise par Zokoué dans sa thèse de doctorat. Il met plus l'accent sur l'existence de l'homme et sa manière de répondre à la Parole de Dieu. Pour y arriver, Zokoué propose trois grandes orientations, avec pour chacune d'elles, des aspects qui y sont relatifs. La première orientation parle de la révélation comme manifestation de vie, la deuxième porte sur l'herméneutique comme expérience de vie et la troisième, de la révélation et de l'herméneutique en tension. Dans les chapitres analysés, la question de vie est toujours de mise. Sans cela, la révélation et l'herméneutique n'ont pas de sens lorsque l'existence humaine n'est pas prise en compte. Pour Zokoué, la relation de Dieu et de l'homme est tributaire de la vie. La vie est la conséquence de cette relation et elle en est même le cœur.

I. La révélation comme manifestation de vie

La vie est donnée par Dieu et l'homme n'existe que sous le regard du créateur. Pour cela, le premier principe de la vie est Dieu et Zokoué pose d'emblée ce principe.

1. Dieu source de vie

La vie est quelque chose qu'on ne peut définir simplement. Mais dans la Bible, la vie est vue comme l'existence que l'homme mène sous le regard de Dieu. La Bible expose davantage la qualité de la vie que sa définition. La Bible parle de la vie nouvelle et de la vie éternelle. Plusieurs aspects de la vie sont aussi exposés dans la Bible et l'aspect fondamental se trouve dans les propos de Jésus : « Je suis la vie » (Jn 14.6). Mais déjà l'Ancien Testament nous présente un Dieu qui est à l'origine de la vie. La notion de la vie traverse de part en part l'Ancien Testament, ainsi que celle de la mort. Mais cela n'empêche pas l'intervention de Dieu pour la restauration de la vie. Ce qui souligne que toute la révélation de Dieu est une manifestation de la vie. Lorsque nous confessons Dieu comme la source de notre vie et de la révélation comme la manifestation de vie, il est important de clarifier cette position. Dieu en tant que source de vie se manifeste en tout temps à l'homme à travers l'histoire. L'homme reçoit la vie de Dieu, mais cet homme est incapable de la donner et même de l'ôter à quelqu'un et la mort n'a pas d'effet sur cela. La mort de l'homme sur la terre n'est pas comprise comme l'anéantissement de l'homme car, celui-ci possède en Dieu les germes de la vie. La révélation de Dieu à l'homme est porteuse d'une connaissance et d'expériences qui ne sont pas dissociées de la vie dans son ensemble. Contrairement à la connaissance dont se targuent les philosophes, celle que donne la révélation s'empare de l'homme. La connaissance que me confère la révélation me renvoie à moi-même et j'ai conscience de mon humanité telle que l'a voulue le créateur.

L'homme doit arriver à une connaissance qui le met en relation avec Dieu. Et la révélation est plus qu'une connaissance, elle permet à l'homme d'entrer en relation avec le Dieu vivant qui s'adresse à lui. Cette relation est une relation de privilège. L'homme est vivant physiquement et spirituellement parce qu'il est en contact avec le Dieu vivant. C'est lui qui prend l'initiative de se révéler à l'homme par sa Parole. Ce Dieu souverain est la source de tout ce qui est : il est la source de toutes les choses parce qu'il est leur créateur. Il a tout introduit dans l'existence, y compris la création à partir du temps et de l'espace. Dieu n'a pas créé parce qu'il a été forcé de le faire par n'importe quelle nécessité. Il a librement créé selon son propre plan et but, qui a eu comme conséquence un univers qui était bon.

2. Parole de Dieu, parole de vie

Par la révélation, Dieu parle à l'homme et celui-ci se saisit de cette Parole de Dieu qui est une parole de vie. Cette parole reste permanente et vivante selon Luc 21.33 : « Le ciel et la terre passeront, mais mes paroles ne passeront point. » La Parole de Dieu a formé l'homme et lui communique la vie comme le souligne l'auteur de l'Épître aux Hébreux : « Car la Parole de Dieu est vivante et efficace, plus tranchante qu'une épée quelconque à deux tranchants ; pénétrante jusqu'à partager âme et esprit, jointures et moelles ; elle juge les sentiments et les pensées du cœur » (Hé 4.12). La Parole de Dieu est une parole dynamique et possède un caractère unique. Le but de la Parole de Dieu est de donner la vie : « L'homme ne vivra pas de pain seulement, mais de toute parole qui sort de la bouche de Dieu » (Mt 4.4). Mais qu'est-ce que la parole ? Plusieurs définitions peuvent être trouvées mais la définition que donnent l'Ancien Testament et le Nouveau Testament met l'accent sur Dieu. La parole est assimilée à la voix de Dieu. La Parole de Dieu est exprimée de plusieurs manières. Elle peut être exprimée personnellement. Le prologue de Jean permet la bonne compréhension de la pensée de Dieu qui se laisse saisir à travers Jésus-Christ. Jean met en relief la préexistence de Christ dans l'histoire quand il souligne qu'« au commencement était la Parole [...] Et la parole a été faite chair » (Jn 1.1ss). De même, l'auteur de l'Épître aux Hébreux tend vers cette position de Jean : « Après avoir autrefois [...] parlé à nos pères par les prophètes, Dieu, dans ces derniers temps, nous a parlé par le Fils » (Hé 1.1ss). Les deux auteurs établissent la même pensée que le Père et le Fils ont toujours travaillé ensemble de tout temps.

La Parole de Dieu, c'est Christ, et sans la foi en Christ, l'Écriture n'a pas de sens pour nous. Dans la Bible, le seul vrai Dieu se révèle comme le Père, le Fils et le Saint-Esprit. Le Père, le Fils et le Saint-Esprit sont un seul Dieu. Les trois personnes sont distinctes mais sont indivisibles, car elles sont d'une seule essence, éternité, puissance et qualité. Cette notion se comprend surtout dans le plan divin du salut accompli en Jésus-Christ : Dieu se communique lui-même sous un triple aspect et à cela doit correspondre la disponibilité de l'homme. L'histoire du salut se comprend donc comme l'histoire du Fils de Dieu, Jésus-Christ, et en même temps comme l'histoire trinitaire de Dieu dans l'action commune du Père, du Fils et de l'Esprit. Cette parole agit et fait vivre parce qu'elle est incarnée en Jésus-Christ. C'est la vie du Christ qui anime la parole qui sort de la bouche de Dieu.

L'autre manière de comprendre la Parole de Dieu est à travers la pensée qui est traduite en écrit. L'Écriture est la Parole de Dieu qui devient observable par l'homme. En tant que Parole de Dieu, l'Écriture est aussi agissante et efficace. À cela, Zokoué essaye de faire valoir le lien qui existe entre le verbe divin et l'Écriture en citant un passage de l'apôtre Paul : « À nous, Dieu nous l'a révélé par l'Esprit. Car l'Esprit sonde tout, même les profondeurs de Dieu. Qui donc, parmi les hommes, sait ce qui concerne l'homme, si ce n'est l'esprit de l'homme qui est en lui ? De même, personne ne connaît ce qui concerne Dieu, si ce n'est l'Esprit de Dieu » (1 Co 2.10-11, Colombe). Si l'Écriture existe, c'est à cause de l'inspiration du Saint-Esprit. Car le Saint-Esprit a inspiré aux hommes la pensée de Dieu, explique à l'homme l'œuvre de Christ et interprète cette œuvre pour l'homme. Il s'agit de l'opération de l'Esprit d'adoption. Il est question ici de l'œuvre de l'Esprit dans le cœur de l'homme. C'est l'application de l'œuvre de Christ dans notre vie. Cette application est l'œuvre du Saint-Esprit. Calvin souligne que « le

Saint-Esprit est comme le lien par lequel le Fils de Dieu nous unit à lui de façon efficace[1] ». Dans son commentaire sur l'Évangile de Jean 16.16, il nous montre que l'Esprit compense l'absence du Christ. Dans Jean 20.22-23, il y a la présence de Christ parmi son peuple. Le point capital est que l'Esprit a la fonction de représenter Christ dans le monde. Cette assertion est le fait de l'adhésion des pères de l'Église et des réformateurs au Crédo de Nicée-Constantinople, en ce qui concerne la doctrine du Saint-Esprit :

> [...] fait de lui l'Esprit du Fils, et donc dans la manifestation économique de la trinité (dans l'économie du salut), l'Esprit du Christ, l'Esprit de Jésus, comme l'Écriture effectivement les nomme. L'Esprit qui procède du Fils s'unit à lui pour former une seule substance numériquement une parce qu'ils sont un seul Dieu[2].

En lisant l'Écriture, on est mis dans la connaissance de l'œuvre de Christ. Cependant, tout n'est pas dévoilé dans cette connaissance comme Jean le témoigne : « J'ai encore beaucoup de choses à vous dire, mais vous ne pouvez pas les porter maintenant. Quand le consolateur sera venu, l'Esprit de vérité, il vous conduira dans toute la vérité » (Jn 16.12). On constate dans ce passage le rôle que le Saint-Esprit joue pour la connaissance de l'Écriture. L'Écriture est le prolongement de l'œuvre de Christ par l'action du Saint-Esprit. Il faut croire à l'évidence que l'Écriture ne contient pas la Parole de Dieu, mais elle est la Parole de Dieu.

Cette Parole de Dieu ou sa pensée est aussi donnée oralement. Les différentes formes d'écrits que nous possédons actuellement attestent cet état des choses qui consiste à la compréhension de l'Écriture. De même la prédication est comme l'exercice oral. Le rôle de la prédication est très important pour véhiculer et proclamer la Parole de Dieu. Luther en a fait l'expérience et il l'écrit : « Cette parole, tandis que je dormais, a tant fait affaiblir la papauté que jamais ni prince, ni empereur ne lui ont causé tant de mal. Ce n'est pas moi qui ai fait cela. Seule la Parole propagée par mes écrits et ma parole a accompli tout cela[3]. » Dans la prédication, le Christ devient contemporain à nous et le message de l'Évangile touche notre situation d'aujourd'hui. Dans la prédication, le Christ vient à ma rencontre. C'est lui qui descend vers moi et me tend la main et je prends la

---

1. Jean CALVIN, *Institution de la religion chrétienne*, mise en français moderne par Marie de Védrines et Paul Wells, avec la collaboration de Sylvain Triqueneaux, Aix-en-Provence-Charols, Kerygma-Excelsis, 2009, III.i.1, p. 476.
2. H. BLOCHER, « La place de la prophétie dans la pneumatologie », *Hokhma*, n°72, 1999, p. 103-107.
3. STROHL, *La pensée de la Réforme*, p. 66.

décision de la saisir maintenant. C'est une question de décision comme l'affirme Bultmann. En le faisant, je deviens contemporain de Christ.

II. L'herméneutique comme expérience de vie

La Parole de Dieu révélée a besoin de l'écoute de l'homme. Lorsque l'homme est à l'écoute de cette Parole, il doit la pratiquer. Ce qui constitue le point de départ de toute herméneutique. Dans la perspective biblique, la Parole est donnée en vue de son application, mais l'herméneutique dans ce domaine est formulée par des principes et des approches théoriques. Si on la considère sous cet angle, elle ne peut permettre l'application de la Parole de Dieu. Il ne peut exister une approche théorique de la Parole de Dieu comme la plupart des théologiens ont voulu nous le faire croire. Il faut se déplacer, de la ligne théorique vers la praxis, souligne Zokoué. « Il faut avoir éprouvé personnellement l'œuvre de Dieu pour la comprendre[4]. » Et l'œuvre de Dieu appelle l'homme à la croyance et toute croyance passe par l'obéissance.

En écoutant la parole et en accueillant le Christ dans ma vie, j'obéis à la parole écoutée et je la mets en pratique. J'accueille Christ dans l'obéissance, c'est-à-dire que je reconnais sa seigneurie dans tous les aspects de ma vie. Et cette position reste le présupposé dans la démarche herméneutique. L'a priori de l'herméneutique biblique est l'écoute de la Parole de Dieu. Il est vrai que l'herméneutique est nécessaire pour la compréhension de cette Écriture, en tant qu'élément pédagogique, pour nous permettre de soulever les problèmes, de les analyser et de les critiquer pour faire ressortir la substance qu'il faut selon Jean 5.39 : « Vous sondez les Écritures, parce que vous pensez avoir en elles la vie éternelle. » En sondant les Écritures et en nous laissant interpeller par elles, nous sommes appelés à l'obéissance et à la pratique de ces Écritures. Cette pratique est aussi une interprétation de la Parole de Dieu, un témoignage de vie. Une bonne herméneutique biblique est une manière d'exprimer la Parole de Dieu en pensées et en actes. C'est dans ce sens que Zokoué dit qu'elle est témoignage de vie. L'herméneutique a des incidences sur tous les aspects de la vie du chrétien. Si l'herméneutique est conçue par des règles, elle apporte quelque chose de concret à l'orientation et à la compréhension de la Parole de Dieu. Christ donne à cette parole toute sa vitalité et le Saint-Esprit l'insère dans le cœur de l'homme. L'Écriture n'est pas un texte mort. La parole vivante, le Christ dont l'Écriture prolonge les œuvres, redonne la vie. L'interprète s'approprie l'Écriture par des a priori qui font éclater sa vérité. Il devient le témoin et le prédicateur de cette

---

4. *Ibid.*, p. 67.

vérité. C'est au vu de cela que Zokoué parle de l'herméneutique comme une expérience de vie.

III. Révélation et herméneutique en tension

La révélation et l'herméneutique sont les deux démarches qui donnent à l'homme la connaissance de Dieu, ses limites et ses devoirs. La tension ici consiste à l'efficacité de ces deux faits dans la vie de l'homme. La révélation est nécessaire à cause de la finitude de l'homme. N'ayant aucune idée de Dieu, il a fallu que Dieu se révèle à lui. Cependant, Zokoué parle de la révélation impersonnelle de Dieu qui reste permanente dans la création. Cette révélation impersonnelle est comprise à travers les œuvres que Dieu a créées. On peut aussi la qualifier de révélation naturelle. Déjà, par cette révélation impersonnelle, l'homme a l'intuition de quelque chose qui est au-delà de lui. Contrairement à la révélation personnelle qui met l'homme directement en relation avec Dieu.

La révélation impersonnelle et la révélation personnelle ont des effets sur la vie de l'homme. Mais toute révélation possède des limites et c'est à cause de cette limite que l'herméneutique entre en jeu. Par l'herméneutique, l'homme va s'approprier les données de la révélation pour les faire siennes dans ses limites ontologiques. C'est pourquoi Zokoué parle de la tension entre la révélation et l'herméneutique. Cette tension est créatrice de vie, du fait qu'elle introduit l'homme dans un dialogue permanent avec Dieu. De même, il existe également une tension entre l'homme et Dieu. Entre le fini et l'Infini. Cette tension est vite résorbée par Dieu à cause de sa toute-puissance. Dieu, en se révélant à l'homme, arrache celui-ci des griffes de la mort. Et quand l'homme reçoit cette révélation, il entre en dialogue avec Dieu, s'engage dans la vie avec Dieu en dépit de la mort. La révélation et l'herméneutique ne peuvent pas se compromettre chacune dans leur action.

Admettons que la révélation cesse d'être considérée comme la présence de Dieu qui vient à la rencontre de l'homme. Que deviendra-t-elle ? Il n'y aurait pas la rencontre de l'homme avec Dieu ; et si l'herméneutique, quant à elle, n'apporte pas de réponse à la compréhension de l'homme, qu'en sera-t-il ? Elle ne sera d'aucune nécessité. Par conséquent, il ne peut y avoir de tension entre la révélation et l'herméneutique. Tillich le fait remarquer par cette citation :

> Invariablement, la révélation, en tant qu'elle révèle le mystère qui est notre préoccupation ultime, est révélation pour quelqu'un dans une situation concrète de préoccupation. [...] Il n'existe pas de révélation « en général » [...] La révélation saisit un individu ou un groupe... On

ne peut comprendre les révélations reçues en dehors de la situation concrète que comme des rapports sur les révélations que d'autres groupes affirment avoir reçues. Connaître ces rapports, et même très bien les comprendre, ne les rend pas révélateurs pour quiconque n'appartient pas au groupe saisi par la révélation. Il n'y a pas de révélation si personne ne la reçoit comme sa préoccupation ultime[5].

Le lieu de la révélation dans l'approche de Paul Tillich est l'homme, lorsque celui-ci fait une rencontre avec Dieu ou entre en relation avec lui. Bultmann aussi tend vers cette idée en disant que « la révélation est un événement qui anéantit la mort, et non une doctrine qui enseigne que la mort n'existe pas[6] ». Les deux approches démontrent que la révélation doit être comprise dans la relation de l'homme avec Dieu. Cependant, Ladd propose une autre approche. Pour lui, le lieu de la révélation est scripturaire et il se base sur la citation suivante du théologien Kantzer :

> Le Dieu de la plupart des théologiens contemporains peut agir mais ne parle pas. Les conservateurs disent que la Bible contient non seulement l'histoire des événements dans lesquels Dieu a agi, mais également des interprétations inspirées (par Dieu) de ces événements ; c'est pourquoi la Bible est le seul lieu de la révélation[7].

La Bible est alors le lieu de la révélation. Dieu s'est révélé en Christ et pour comprendre cette histoire, il a fallu qu'elle soit portée à la connaissance de l'homme. L'Écriture accorde à l'homme cette possibilité de la connaître. Dieu se révèle dans la rencontre avec l'homme et en même temps dans l'Écriture. Les apports des deux théologiens sont exacts, mais avec quelques insuffisances. Tillich, en parlant de la rencontre avec l'homme ne soulève pas le problème de son explication. Comment l'homme peut-il arriver à comprendre le contenu de cette révélation ? De même pour Ladd, la Bible est considérée comme un document d'explication et la notion de la parole vivante n'est pas mentionnée[8]. Non seulement la Bible est une explication de ce que Dieu a fait, mais elle nous interpelle en Christ. L'interprète de la Bible doit savoir que toute révélation de Dieu et toute rencontre avec Christ est un accomplissement de l'Écriture. Et il doit sonder l'Écriture pour y trouver la vie.

---

5. TILLICH, *Théologie systématique*, volume 1, p. 155.
6. Rudolf BULTMANN, *Foi et compréhension*, tome I, *L'historicité de l'homme et de la Révélation*, trad. de l'allemand par André Malet, Paris, Seuil, 1969, p. 29.
7. J. BARR, *Fundamentalism*, London, SCM, 1977, p. 229 [traduction libre].
8. *Ibid.*

À travers la révélation et l'herméneutique, on voit Dieu s'engager vers l'homme et l'homme s'engager vers Dieu. L'engagement de Dieu a une dimension personnelle vers l'homme et cela est témoigné dans le Nouveau Testament à travers Christ, par qui Dieu renouvelle son engagement vis-à-vis de l'homme. Grâce au Saint-Esprit, cet engagement de Dieu est rendu possible et efficace. Cet engagement de Dieu envers l'homme découle d'un acte gratuit et libre et l'interprète doit en tenir compte. En Christ et par le Saint-Esprit, Dieu s'engage envers moi et en retour, je me situe dans un état d'engagement avec Dieu. Et la foi est le chef d'œuvre de cet engagement. La foi n'est pas une possibilité naturelle de l'homme, mais la vie de la régénération, le don de l'Esprit (1 Co 12.3). Ce qui souligne que la permanence de l'incarnation fonde notre salut et notre communion avec Dieu. Par conséquent, toute spéculation sur Dieu et sur le mystère de l'incarnation n'a pas de sens selon les propos de Luther :

> Cela est interdit, je ne dois ni voir, ni sentir, ni savoir, ni connaitre, mais seulement entendre et demeurer dans la foi et m'en tenir à la seule Parole de Dieu... Il nous faut aussi fermer les yeux et suivre ce qui nous conduit, la Parole divine, et dire : je veux bien être enveloppé de voiles et me couvrir la tête d'un manteau et me laisser conduire à celui auquel je crois et que je ne vois pas, et c'est ainsi que je veux vivre et mourir[9].

Notre engagement par rapport à celui de Dieu doit être porté par la foi comme l'exprime Luther. Il s'agit d'un engagement total et l'herméneutique s'inscrit dans ce sens. Procéder à l'herméneutique suppose s'engager à mettre en pratique les résultats de la recherche. Et pour Zokoué, « l'interprétation de la révélation ne peut être autre chose qu'une marche à la rencontre de Dieu[10] ».

Conclusion

Isaac Zokoué a traité ce sujet selon sa ligne théologique tout en s'efforçant de procéder à des analyses, des critiques et des orientations très intéressantes. Toutes les thématiques ont été abordées de manière objective en tenant compte des méthodologies qui sont à la base d'un tel travail. Il est parti, comme il l'affirme, d'une question herméneutique soulevée par Friedrich Schleiermacher. Il a fait valoir la quintessence de la démarche herméneutique comme légitime pour saisir les données de la révélation et le problème de cette compréhension ; il l'a située

---

9. LUTHER cité par K. BARTH, *Dogmatique*, I/1, p. 165.
10. ZOKOUÉ, « Comprendre Dieu », p. 262.

comme principe de départ de son analyse dans le cadre de la relation entre Dieu et l'homme.

Il a posé ensuite le problème de comprendre et d'expliquer. Il existe une nuance entre comprendre et expliquer au vu des définitions qu'en donnent quelques théologiens et philosophes. Comme exemple, Zokoué nous présente celui de Karl Jasper : « Nous réservons le terme comprendre à la connaissance obtenue par interpénétration psychologique [...] la découverte d'un lien objectif de cause à effet constaté du dehors (par les méthodes des sciences naturelles), n'est jamais appelée compréhension, mais toujours explication[11]. » La définition de la notion de comprendre de Jasper ne peut être envisagée dans le cadre théologique. Pour Zokoué, comprendre Dieu et expliquer ses œuvres n'ont pas le même degré de situation. Comprendre la révélation est autre chose que l'expliquer. L'interprète explique ce qu'il a compris. Ce qu'il a reçu de sa rencontre avec Dieu au travers de l'Écriture. La compréhension de l'Écriture se situe au niveau de la foi et c'est pourquoi lorsqu'on veut comprendre le sens de la révélation, on est directement confronté à Dieu dans une tension ontologique.

L'Écriture est une parole révélée pour tous les chrétiens dans l'histoire. La même parole a une dynamique dans la première communauté ainsi que dans l'Église actuelle. Dieu parle à l'apôtre Paul comme il me parle maintenant. La méthodologie de Dieu est d'utiliser des hommes pour accomplir son dessein, raison pour laquelle sa parole a été écrite sous l'inspiration divine et portée à nous toujours par cette inspiration. Comme le Saint-Esprit s'est servi des premiers écrivains pour nous révéler la Parole de Dieu, il se sert de moi pour arriver à la compréhension de cette parole. Le fait alors de comprendre un texte de l'Écriture, c'est d'avoir la capacité de découvrir l'intention véritable et le sens concret du message. Ce qui demande une ouverture à l'expérience de vie. Tout texte doit être compris en confrontation avec la vie. Il est vrai que la compréhension des textes par l'homme est limitée à cause de son contexte ontologique, mais s'il ne comprend pas aujourd'hui, il comprendra plus tard que les fins de l'œuvre de Dieu ne seront complètement comprises qu'avec son retour. En fin de compte, pour l'herméneutique biblique, la révélation est une manifestation de vie. La compréhension de l'Écriture se communique dans l'expérience de la vie, c'est-à-dire vivre la vie en communion avec Dieu pour le comprendre.

Zokoué a réussi à faire comprendre la souveraineté de Dieu dans la révélation : Dieu se fait connaître et fait connaître ce qu'il veut. Et il le fait immanquablement. Mais sa souveraineté dans la révélation n'exclut pas la responsabilité de l'homme d'accueillir ce qu'il révèle. D'où l'importance de l'herméneutique, l'art de

---

11. Foulquie, *Dictionnaire de la langue philosophique*, p. 111.

comprendre et de s'approprier ce qu'il a révélé. On se rend compte d'ailleurs que toute déviation et hérésie vient de l'herméneutique que l'homme a choisie. Zokoué tient à préciser que la qualité de l'herméneutique ne dépend pas seulement de la méthode et des règles utilisées mais surtout de l'attitude de l'herméneute face au texte et face à Dieu. Très souvent cette attitude est façonnée par la philosophie ambiante ou dictée par les préoccupations du moment. Il préconise que pour avoir accès à toute la révélation, il faut une herméneutique dont le principe est la foi en Jésus-Christ, la Parole de Dieu.

Deuxième partie

Herméneutique

Application à la problématique de la polygamie en République centrafricaine

Introduction

Comprendre Dieu est le souci principal d'Isaac Zokoué. Lire la Bible et la comprendre n'est pas donné à tout le monde, cela nécessite des principes à suivre. Dans la première partie, nous avons vu comment arriver à lire la Bible et à comprendre ce que Dieu veut nous dire à travers sa parole. Les différentes méthodes qu'il a analysées doivent nous aider dans ce domaine. Certes, cette thèse fut sa première œuvre, mais nous remarquons déjà dans cette approche le souci qui a animé l'auteur de contextualiser sa théologie. Toute démarche théologique dans ce cas doit être une démarche contextuelle.

Zokoué a été le théologien qui a toujours soutenu la question de la théologie contextuelle. Pour les évangéliques, pour que la théologie africaine soit acceptée comme telle, elle doit être contextuelle. Le problème de contexte redevient le point central pour la compréhension de la théologie en Afrique. Il est certain que le point de départ est événementiel, position qui est légitime aussi, le point de chute doit refléter de façon concordante le cheminement de cette théologie. Comme le dit K. P. Blaser :

> Que le contexte soit prioritaire dans la théologie du sud est un fait facilement compréhensible. Les théologiens de la libération ont pour vocation de transformer les rapports sociaux mortifères et donc de répondre à un contexte [...]. Le premier but de cette théologie est au contraire de dégager l'articulation du contexte par rapport au message de l'Évangile[1].

K. P. Blaser fait ressortir que le grand problème qui surgit de cette constatation est celui de la méthode. J. F. Zorn indique :

> La contextualisation postule la nature expérimentale et contingente de cette théologie, validée par le dialogue constant entre texte biblique source et contexte local cible. C'est pourquoi les théologies contextuelles se réfèrent à un modèle de traduction des Écritures par équivalence dynamique ou fonctionnelle plutôt que par équivalence formelle ou littérale[2].

---

1. K. BLASER, *La théologie au XXe siècle*, Paris, l'Âge d'homme, 1995, p. 299.
2. J. F. ZORN, « La contextualisation : un concept théologique ? », *R.H.P.R.*, vol. 77, 1997/2, p.186.

Cette approche se veut différente de la théologie de la reconstruction prônée par Kä Mana[3]. Par rapport aux théologiens africains étudiés, la remarque à faire est basée sur la reprise de ce qui a été dit et opéré dans l'ordre de la théologie africaine. Comme nous avons eu à le souligner, la théologie africaine s'inscrit dans la continuation historique de ce que les premiers théologiens africains ont eu à produire comme œuvres et réflexions.

Pour Zokoué, chaque théologien a apporté sa contribution non seulement pour faire valoir cette théologie africaine, mais aussi pour la circonscrire dans un contexte spécifique de lutte par rapport aux réalités présentes dans lesquelles il a été exposé. En prenant chacun de ces théologiens, nous nous rendons compte de la suite logique du dynamisme de la théologie africaine. Par conséquent, la théologie contextuelle reste, en dehors d'autres aspects, celle qu'il est nécessaire d'utiliser dans le cadre d'une analyse objective de la théologie africaine. Même si Kä Mana part des différentes approches de la théologie africaine pour déterminer le contexte d'une théologie de la reconstruction, il est à souligner qu'il ne fait que dire dans un autre langage les mêmes choses déjà énoncées par les autres théologiens tels que B. Adoukounou, M. J. Agossou, E. J. Penoukou, J.-M. Ela, etc. La théologie africaine a besoin d'être fortifiée dans son existence en vue d'une réconciliation Sud-Nord. C'est une théologie qui se veut concrète et non abstraite. Le problème dans ce débat est de déterminer la contextualisation d'abord par rapport à la théologie africaine. Il ne s'agit pas simplement d'une question de forme et selon Tite Tiénou :

> L'Afrique n'est pas l'Europe, l'Europe n'est pas l'Amérique et l'Amérique n'est pas l'Asie. Même dans ces continents, il y a divers cadres ou contextes. Ce simple fait nous amène à nous demander comment rendre le message accessible dans des situations différentes. C'est tout à fait légitime ; les gens sont différents, même s'il existe des similitudes fondamentales parmi eux. On ne peut donc pas prendre une théologie biblique et l'appliquer n'importe où. Une approche contextuelle, que nous aimions ce terme ou non, est nécessaire et, a, en fait, toujours été appliquée dans la théologie chrétienne. Il s'agit de savoir comment empêcher la contextualisation de tomber dans l'hérésie. Une bonne approche contextuelle prend au sérieux à la fois le texte biblique et le contexte culturel où le message est proclamé[4].

---

3. Kä Mana, *Théologie africaine pour temps de crise*, Paris, Karthala, 1993.
4. Tite Tiénou, *La tâche de la théologie africaine*, Abidjan, CPE, 1980, p. 28-29.

La contextualisation n'est qu'un retour à la prise en considération de la culture[5]. Il est vrai que ce néologisme est de nos jours le centre d'un grand débat lorsqu'il est question de parler de la mission et de l'œuvre évangélisatrice dans le contexte des relations Nord-Sud. À ce propos, J. F. Zorn fait des remarques qui pourront nous aider à comprendre la complexité de la contextualisation. La première remarque remet en situation la notion de l'indigénisation de la théologie allemande (*Volkskirche*) de l'entre-deux guerres : « La notion de *contextualisation* permet de sortir la missiologie d'une théorie de l'enracinement ou de la plantation de l'Église qui aboutit au conformisme ecclésial, à la perte de la tension eschatologique et à la fermeture de toute perspective missionnaire[6]. »

La deuxième remarque concerne une prise de conscience de théologiens d'Afrique, d'Amérique latine et d'Asie. À la fin de la Seconde Guerre mondiale, l'Afrique fut introduite dans une nouvelle étape de son développement. L'une des étapes les plus marquantes de cette prise de conscience fut la montée du nationalisme en Afrique subsaharienne. Cette montée du nationalisme n'aboutit pas seulement à l'indépendance politique, mais aussi à l'indépendance religieuse. Il semblerait au pouvoir politique que l'Église, par son comportement, s'éloignerait des aspirations nationales. Il s'agit d'une réaction contre l'interprétation de la Bible soumise à une culture occidentale, sans tenir compte de l'héritage religieux traditionnel.

En revenant dans leurs pays après avoir fait des études universitaires, les théologiens africains constatent qu'« après avoir critiqué les cultures traditionnelles, les missionnaires les réhabilitent au moment précis où elles sont en voie de disparition, à cause de la sécularisation et du développement technologique[7] ».

La sécularisation et le progrès technique sont peut-être des facteurs principaux de la disparition des cultures traditionnelles sur le plan formel. Ce sont des phénomènes de changement liés à la première conception de l'Évangile, dus à l'imposition d'un mode de vie différent lié à la vérité universelle sans la souveraineté de Dieu. Cette appréhension ne peut être justifiée puisque la

---

5. Le concept de théologie contextuelle a été un sujet traité pour la première fois officiellement à l'Assemblée Pan Africaine des Responsables Chrétiens (APARC), en anglais PACLA, tenue à Nairobi en décembre 1976. Nous nous rendons donc compte que Zokoué le traitait déjà dans son mémoire de maîtrise, qui date du début des années 1970. Il faudra préciser que le concept de contextualisation a cédé la place au concept d'inculturation dans les débats théologiques en Afrique. Ces deux concepts ont sensiblement le même contenu : mettre le message de Dieu dans la culture d'accueil.
6. Zorn, « La contextualisation », p. 174 (italiques dans l'original).
7. *Ibid.*, p. 175.

culture chez l'Africain est ce qui reste lorsqu'on lui a tout enlevé. Les religions traditionnelles occupent une place prépondérante dans la vie des peuples du Sud parce qu'elles imprègnent tous les domaines de la vie quotidienne. Avant l'arrivée du christianisme, la vie en Afrique était régentée par la religion. La pratique de la religion n'était pas exclusivement l'affaire d'un seul individu, mais plutôt celle de la communauté. Ces religions ont laissé leur marque sur les Africains. Être un homme, c'est appartenir à la communauté. La personne sans religion est comme le chrétien excommunié de l'Église. Ce phénomène se retrouve de nos jours chez les intellectuels africains qui continuent à se livrer à des pratiques religieuses traditionnelles.

La deuxième constatation faite par J. F. Zorn est que « les missionnaires [ont développé] une théologie culturelle dépassée qui ne fait que déplacer l'accent de la domination théologique occidentale sur la production théologique mondiale. D'une aliénation pour cause de déracinement, la théologie dans le tiers-monde risque de tomber dans une aliénation pour cause d'enfermement[8] ». La théologie africaine existe dans un courant qui évolue. De ce fait, le principe de la contextualisation nous invite à la prise en compte des pratiques que nous rencontrons au sein de nos églises africaines, ce à quoi Zokoué s'est attelé en prenant en compte le problème de la polygamie dans les églises centrafricaines.

Dans la deuxième partie de cet ouvrage, nous verrons d'après le mémoire de Zokoué, qu'il fait comprendre que la théologie a pour rôle de répondre aux questions des hommes pour qu'ils se prennent en charge dans une situation difficile. Il répond à la question de la raison de la polygamie en République centrafricaine, alors que la Parole s'y oppose clairement.

---

8. *Ibid.*

6

Le problème en République centrafricaine

Isaac Zokoué reconnaît de manière indéniable la pratique et l'impact de la polygamie dans la société centrafricaine. Si la polygamie est le fait de la société africaine, la République centrafricaine faisant partie de la société africaine ne peut se dérober de ce principe partagé. Zokoué établit le lien lorsqu'il parle du fait constaté en ayant recours à la pratique traditionnelle. Il explique, par diverses illustrations, les perceptions que les uns et les autres se font de la polygamie en milieu centrafricain. Le mariage polygamique entraîne de manière générale des conséquences désastreuses pour les familles. Cependant, il se rend compte que l'influence de ces déboires touche également le mariage monogamique :

> Nul n'ignore les déboires d'un mariage polygamique. L'une des femmes est la véritable élue, tandis que les autres ne jouissent que partiellement de l'intimité du mari. L'état moral et psychologique de celles-ci se manifeste souvent par la résignation, par une haine parfois virulente contre la privilégiée, ou par des rixes répétées dans le foyer. Les enfants sont naturellement les premières victimes de ce désordre familial. Malheureusement, on retrouve chez les monogames presque les mêmes problèmes que chez les polygames[1].

S'agissant de l'influence traditionnelle, on la retrouve à travers ces propos qui attestent du même comportement dans le mariage monogamique. Quelles sont alors les causes inhérentes de ce ressentiment ?

---
1. Zokoué, « La polygamie », p. 5.

I. Les causes de la polygamie

Dans son mémoire, l'auteur a mentionné plutôt les motifs, mais nous préférons utiliser la notion de cause pour permettre une bonne illustration des faits. Si nous avions souligné que les causes sont nombreuses, pour Zokoué, elles varient d'une tribu à une autre, d'une région à une autre et d'une personne à une autre. Quand bien même les causes sont légions, il les regroupe par thématique et centre d'intérêt : « [...] elles peuvent être groupées par centre d'intérêt : l'enfant, les situations sociales, économiques, morales et domestiques sont autant de motifs de la polygamie[2]. »

1. Cause principale : la recherche d'une progéniture

Le centre d'intérêt retenu comme le principe fondamental est celui qui est composé par l'enfant et la mère. Tous les arguments s'inscrivent autour de ces deux personnes. Tout mariage dans ces conditions a pour objectif de mettre un enfant au monde. Tout est lié à la fertilité de la femme. Beaucoup de mariages se sont brisés parce que l'un ou l'autre des conjoints est incapable de procréer. La raison principale, que semble confirmer Zokoué, est la recherche d'une progéniture :

> L'enfant est l'élément déterminant dans le mariage africain. C'est l'enfant qui vient sceller le mariage, et sa présence consolide le lien conjugal. Avant de demander une fille en mariage, la parenté féminine du garçon juge d'après son physique si elle sera féconde ou non. On parle des jeunes qui vont se marier comme d'un mâle et d'une femelle[3].

Personne dans la tradition africaine ne peut parler dans un esprit de suffisance quand il s'agit des enfants. Aucune famille traditionnelle africaine ne peut annoncer qu'elle n'a plus besoin des enfants. Cette conception est celle qui est de rigueur pour la famille africaine. Dès leur jeune âge, les filles sont éduquées par leurs parents en vue de la procréation. Dans une tribu de l'Équateur, un père donna à sa fille des consignes à suivre :

> Tu vas en mariage pour la progéniture. Souviens-toi d'ailleurs de ce que ton oncle maternel a dit, « aucun ovule ne restera dans ton ventre ». Ensuite, à son frère, celui-là même qui sera le vieux du cortège qui ira laisser la femme en mariage, « tu dois bien préciser

---

2. *Ibid.*, p. 6.
3. *Ibid.*

le but de sa puissance en mariage à mon gendre et à son père et à sa mère »[4].

Lorsqu'il soulève le problème de la fécondité comme cause première du mariage en Afrique, Zokoué veut en même temps présenter le côté dégradant et humiliant de ce comportement. En prenant pour exemple ce qui se faisait dans son ethnie *mandja*, il confirme encore le mauvais côté de ce procédé :

> Chez les *mandja* par exemple, « ma femme » se dit littéralement « la mère de mon enfant » ; la femme tout court se dit *kô*, et c'est le même mot pour « enfanter ». On dira volontiers, d'une femme stérile : c'est un homme. On comprend pourquoi traditionnellement, tout homme qui désire se marier a comme premier souci la fertilité de la femme[5].

Posséder des enfants est un signe d'enrichissement et d'agrandissement du clan. Le nombre croissant des membres du clan est compris de même comme une garantie dissuasive contre les attaques des autres clans. Si les enfants sont nombreux, il y a perpétuation de la génération. Dans ce cas, l'homme est tenu d'avoir plusieurs enfants et la femme d'être fertile au moment opportun. Si cela n'était pas le cas, un deuxième ménage est toujours impérativement envisagé. La polygamie est le facteur par lequel les familles augmenteront leur cercle familial. Ce processus est une obligation morale. La lignée des générations doit être perpétuée.

2. Le sevrage et l'ablactation

Le deuxième motif de la polygamie est lié au sevrage et à l'ablactation. Lorsqu'il y a procréation et que la mère vient à mettre au monde un enfant et qu'elle se trouve dans la période de l'allaitement, il est impossible à l'homme de s'approcher d'elle. Dans certaines cultures, il doit y avoir séparation de corps pour une abstinence du père pendant tout le temps que durera cette attitude. Cette pratique a été de rigueur dans la société traditionnelle. Elle est l'une des méthodes qui a été utilisée pour la plupart des cas. Dans son livre intitulé *Afrique Équatoriale Française, terres et races d'avenir*, René Maran approuve cette méthode : « La présente interdiction satisfait sans le savoir aux prescriptions

---

4. N. S. KITU, « Le phénomène chez les chrétiens Bansansala », Kinshasa, mémoire de Graduat présenté à l'Institut Supérieur Théologique de Kinshasa, 1981, p. 34.
5. *Ibid.*

d'hygiène maternelle et infantile qu'eugénistes et gynécologues s'efforcent vainement de faire adopter par leur clientèle européenne[6]. »

En ayant recours aux propos de René Maran, Zokoué voudrait souligner la pertinence de ce comportement qui est observé à travers toute l'Afrique équatoriale. Cependant, il veut nous amener sur une autre piste. Si cette abstinence est appréciée et valable pour la femme, elle ne l'est pas du tout pour l'homme :

> Il semble que la femme supporte bien cette abstinence, car elle trouve dans l'allaitement un répondant à son désir sexuel. Mais il n'en est pas de même pour l'homme ; et pour résoudre son problème, il cherche ailleurs, ou simplement prend une deuxième femme[7].

3. La mortalité infantile

L'autre aspect de la polygamie que Zokoué présente est celui de la mortalité infantile. La mort des enfants de la première femme peut être le prétexte d'un autre mariage. Il l'exprime ainsi : « La mortalité infantile est aussi la cause d'un deuxième mariage. Il arrive que la première femme donne des enfants qui ne vivent pas longtemps. Pour s'assurer une descendance, le mari épouse une deuxième femme[8]. » Le mariage sans enfant est considéré dans la société traditionnelle comme non agréé par les anciens et l'esprit des ancêtres et par conséquent, par Dieu lui-même. Cela démontre combien les enfants sont importants dans le mariage, parce que leur grand effectif est un signe d'honneur et le père est honoré en même temps. On parle de la mère et du père en fonction de l'enfant.

> L'enfant fait l'honneur de ses parents. C'est en lui que l'homme devient père et la femme devient mère : non seulement père et mère de l'enfant mais aussi et surtout père et mère du clan tout entier. Cet honneur est fortement mis en relief par la société. Un premier fait l'illustre, c'est que lorsqu'on est père, ou mère, votre nom devient respecté et rarement cité[9].

---

6. René MARAN, *Afrique Équatoriale Française : terres et races d'avenir*, Paris, Bibliothèque Nationale, 1937, p. 41.
7. ZOKOUÉ, « La polygamie », p. 8.
8. *Ibid.*
9. F. NGOMA, « L'initiation ba-kongo et sa signification », Paris, Sorbonne, thèse de doctorat ès Lettres, 1963, p. 20.

4. L'enfant conçu illégitimement

Un autre facteur qui peut motiver la polygamie est encore l'enfant conçu illégitimement. Pour ne pas abandonner celui-ci, comportement qui n'est pas bien perçu dans la société africaine, le géniteur, pour récupérer l'enfant, est poussé par la famille à épouser la femme ou la jeune fille qui lui a donné cet enfant bon gré mal gré.

5. Le surplus des femmes

Zokoué présente une autre cause, celle du nombre exorbitant des femmes dépassant celui des hommes :

> Le surplus des femmes conduit souvent à la polygamie. La providence divine protège l'égalité numérique des sexes à la naissance. Mais cet équilibre est toujours perturbé par l'homme. C'est ainsi qu'en Afrique, les guerres tribales ont souvent réduit le nombre de la population masculine. Et comme le célibat est très mal vu chez nous, même pour les hommes, aucune femme authentiquement africaine n'a la pensée de rester célibataire. Elle se marie ; peu importe si le prétendant est un homme déjà marié[10].

6. Le veuvage

Le problème du veuvage selon Zokoué est aussi une cause de la polygamie. Cependant, si dans d'autres pays il est pratiqué, en République centrafricaine il y a une exception. Cette exception est liée à la substance même de cette pratique et à l'honneur de la femme qu'il faut préserver.

> [...] En République centrafricaine, pour ne parler que de ce pays, on n'hérite pas d'une femme comme on hériterait d'une fortune. La femme revient de droit au frère ou au cousin du défunt selon la coutume ; mais l'héritier doit procéder pour un mariage ordinaire, sauf que les dépenses dans son cas sont moins élevées[11].

Il nous arrive de confondre ce genre de mariage avec ce que la loi a établi dans l'Ancien Testament qui est le lévirat. Zokoué souligne qu'il ne faut pas, dans ce cas, parler de lévirat en Afrique. Ce mécanisme est totalement différent en

---

10. *Ibid.*
11. *Ibid.*, p. 9.

première intention, parce que « le lévir épouse sa belle-sœur si son frère défunt n'a pas laissé de descendant. Tandis que chez l'Africain, c'est surtout lorsque son frère a eu des enfants qu'il se voit moralement obligé d'épouser sa veuve afin de mieux les entourer[12] ».

7. Difficultés dans le mariage

Il existe d'autres causes, telles les difficultés vécues dans le mariage qui, au lieu de se solder par le divorce, pousseront le mari à épouser une deuxième femme afin de résoudre le problème. En effet, pour l'Africain, « le plus grand malheur qui puisse atteindre un homme ce n'est ni la pauvreté, ni l'infirmité ou la mort prématurée, mais le fait de disparaître de ce monde sans laisser de descendance[13] ».

Un homme, pour avoir été forcé de se marier à une femme qu'il n'a pas du tout choisie, peut décider de s'en procurer une deuxième aimée par lui-même. La polygamie peut être pour certains une source de richesse et pour d'autres, des occasions de réguler les problèmes d'ordre social et communautaire qui se posent. Zokoué pousse loin sa réflexion en nous faisant comprendre que « le fait qu'il n'existe aucune règle morale ni religieuse en faveur de la monogamie laisse le champ libre à la polygamie[14] ».

Cependant, avec la polygamie, quelques-unes des femmes qui n'avaient pas trouvé une occasion de se marier à cause du manque d'hommes devenaient alors des femmes mariées. En Afrique, on ne peut pas concevoir qu'une femme reste célibataire jusqu'à la fin de sa vie. Cela est totalement inconcevable. Après avoir circonscrit le problème en faisant ressortir le contexte et les motifs, Zokoué continue sa quête en présentant cette fois-ci les différentes réactions et positions face à la polygamie.

II. Les différentes approches de la polygamie

Dans cette rubrique, trois positions ont fait l'objet de l'analyse d'Isaac Zokoué. Il s'agit des dispositions ecclésiastiques, de l'attitude de l'État et de l'opinion publique. Vous remarquerez que les trois options choisies sont représentatives

---

12. *Ibid.*
13. L. Mpongo, « Le fondement théologique du rituel de mariage », *Revue du Clergé Africain* 27, 1972, p. 38.
14. Zokoué, « La polygamie », p. 10.

pour toute société. De manière particulière, il s'agira de recueillir les avis de l'opinion publique par rapport au concept de la polygamie.

1. Les dispositions ecclésiastiques

Quelle est la position des Églises vis-à-vis de la polygamie ? Le mérite de Zokoué est qu'il ne demande pas à connaître seulement les réponses des Églises protestantes, mais aussi celle de l'Église catholique. À la question posée : Êtes-vous tolérants ou bien condamnez-vous la polygamie ? Les deux Églises ont eu vraisemblablement les mêmes réponses. Quelles sont ces réponses communes ?

> L'Église catholique et les Églises protestantes en République centrafricaine ont répondu qu'elles condamnaient la polygamie, c'est-à-dire au fond, qu'elles ne montraient aucune souplesse à l'égard des polygames. Elles considèrent qu'en dehors de la première femme qui est l'épouse légitime, les autres sont des concubines[15].

Les réponses des deux communautés font état d'une répulsion totale de la polygamie, quand bien même la société lui témoigne certains intérêts. Les Églises appliquent là une orientation biblique. Cependant, si les Églises réfutent le mariage polygame, il n'est pas non plus attesté que parmi les fidèles de l'Église, il n'y a pas de polygames. Zokoué, implicitement, admet la présence de polygames dans les églises. Mais que doit donc être la position de l'Église en ce qui concerne l'application des ordonnances pour ces polygames ? Zokoué apporte cette précision.

> Si un polygame fait profession de foi, il doit renvoyer ses concubines avant d'être admis au baptême. S'il ne se plie pas à ces exigences, il est admis dans l'Église au titre de catéchumène. Il n'existe aucune règle écrite à ce sujet. Chaque Église traite du problème sur place avec l'aide du missionnaire le plus proche[16].

Cette position présentée par Zokoué n'est pas une position biblique et il nous le fait remarquer lorsqu'il souligne qu'aucune règle n'est établie et que les cas sont traités par les Églises en commun accord avec les missionnaires. Il n'y a pas de textes de la Bible qui traitent du problème de la polygamie. Pour illustrer son approche, il fait intervenir quelques exemples des solutions que les Églises missionnaires trouvent au problème de la polygamie. Le premier exemple est

---

15. *Ibid.*, p. 11.
16. *Ibid.*

celui des Églises qui sont issues de la mission suédoise. Ces Églises ne sont pas aussi radicales que cela dans les décisions à prendre.

> Certains de leurs missionnaires et pasteurs africains acceptent maintenant l'idée de baptiser un polygame converti. Mais l'unanimité n'est pas encore faite sur ce point, et en sont pour le moment au baptême de l'épouse légitime. Celle-ci, après son baptême, est admise à la pleine communion de l'Église, tandis que le mari et les autres femmes restent catéchumènes[17].

La position de ces Églises est quelque peu modérée. Zokoué donne encore un autre exemple des Églises d'une position sans condition exigée des Églises de la mission « Porte Ouverte » : « Ceux-ci baptisent les polygames sans se poser beaucoup de questions. Mais ils ne sont qu'une minorité, et le rayonnement de leur œuvre est encore faible[18]. » Ces différentes résolutions caractérisent cette liberté d'expression devant la polygamie. Pour Zokoué, en dehors des missionnaires, les pasteurs africains, dans l'ensemble, n'étaient pas si intransigeants. Peut-être à cause de leur penchant culturel et traditionnel ou de l'empathie qu'ils nourrissaient envers les polygames qu'ils trouvaient malheureux.

Une autre question a été posée par Zokoué en ce qui concerne l'attitude des pasteurs qui refusent de baptiser les polygames. Les réponses données ne satisfaisaient pas la conviction de Zokoué. Ces pasteurs pensaient être dans une certaine logique de leur pensée. Ils disaient qu'ils n'acceptaient pas de baptiser les polygames, parce que la Parole de Dieu condamne la polygamie. Les réponses des pasteurs, pour Zokoué, n'étaient pas en harmonie avec ce que la Parole de Dieu dit de la doctrine du baptême, et chez les catholiques et chez les évangéliques. La doctrine du baptême dans l'Église catholique diffère de celle des Églises protestantes. Pour les catholiques, le baptême « … donne une nouvelle vie, la vie surnaturelle, […] remet tous les péchés, […] assure le salut […] Le sacrement de baptême produit la grâce sanctifiante avec un cachet particulier, celui d'une nouvelle naissance, la naissance à la vie surnaturelle de la grâce…[19] ».

Le baptême dans l'Église catholique fait partie des sept sacrements. Le sacrement est un instrument qui communique la grâce divine. Cette notion nous renvoie à l'idée d'accorder la grâce à quelqu'un. Au vu de cela, l'Église catholique communique la vie. Il y a sept sacrements dans la théologie catholique : le

---

17. *Ibid.*
18. *Ibid.*
19. A. Vacan, « Le baptême », dans *Dictionnaire de la Bible*, sous-dir. F. Vigouroux, Paris, Ed. Letouzey et Ané, 1895, I., p. 1441.

baptême, l'eucharistie, le mariage, l'extrême-onction, la confirmation, la pénitence, l'ordination. Pourquoi parler de la notion de l'Église sacrement ? Parce que, pour la théologie catholique, Jésus dans son corps est le signe et l'instrument de la communication de la vie de Dieu. Et comme l'Église prolonge le Christ, elle est donc un sacrement, elle sauve et elle nous aide à communiquer avec Dieu. L'Église catholique est l'Église sacrement qui sauve en aidant les gens à communiquer avec Dieu. Par rapport au Saint-Esprit, l'Église catholique dit que les sacrements garantissent et déterminent la présence du Saint-Esprit. Partant de là, l'Église catholique ne baptise pas les polygames. Et ce faisant, de manière délibérée, crée une autre catégorie de pécheurs et Zokoué pense que c'est « à cause de leur compréhension du baptême comme sacrement[20] ». Du coup, il y a des points d'interrogation. Quelle voie l'Église catholique accorde-t-elle aux polygames pour leur salut ? Comment faire alors pour qu'ils puissent se convertir et voir qu'ils sont dans l'erreur ? N'est-ce pas un prétexte pour leur fermer la porte de l'Église ?

La conception du baptême chez les évangéliques est totalement différente de celle des catholiques. Pour les évangéliques, le baptême ne sauve pas du tout. C'est un acte de foi et celui qui le réclame a d'abord été converti par une approche personnelle et a reçu la grâce. Alors dans ce cas, quel sera le sort du polygame qui se convertit ? Pour Zokoué, « le polygame qui se convertit est vraiment touché par la grâce de Dieu et il est réellement pardonné en Jésus-Christ[21]. »

Pourtant, les positions des pasteurs évangéliques ne semblent pas corroborer cette thèse, puisqu'ils continuent toujours à rejeter les polygames des Églises. Cette attitude a poussé Zokoué à soulever les questions suivantes : « Si l'Évangile condamne la polygamie, condamne-t-il aussi le polygame converti ? À tous ceux qui reçoivent l'Évangile, c'est-à-dire la bonne nouvelle du salut en Jésus-Christ, le même Évangile ordonne qu'ils soient baptisés. Au nom de quel autre Évangile refuse-t-on de baptiser les polygames ?[22] » À ce stade, les réponses varient d'une Église à une autre. Pour les premières réponses, les conséquences des péchés peuvent subsister après la conversion. Et Zokoué n'admet pas cette position.

> Soit ! Mais en Jésus-Christ, l'homme trouve une pleine communion avec Dieu et une bonne santé spirituelle. Il expérimente une véritable délivrance ; même si physiquement il subit les conséquences de ses actes du passé. Son problème se situe ailleurs que sur le plan

---

20. Zokoué, « La polygamie », p. 12.
21. *Ibid.*, p. 13.
22. *Ibid.*

spirituel. Or pour le polygame qui est pourtant considéré par l'Église comme un pécheur pardonné, le problème reste d'ordre spirituel[23].

Alors, qu'en serait-il de son salut ? La réponse fournie à cette question est que le polygame est sauvé et cependant, il n'a pas du tout droit au baptême et à la communion, parce que le baptême et la communion n'empêchent pas la voie au salut. Mais si l'Église refuse de le baptiser, cela veut dire que celui-ci n'appartient pas à l'Église, ni ne fait partie de l'Église. Les Églises inscrivent les polygames dans le cercle des catéchumènes et Zokoué se pose la question de savoir si cette expression est tirée du Nouveau Testament. Cette méthode consiste tout simplement à maintenir le polygame sous le joug de l'Église et lui fait comprendre la grande importance du baptême.

Zokoué poursuit son interrogation en se basant sur la notion de la justification. La justification est l'acte par lequel, en recevant le Christ dans notre vie, Dieu nous déclare juste à travers son sang. Alors, le polygame devenu chrétien est-il encore sous le coup du péché ? Le maintenir dans la culpabilité de la faute n'est-il pas une autre manière de renier son salut en Christ ? Sur quels textes bibliques les Églises se fondent-elles pour prendre ces décisions ?

Un autre argument sous-tend les décisions de ces Églises. L'argument qui consiste à dire que si elles acceptent de donner le baptême à un polygame, c'est en même temps encourager la polygamie au sein des Églises. Pour Zokoué, cette position entraîne des conséquences graves pour les Églises. Si les Églises pensent décourager la polygamie en refusant de baptiser les polygames, on assiste à un revers de la médaille. Les polygames se marient aux femmes et ils quittent les Églises en emmenant leurs femmes avec eux. N'est-ce pas là encore un autre volet du problème ?

On peut aussi, dans l'ère missionnaire, recenser des arguments qui ont été utilisés pour récuser la polygamie. Ces arguments sont les suivants :

- la polygamie est un adultère, signe de désordre et de discordance. C'est ce qui ressort de la note de S. Dennis en 1898 : « L'esprit d'ordre et de régénération morale n'a jamais plané au-dessus de ce profond abîme social[24] » ;
- la polygamie maintient la femme dans une position servile, freine son développement et maintient l'éducation à un niveau inférieur[25] ;

---

23. *Ibid.*, p. 13-14.
24. S. DENNIS, *Christian Missions and Social Progress*, Edinburgh, O. Anderson and Ferrier, 1898, p. 215 [traduction libre].
25. A. F. DROOGERS, « Les missionnaires protestants et la polygamie en Afrique au sud du Sahara », *Flambeau*, n° 1. 1975, p. 13.

- la polygamie empêche le développement économique et social des pays africains. Par conséquent, la monogamie est un signe d'un niveau élevé de civilisation[26]. Les missionnaires avaient aussi développé des méthodes adéquates contre la polygamie. B. J. Esser a présenté trois méthodes dans son approche, à savoir : l'annulation, le catéchuménat et la légitimité[27] :
    - L'annulation : il faut que le polygame qui est converti se sépare de ses femmes et n'en garde qu'une. Mais ici encore le problème se pose. Quelle femme doit-il garder ? La première épouse ? Celle qui possède des enfants ? Celle qui a vraiment besoin de soutien matériel ? Celle qui est chrétienne ou la plus jeune ?
    - Le catéchuménat : le polygame doit rester dans ce rang de catéchumène jusqu'à ce qu'il redevienne monogame pour recevoir le baptême.
    - La légitimité : le polygame est accepté dans l'Église et il n'y a pas d'obstacle à ce qu'il soit baptisé. Même en étant baptisé, le polygame ne sera pas opérationnel dans l'Église. Il ne sera pas employé dans les activités de l'Église. Et quelquefois, malgré le baptême, il n'a pas toujours droit à la Sainte Cène.

Cependant, Isaac Zokoué trace une autre voie pour permettre à ces Églises de trouver des solutions. Les Églises doivent revoir leur point de vue pour ce qui est de l'éthique chrétienne. Il faut toujours les confronter à ce que la Parole de Dieu annonce. Cette parole est conséquente à toute réalité. Elle s'applique dans tous les contextes, même s'il s'agit de la polygamie. Malheureusement, le constat laisse entrevoir que ces dirigeants ne s'adonnent pas tellement à la recherche des solutions à partir des Écritures et d'autres ne fondent pas leur approche sur les Écritures.

2. L'attitude de l'État

L'histoire de la République centrafricaine à la période de la colonisation française n'avait pas suffi à mettre un terme à la polygamie. Ce problème a été débattu à Bangui du 13 au 14 avril 1952 et des dispositions avaient été prises sous le nom de *Décret Jeannot* pour la suppression de la polygamie. Malheureusement, cela n'était pas de l'avis de tout le monde, parce qu'ils estimaient que ce n'était

---

26. *Ibid.*
27. B. J. Besser, *Zending en Polygamie*, Baarn, Hollandia, 1905.

pas encore le moment. Ils justifiaient leur point en faisant comprendre qu'en « Oubangui-Chari, on devrait ajourner l'application du *Décret Jeannot*, celui-ci ne pouvant être ni compris, ni accepté par la masse de la population, spécialement dans les districts ruraux [...] la polygamie est contraire à la dignité et au droit de la femme[28] ».

En 1966, ce même problème est revenu sur le tapis et a été discuté par l'État centrafricain devenu indépendant, mais il a été vite rejeté parce que les personnes présentes à cette assise ne possédaient pas le même point de vue. Depuis lors, il n'a plus jamais été traité. Cependant, le gouvernement refusait aux hauts dignitaires d'avoir plus d'une femme. Pour les autres, au moment du mariage, une déclaration du fiancé devait être faite devant le maire et l'assemblée pour le choix du régime et la décision était laissée à la fiancée de l'accepter ou d'y renoncer. L'État a aussi pris des précautions en faisant enregistrer sur la fiche de l'état civil tous les mariages polygames en accordant le même droit à chaque femme.

L'État pense résoudre le problème par les textes et en le faisant, il encourage la polygamie. Même si le fiancé déclare devant le maire qu'il accepte le régime monogame, celui-ci va tenir à sa promesse, mais en matière de sentiment, est-il possible de trouver des solutions ? Zokoué arrive à cette conclusion que l'État et les Églises ne possèdent pas des solutions miracles pour stopper ou enrayer la polygamie, qui reste et demeure un grand problème délicat. Va-t-elle à la longue disparaître ? Cette inquiétude est mise en exergue par A. F. Droogers à la suite des mesures prises par les missionnaires. Celui-ci nous pousse à remarquer qu'au lieu de chercher des solutions concernant la place des polygames au sein des Églises, « les missions ont attaqué l'institution au lieu de la cause ; la mentalité elle-même. De ce fait les missions ont introduit en Afrique l'institution monogamique au lieu du mariage chrétien[29] ».

3. L'opinion publique

L'étude souligne que ce ne sont pas seulement les Églises ou l'État qui, quelquefois, n'acceptent pas la polygamie. Il existe aussi parmi la population une certaine réticence à l'égard de la polygamie. Le grand refus provient des femmes en général. Pour les unes, il n'y a plus de raisons pour continuer à perpétuer la polygamie. Par contre, les autres voient dans la polygamie, un mariage de raison.

---

28. John ROBINSON, *L'apostolat familial et l'Afrique*, Kinshasa, Centre d'Études Pastorales, 1968, p. 149.
29. DROOGERS, « Les missionnaires protestants », p. 20.

Et elles l'acceptent si elles n'ont pas de progéniture, tout en tenant compte de la mentalité traditionnelle permettant à leurs époux de prendre d'autres femmes à des conditions qu'elles-mêmes exigent de leur mari. Il s'agit de la fidélité et de l'amour que celui-là doit témoigner en faveur de sa femme, pour qu'il n'y ait pas de jalousie ou de départ au sein de la famille.

Un autre constat qui peut être fait en rapport avec l'opinion publique est celui des filles qui prennent comme époux les hommes déjà mariés. Ces filles justifient leur acte en parlant de la rareté des hommes capables d'assurer une stabilité économique et financière. Pour Zokoué, il est inconcevable de voir ces jeunes filles formées et sorties des lycées se comporter de la sorte.

En fin de compte, il revient sur deux points nécessaires en ce qui concerne la polygamie. Le premier point est que la polygamie pose un problème pour lequel les structures des autorités gouvernementales, ecclésiales et communautaires restent impuissantes. Le second point est que ce problème de polygamie n'a pas été bien cadré et apprécié par la société. Il y a un manque de prise de conscience du problème et tout cela entraîne des conséquences à chaque niveau.

4. Les conséquences

Tout ce qui a été développé entraîne des conséquences qu'il faut que les Églises, l'État et la société puissent apprécier et gérer. Deux situations ont été choisies par Zokoué comme exemples, celle qu'on rencontre dans les Églises et celle dans la société.

4.1. Dans les Églises

Le statut des polygames dans les Églises est à part. Les Églises font des polygames les amis des Églises. Ils sont appréciés à cause de leur dévouement et de leur apport matériel et financier mais ils ne font pas partie des membres des Églises, à telle enseigne que certains concepts leur échappent. Ils ne savent pas ce qu'est le corps de Christ, même si certains en sont vraiment conscients. Cependant, d'autres, sachant qu'ils sont exclus de la communion fraternelle, voudraient qu'on les laisse tranquillement vivre avec leurs femmes sans histoire. Et comme ils n'appartiennent pas à la communauté des baptisés et ne peuvent pas participer à la Cène, à la longue, ces ordonnances ne veulent rien dire pour eux.

Au fil du temps, les enseignements sur les sacrements sont négligés par eux et ils ratent des occasions d'être affermis dans la vraie connaissance en vue de leur croissance spirituelle. Tout cela provient du fait que la polygamie, comme cela a été souligné à travers les différentes positions, est toujours considérée comme un péché plus grave que l'adultère. Le contraire est donné dans l'Ancien

Testament où l'adultère est puni de mort alors que pour la polygamie, rien n'a été dit. Cette position radicale des Églises empêche, pour la plupart des cas, les polygames de se convertir de peur de devoir renvoyer leurs femmes. D'ailleurs, ils se posent la question de savoir quel est réellement le rapport entre la foi en Christ et la monogamie qui n'est rien d'autre qu'un élément de la civilisation occidentale, et cette pensée est aussi partagée par les chrétiens monogames et même les missionnaires.

> La monogamie et la polygamie représentent deux institutions incarnant chacune une mentalité précise : la polygamie exprime la personnalité culturelle africaine, tandis que la monogamie exprime la personnalité culturelle occidentale. Le mariage dans la mentalité africaine est un acte avant tout communautaire qui contribue à l'intégration de la société. L'élimination de la polygamie équivaut dans ce sens à la désintégration de la culture et de la société. On voit donc que le mariage dépasse l'acte sexuel ! Et se situe sur le plan de Symbole tangible du pouvoir vital[30].

4.2. Dans la société

Il existe des conséquences bienheureuses de la polygamie dans la société. À cause de la polygamie, les tribus et les clans ont minimisé le phénomène de débauches sexuelles. Par contre, lorsqu'on revient sur le terrain de la politique sociétale, les retombées sont désastreuses pour la société. Il est plutôt question d'un relâchement des mœurs qui semble être encouragé. Quand il s'agit de polygamie, il est hors de question de parler de divorce. Et cette pensée est justifiée. « Dans l'esprit du droit coutumier, la rupture d'une union est une chose grave qui ne peut être décidée que pour des motifs extrêmement sérieux. Avant l'arrivée des Européens, le divorce était fort rare[31]. » Cependant, contrairement à la société traditionnelle, le divorce est fréquent là où le christianisme est exercé et a de l'influence. Ceux qui avaient des problèmes conjugaux et qui se voyaient refuser la polygamie trouvaient comme solution le divorce pour résoudre leur dilemme.

Les autres conséquences que Zokoué fait ressortir sont liées à l'augmentation de la population. La population masculine a augmenté et de ce fait, tous les hommes ont droit de se marier aux femmes. Par contre, la polygamie devient

---

30. *Ibid.*, p. 13.
31. François LUFULUABO, *Valeur des religions africaines selon la Bible et selon Vatican II*, Kinshasa, St Paul Afrique, 1967, p. 88.

un obstacle dangereux et menace l'augmentation de l'effectif des célibataires. Ou bien, elle peut retarder le choix des jeunes gens à cause du temps investi pour trouver celle qu'il faut. Mais encore faut-il que les jeunes filles ne deviennent pas, pour la plupart des cas, la proie des vieux qui se les arrachent.

Sur le plan éducationnel, les enfants issus des mariages polygames ne trouvent pas toujours un terrain stable et équilibré pour leur éducation. Le milieu dans lequel ils vivent est constamment en ébullition à cause des problèmes de rivalité et de jalousie. Il y a toujours des conflits familiaux. Les femmes dans un mariage polygamique sont de manière perpétuelle dans une atmosphère conflictuelle. Ces conflits familiaux, qui se produisent si souvent, ont sur les enfants des conséquences très néfastes, parce qu'ils sont facilement influencés par les comportements des uns et des autres. Aussi, « le milieu enseigne et l'enfant apprend[32] ». Les enfants imitent leurs mères en conflits avec les autres mères et produisent les mêmes effets vis-à-vis de leurs demi-frères et sœurs. Cette attitude affichée par les enfants peut encourager les animosités, et il sera difficile de les concilier. Pourtant, les relations interpersonnelles sont essentielles pour la vie communautaire. Les enfants peuvent en venir à se détester entre eux et, en devenant adultes, garder cette ambiance d'animosité et ils pourraient devenir des cas difficiles pour la société. Il serait même difficile pour eux d'apprécier et d'accepter de se marier. Ils se font une autre opinion du mariage selon les propos de Masamba : « Nous remarquons que les enfants qui grandissent dans un milieu où il y a souvent des conflits parentaux se créent une opinion relativement négative du mariage[33]. » Dans l'ancien temps, la polygamie était un signe de communauté, de partage et de solidarité. La première femme était perçue dans cette communauté comme la tutrice des autres femmes qui étaient venues après elle. Mais lorsque cette tutelle était mal acceptée par ses coépouses, elle entraînait des moments de désobéissance qui se soldaient de temps en temps par des bagarres.

L'autre cause des conflits est due à la nourriture. Si le chef du foyer exigeait que toutes les épouses mangent ensemble, les conflits venaient de la lenteur de la préparation ou de sa mauvaise qualité. Et si l'occasion leur était donnée de préparer séparément, les conflits venaient de la distribution de la nourriture aux autres enfants et du fait que le mari ne finissait pas certains des mets que lui avaient servis ses femmes. De même, celui-ci est taxé de procéder à un partage inéquitable en ce qui concerne l'argent et tout ce qui touche à l'alimentation.

---

32. S. et Th. ENGELMANN, *Comment donner à vos enfants une intelligence supérieure*, Verviers, Marabout, 1978, p. 24.
33. M. MASAMBAMA, *Sexe et mariage*, Kinshasa, Cedi, 1973, p. 64.

Comment alors parler de l'harmonie dans un couple polygame ? On comprend que dans la société traditionnelle, le mari était obligé de se comporter comme un vrai dictateur. Cette dictature empêchait les différentes épouses de manifester ostensiblement leur état conflictuel. Mais dans la société moderne, cette manière de faire régner l'ordre par le mari a perdu de son caractère. Les femmes n'ont plus de respect pour leur mari et leurs coépouses. Malgré les consignes du mari, elles se querellent à chaque instant. Il y a un changement de comportement lié au concept que les femmes se font du mariage, tant monogamique que polygamique. L'idée principale est révélée par Masamba :

> Nous savons que pour la plupart des filles africaines modernes, le mariage n'est pas seulement situé au niveau des rapports sexuels en vue de la procréation. Il y a tout un sentiment d'appartenance à un partenaire qui s'est développé en ces dernières années. Nombreux sont les ménages qui se désintègrent du fait que la femme ne peut vivre ni dans le concubinage, ni dans la polygamie[34].

Le foyer est fréquemment divisé. Chaque femme est responsable de ses propres enfants et toute son affection sentimentale est orientée sur ses enfants et non sur les enfants des autres femmes. La raison est que la femme dans un couple polygame ne peut prétendre à l'intimité totale de son mari. Cette intimité est partagée par les autres épouses. Quelquefois, on se rend compte que ce sont ces enfants-là qui protègent et défendent leur mère contre le clan formé par les autres femmes. Sous l'angle économique, il y a aussi des conséquences. En premier ressort, les femmes sont exploitées par le mari puisqu'à la récolte, c'est lui qui bénéficie du fruit de tout ce qui a été vendu et pour récompenser ses femmes, c'est lui-même qui leurs offre des cadeaux.

L'un des points très appréciés dans le mariage polygame, est que la femme et les enfants ne cessent d'être la source d'un investissement à court et à long terme. Toute la famille contribue aux différentes activités pouvant engendrer des économies pour la maison. C'est la raison pour laquelle le mari n'embauche jamais une autre main-d'œuvre qui aiderait les femmes dans les travaux ménagers et selon la pensée d'Eugène Nida,

> Elle (polygamie) est causée en particulier par des facteurs économiques. Il n'est souvent possible d'engager et de payer des ouvriers, alors qu'on peut épouser d'autres femmes. Dans le cadre de l'économie de la houe, elles jouent un rôle très important, fournissant d'abord un profit substantiel par leur travail et ayant

---

34. *Ibid.*, p. 62.

en outre des enfants, ce qui contribue à élever le prestige et le rang de la famille dans la société[35].

Le nombre de femmes et d'enfants utilisés dans la société traditionnelle est presque une garantie pour l'augmentation de l'économie. Malheureusement, la répartition de l'économie est mal faite par le mari qui s'en réserve la plus grande partie et en le faisant, il exploite sa famille. S'il faut parler des inconvénients dans ce sens, seules les femmes en sont les victimes. Elles sont exploitées dans cette union dans plusieurs domaines au profit du mari. Les femmes dans un mariage polygamique sont presque toutes à la merci de leurs maris. Malgré cette situation, les femmes conscientes ne se rétractent pas, ni ne se révoltent contre leurs maris. Et selon l'analyse des sociologues et anthropologues, la polygamie est un facteur du point de vue économique dans les milieux ruraux, mais en ville il y a une autre conception. Les femmes qui ne travaillent pas sont totalement à la charge du mari. Et le mari doit aussi se charger des problèmes de ses belles-familles. Ce qui entraîne d'autres conséquences sur le plan budgétaire et il arrive que les maris soient complètement endettés. Et même endettés, les femmes attendent de leurs maris qu'ils les entretiennent normalement en restant toujours dans le régime polygamique.

Pour illustrer son approche, Zokoué a eu un entretien avec un jeune fonctionnaire polygame et il nous fait profiter de son résultat. Il s'agit des réponses aux sept questions principales posées au polygame. Nous vous restituons exactement le profil du questionnaire[36].

1. Quels sont les motifs qui vous ont conduit à la polygamie ? - Attrait physique des femmes, égoïsme car il voulait les avoir à lui seul, souci de récupérer l'enfant que l'une ou l'autre des femmes attendait.
2. Quels sont les problèmes relatifs à votre situation de polygame ? *Il y a des difficultés. C'est encombrant de vivre avec plusieurs femmes. Toujours des soucis car il est difficile de satisfaire le goût de chaque femme. Je ne vois pas le péché dans la polygamie.*
3. Pour quels motifs accepteriez-vous le divorce ? *Si la vie du foyer est perturbée, si la concurrence entre les femmes n'est pas suffisamment équilibrée, s'il y a adultère. Mais si le pasteur l'exige, j'attendrai d'avoir une conviction personnelle.*

---

35. E. A. Nida, *Coutumes et cultures*, Chaux-de-Fonds, Groupes Missionnaires, 1978, p. 140.
36. Zokoué, « La polygamie », p. 23 (italiques ajoutés).

4. Que conseilleriez-vous à un monogame qui a l'intention de prendre une deuxième femme ? *Je n'exercerai pas d'influence sur lui ni dans un sens, ni dans un autre.*
5. Quels avantages tirez-vous de la polygamie ? *J'ai beaucoup d'enfants, mais cela crée des problèmes.*
6. Vos femmes s'entendent-elles bien ? *Avec mon concours, je mets de l'ordre.*
7. Avez-vous le même amour pour l'une et l'autre de vos femmes ? *Impossible. Par contre, j'ai la même affection pour les enfants de mes deux femmes.*

C'est avec ces questions-réponses que Zokoué termine le premier chapitre de son mémoire qu'il qualifie de survol historique. Il souhaite ensuite vérifier tout cela dans la Bible et il annonce sa méthodologie à travers ce verset : « Défrichez-vous un champ nouveau, et ne semez pas parmi les épines » (Jr 4.3).

7

La polygamie dans la Bible

Comme annoncé, le professeur Zokoué veut laisser la Bible nous interpeller. Comment alors la polygamie est-elle comprise par la Bible ? Pour aborder cette analyse, Zokoué nous propose plusieurs pistes qui constituent l'ossature même de ce deuxième chapitre. Deux pistes nous serviront de guide. Il s'agira de l'Ancien Testament et du Nouveau Testament. Pour l'Ancien Testament, Zokoué commence par présenter les exemples historiques de la polygamie, l'appréciation du fait et le statut du concubinage. Pour le Nouveau Testament, il analyse ce phénomène dans les Évangiles et dans les Épîtres. Toute cette analyse sera ponctuée de discussions.

I. L'approche de la polygamie dans l'Ancien Testament

Isaac Zokoué pose dans un premier temps une condition qui souligne en même temps sa conviction de ce que la Bible dit dans 2 Timothée 3.16 : « Toute Écriture est inspirée de Dieu, et utile pour enseigner, pour convaincre, pour corriger, pour instruire dans la justice... » Nous voyons encore la position de Zokoué au sujet de la Parole de Dieu. Dans cette recherche sur la polygamie, il donne des conditions. Il faut que la personne qui viendrait à lire son mémoire puisse comprendre le but pour lesquels les exemples évoqués par Zokoué sont donnés dans la Bible. Il faut que ces exemples soient perçus dans un but spirituel. Pour ce faire, il souligne qu'il ne faut pas seulement lire ces histoires comme des récits historiques. Ce sont des histoires sacrées dont nous parle la Bible : « La plupart des héros de la foi, et leurs vies nous sont racontées afin qu'elles nous servent de modèles de consécration (cf. Rm 15.4). Mais la polygamie a laissé dans leurs vies des failles qui doivent nous alerter[1]. »

---
1. ZOKOUÉ, « La polygamie », p. 24.

Le premier exemple donné est celui d'Abraham. Pour Zokoué, dans le contexte de l'histoire, la désobéissance a été la cause de la polygamie d'Abraham. Quand sa femme Sara lui avait recommandé d'aller auprès de leur servante Agar, Abraham a accepté au lieu d'attendre la volonté de Dieu (Gn 15.4). Cette situation a suscité un conflit entre Abraham, Sara et Agar. Ce conflit s'était étendu jusqu'aux enfants de Sara et d'Agar : Isaac et Ismaël et au-delà, le conflit israélo-arabe.

Le deuxième exemple est décrit dans Genèse 29.21-35. Il est question de la stérilité de Rachel. Comme déjà expliqué, la procréation aussi avait tout son sens dans l'Ancien Testament. La jalousie s'empara de Rachel jusqu'à évoquer de se donner la mort, si Jacob n'accomplissait pas son désir en lui donnant un enfant (Gn 30.1). Là encore, Zokoué nous précise que si Rachel avait été l'unique femme, elle ne se serait jamais adressée de cette manière à son mari. Et ce comportement allait impacter les relations entre Joseph et ses frères plus tard.

Le troisième exemple est celui de Gédéon, qui battait du froment. Celui-ci n'avait pas de manière directe connu la polygamie, mais les conséquences de ses actes s'étaient manifestées après sa mort en la personne d'Abimélec. Gédéon possédait une concubine parmi les habitants de Sichem. Et la Bible nous relate qu'Abimélec « vint dans la maison de son père à Ophra, et il tua ses frères, fils de Jerubbaal, soixante-dix hommes, sur une même pierre » (Jg 9.5 ; voir aussi Jg 8.29-9.57). Abimélec mourut plus tard aussi de façon atroce.

Le quatrième exemple donné concerne le roi David avec la femme d'Urie. La remarque pour cette histoire est celle de savoir jusqu'où la polygamie peut faire faire à l'homme des folies. Si David a utilisé cette voie pour récupérer la femme d'Urie, c'est parce qu'il en avait les moyens. De nos jours, ceux qui en ont les moyens peuvent se permettre de se conduire de la sorte – comme David – pour enlever ou détourner, selon les propres termes de Zokoué, une femme de chez son mari ou une fiancée d'entre les mains du jeune homme avec qui elle est. Si David ne possédait pas beaucoup de femmes, il n'y aurait pas non plus eu la révolte de son fils Absalom contre lui.

Pour finir, Zokoué présente le cas du roi Salomon tombé dans l'idolâtrie à cause de ses nombreuses femmes (1 R 11.3). Ces exemples sont donnés pour éveiller la conscience des uns et des autres sur la polygamie chez les patriarches. Elle avait des conséquences entraînant le péché et la mort. Les patriarches avaient péché avant qu'ils ne soient pardonnés. Mais cependant, cela n'a pas empêché le plan de Dieu, le dessein de sa grâce de se réaliser.

> Dieu qui a fait naître Isaac par Sara, celle-ci désespérant d'avoir sa propre progéniture, était aussi capable de susciter à Jacob douze fils et de faire d'eux les douze tribus d'Israël. Mais Dieu a fait grâce aux

polygames de l'A.T. en les utilisant à des degrés divers malgré leurs faiblesses. Il a fait d'eux des vases d'honneur malgré leur fragilité naturelle[2].

Zokoué nous fait comprendre qu'il n'a fait que nous présenter ces exemples sans pour autant les interpréter. C'est au vu de la polygamie que ces récits ont été racontés sous un ton un peu négatif. Il faut savoir que dans l'Ancien Testament, la polygamie n'est pas encouragée, parce qu'elle y figure comme source du mal et il n'y a pas assez de textes dans l'Ancien Testament qui donnent un point de vue positif de la polygamie.

1. Appréciation

Pour Isaac Zokoué, l'Ancien Testament a une existence normative parce qu'il « contient les règles de foi et de vie[3] ». Cependant, aucune règle régissant la polygamie ne s'y trouve, et la raison en est que le problème de la polygamie se rapporte davantage à l'éthique. La polygamie n'a pas trop d'impact dans l'Ancien et le Nouveau Testament. L'Ancien Testament n'a pas ébauché une doctrine systématique du mariage. Il s'est contenté seulement d'en apprécier les éléments. Dans le Nouveau Testament, la doctrine du mariage est prise en compte, en ce sens qu'il développe toute une théologie du mariage. Et Zokoué justifie ce manquement de la dimension du mariage dans l'Ancien Testament par la compensation du Nouveau Testament. Selon R. de Vaux : « Il est intéressant de constater qu'en Israël, comme en Mésopotamie, le mariage est une affaire purement civile et n'est sanctionné par aucun acte religieux[4]. » L'aspect religieux du mariage a été l'œuvre des croyants sous l'inspiration du Saint-Esprit. Pour soutenir ce qu'il avait exprimé sur le silence de l'Ancien Testament, Zokoué se propose d'analyser quelques cas.

Le premier cas est celui de Lémec qui est vu comme le père des polygames. Il est dit qu'il « prit deux femmes » (Gn 4.19). Il est issu de Caïn, considéré comme un homme violent et lui-même en a semé les gènes. Lémec est aussi un homme violent et rancunier (Gn 4.23-24). Zokoué se demande pourquoi le scribe s'est attardé sur le cas de Lémec et surtout sur cet aspect de sa vie. La réponse est très simple. C'est à cause de son tempérament violent qu'il en était arrivé à devenir

---

2. *Ibid.*, p. 25.
3. *Ibid.*, p. 26.
4. R. de Vaux, *Les institutions de l'A.T.*, Paris, Cerf, 1961, I. 58.

polygame. L'accent est aussi mis sur le méfait de la polygamie. Pourtant, l'exemple de Lémec ne présente pas en quoi l'Ancien Testament condamne la polygamie.

Pour le kidnapping de Sara par le roi Abimélec, l'accusation ne tombe pas sur le fait de prendre une deuxième femme pour l'ajouter à celles qu'il avait déjà, la condamnation vient du fait que le roi Abimélec a pris la femme d'Abraham. Une femme qui appartenait à un autre homme et qui était déjà mariée. Ce qui veut dire que la polygamie n'était pas appréhendée sous un angle négatif, selon Genèse 20.6 : « Je sais que tu as agi avec un cœur pur : aussi t'ai-je empêché de pécher contre moi. » Si la personne l'accepte avec un cœur pur, elle peut être tolérée suite au verset cité. On voit que Dieu ne condamne pas Abimélec pour l'acte polygamique qu'il a posé.

Cette situation est mise en exergue dans Exode 21.10. Ce passage attire l'attention des polygames sur le fait de ne pas laisser tomber la première femme pour la deuxième. Il faut qu'ils pourvoient de façon égale à tous les besoins des femmes qu'ils ont en leur possession. Il n'y a pas non plus ici trace d'une condamnation de la polygamie. Aussi, dans le livre du Lévitique 18.17-18, certains interdits ont été mentionnés : « Tu ne découvriras point la nudité d'une femme et de sa fille. [...] Tu ne prendras point la sœur de ta femme ». Ce passage ne ferme pas non plus la porte à la polygamie, en dehors de certaines situations.

Aussi, c'est dans le livre du Lévitique qu'on devrait lire des notifications pour la condamnation de la polygamie, mais rien n'est souligné dans ce cas précis. Dans sa recherche des passages condamnant la polygamie dans l'Ancien Testament, Zokoué revient sur le cas de Lévitique 21.13-14, relatif au mariage du grand-prêtre. Si certains voient dans ce passage une piste pour la monogamie exigée du grand-prêtre, aucun élément ne milite en cette faveur. Le verset 13 retrace que le prêtre ne doit se marier qu'avec une femme vierge. Rien ne certifie le fait de ne prendre qu'une seule femme. Voyons comment Zokoué justifie cette approche.

> Par ailleurs « une » n'est pas un adjectif numéral mais un article indéfini, ce qui veut dire que la prescription reste d'ordre général. Le mot « vierge » n'est pas limitatif dans le nombre car on peut devenir polygame en épousant successivement plusieurs vierges. Disons que cette prescription est simplement d'ordre qualitatif et non quantitatif ; car « une femme vierge » est mis en opposition à « une femme répudiée ou déshonorée, une prostituée »[5].

Dans le contexte de ce texte, il faut plutôt lire la vocation spéciale pour laquelle le prêtre fut appelé. Et on le voit dans la vie de Jésus, de Paul et de beaucoup

---

5. Zokoué, « La polygamie », p. 29.

d'autres encore. Aucune interprétation allant dans le sens de la condamnation de la polygamie ne pourrait être appliquée à ce passage.

Par contre, dans Deutéronome 17.17, on constate que pour le roi, la polygamie est interdite et elle est comprise comme excès, elle se trouve parmi les choses que le roi doit éviter de faire. Pourquoi doit-il éviter tout cela ? Parce qu'il est roi et il doit rester sobre et attentif aux problèmes de son peuple. L'interdiction dans ce cas ne concerne pas la polygamie elle-même. Plus loin, dans un autre verset, il y ajoute d'autres éléments. Il s'agit du combattant. Il a le droit d'épouser son esclave s'il l'aime et pour ce faire, certaines règles sont à suivre. De même qu'il peut l'épouser, il peut aussi la laisser partir quand il n'y a plus d'amour. Alors la question que Zokoué pose est celle de savoir si ces textes acceptent la polygamie ou ne l'acceptent pas.

Toujours dans la recherche de savoir si la polygamie est proscrite, le professeur Zokoué soulève d'autres hypothèses. Elles sont certes confirmées par les textes de l'Ancien Testament, sur la question du lévirat rendu légitime par une ordonnance divine en ce qui concerne le beau-frère et son statut de célibataire ou de marié (Dt 25.5ss). Zokoué nous fait comprendre que la loi édictée « oblige le beau-frère, s'il est déjà marié, à devenir polygame[6] ». L'autre hypothèse confirmée est celle de David à qui Dieu a dit : « j'ai placé dans ton sein les femmes de ton maître » (2 S 12.8). Pour Zokoué, ce passage peut être expliqué de la manière suivante : « En te faisant succéder à ton maître, je t'ai mis en possession de tout ce qui lui revient, tu aurais dû aller vers ses femmes qui sont des veuves au lieu de commettre un meurtre en la personne d'Urie[7]. » Il est vrai que dans ce passage, il s'agit d'un reproche fait à David pour l'assassinat d'Urie, mais il est aussi pertinent de comprendre la possibilité que David avait d'hériter toutes les femmes de Saül. Pour le roi Salomon, le reproche est lié à la possession de toutes ses femmes et qui étaient devenues la cause de sa chute.

Isaac Zokoué ne s'est pas seulement penché sur le statut de la polygamie dans l'A.T., il a aussi considéré les textes qui parlent également de la monogamie. Le texte qui, pour lui, met en relief le concept de la monogamie est celui qu'on trouve dans Proverbes 5.18-19 : « Fais ta joie de la femme de ta jeunesse [c'est-à-dire du premier mariage], […] sois en tout temps enivré de ses charmes, sans cesse épris de son amour. » Ce texte fait ressortir le caractère d'un premier amour vécu dans l'union d'un homme et d'une femme. Les deux doivent s'aimer en dehors d'une autre personne. À côté de ce texte, le professeur ajoute d'autres textes, tels Ecclésiaste 9.9, Malachie 2.14, Jérémie 2.2, Ézéchiel 16.8. Tous ces textes mettent

---

6. *Ibid.*, p. 30.
7. *Ibid.*

l'accent sur le mariage monogamique, même si certains d'entre eux sont écrits dans un style métaphorique. Le livre du Cantique des Cantiques consacre son approche à présenter la beauté d'une union dans laquelle deux personnes sont en action. Par conséquent, il n'y a pas de place pour la polygamie.

À la suite de toute cette analyse, nous arrivons dans la lecture à une mise au point en ce qui concerne la polygamie. Pour Zokoué, l'A.T. a fait un choix qui est celui de la monogamie comme idéal d'un mariage. Il est arrivé à cette conclusion pour deux faits importants :

- l'évolution sur le plan matrimonial ;
- l'apparition de la notion de l'amour dans le mariage.

Comment alors comprendre le mécanisme de ce choix ? Le premier fait qui consiste à l'évolution sur le plan matrimonial est lié au changement de paradigme. Depuis l'époque des patriarches jusqu'au règne du roi Salomon, la polygamie possédait un statut sacré pour les besoins de l'histoire et la monogamie était perçue comme une exception. Sur le plan théologique, il fait ressortir la notion de la révélation progressive où les choses passées doivent avoir une finalisation dans la nouvelle alliance. Aussi, la polygamie a été un jalon qui doit préparer les cœurs à la nouvelle alliance.

Le deuxième fait important est l'amour. Cet amour n'est vu nulle part dans tous les textes qui font état de la polygamie. De même, la place accordée à la femme est évacuée dans les relations polygamiques. L'homme seul a de l'importance. Par contre, tous les textes qui parlent de la monogamie accordent une place capitale au lien des deux personnes unies par l'amour. La femme y joue un rôle prépondérant comme un être aimé et non seulement une partenaire de jouissance sexuelle. Ces textes marquent aussi un dépassement en vue de la révélation progressive. Dieu veut préparer son peuple à l'accepter lui seul et ce faisant, il prépare aussi la femme à appeler son époux « mon mari ». Cette expression est teintée d'un grand amour et non d'une soumission aveugle. Au vu de l'analyse de ces deux faits, Zokoué relève qu'il serait totalement inadéquat de prendre les textes de l'A.T pour justifier la pratique actuelle de la polygamie, pas même sa tolérance. Beaucoup de gens parlent de la tolérance en rapport avec ce que nous venons d'avancer à travers la quête suivante : « Si la polygamie n'est pas un mariage selon Dieu, pourquoi l'a-t-il toléré ? » Une question qui a toute sa place et son importance. Mais avant d'y répondre, Zokoué précise certains points.

Pour lui, s'il est question de la révélation progressive, il ne faut pas non plus voir et comprendre que les événements s'étant déroulés auparavant, ils n'étaient pas pris en compte. Avant que la loi ne soit donnée au peuple juif par l'entremise de Moïse, Dieu s'était d'abord révélé à Moïse dans le buisson ardent en tant que le

Dieu saint (Ex 3.5). Et cette sainteté de Dieu est mise en facteur de toute l'histoire du peuple conduit par Moïse. Non seulement Dieu est saint, mais il se réclame aussi comme un Dieu jaloux. Il ne s'agira pas d'un état de moralité inférieure si la considération de la polygamie est comprise dans ce sens. Et cela ne pourra jamais aller ensemble avec cette notion de sainteté de Dieu.

Pour soulever la question de la tolérance, Zokoué relève que Dieu n'avait pas imposé la monogamie à son peuple, quand bien même nous trouvons dans la tablette de la Genèse des jalons en fonction de la monogamie. Il a fallu un apprentissage à long terme pour que sa volonté soit comprise par son peuple. Cette volonté est l'éclairage de la révélation. Des étapes doivent être franchies, des expériences doivent être faites pour la préparation du peuple. Ce n'est pas le même cas pour celui qui vit sous la nouvelle alliance ou dans la révélation de Jésus-Christ. Les vérités doivent être apprises et assimilées petit à petit dans l'ancienne alliance. Pour la vie dans la nouvelle alliance, le Saint-Esprit y opère puissamment. Isaac Zokoué pose ce problème dans les termes suivants :

> Pour le croyant de la nouvelle alliance, cette assimilation est facilitée, car Jésus a tout accompli pour lui, et il bénéficie du secours direct du Saint-Esprit. Mais le croyant de l'ancienne alliance n'a pas le même privilège, comme la loi n'est qu'un « pédagogue » en marche vers Christ (Ga 3.24). Et dans l'imminence du temps messianique, les vérités déjà contenues dans « Moïse » s'illuminent de plus en plus, car celui qui est la lumière du monde approche. C'est ainsi que plus on s'éloigne de l'époque patriarcale, plus les données sur le mariage se précisent, et du coup, l'idéal monogamique est exalté. Dieu a voulu que le plan du salut pour l'humanité après la chute suive ce processus, allant de ce qui n'est que l'ombre des biens à venir à l'exacte représentation des choses (Hé 10.1)[8].

Les textes de l'A.T. ne s'arrêtent pas sur la polygamie, ils s'ouvrent aussi sur le concubinage et Zokoué élucide également ce statut.

2. Le statut du concubinage

D'emblée, Zokoué nous précise que l'A.T. fait une distinction entre les concubines de l'homme et ses épouses. Dans sa pratique, le concubinage semble être toléré et pour mieux apprécier la raison de cette tolérance, Zokoué nous en donne les différentes raisons.

---

8. *Ibid.*, p. 35.

Dans l'ancien Israël, la concubine était de rang inférieur à l'épouse légitime. Et cette place lui est accordée par le code 144 de la stèle d'Hammourabi qui détermine les dispositions à suivre : « Si un homme a épousé une femme, et si cette femme a donné à son mari une esclave qui a produit des enfants, si cet homme se dispose à prendre une concubine, on n'y autorisera pas cet homme, et il ne prendra pas de concubine[9]. » C'était le principe fondamental mais l'exception vient du code 145 : « Si un homme a pris une épouse et si elle ne lui a pas donné d'enfants, et s'il se dispose à prendre une concubine, il peut prendre une concubine, et l'introduire dans sa maison. Il ne rendra pas cette concubine l'égale de son épouse[10]. »

Le statut de la concubine à travers ces deux lois se trouve entre l'esclave et l'épouse légitime. Le statut de la concubine est aussi justifié par un auteur qui a fait des études sur les textes anciens de la Mésopotamie :

> À Nuzi, si un certain Shennima n'a pas d'enfant avec sa femme Kelimninu, cette dernière donnera à son mari une femme originaire du pays de Lullu et d'un rang d'esclave [...]. La concubine et ses enfants ne pouvaient être maltraités, et il était précisé, à Nuzi, que l'épouse en titre ne devait pas les éloigner[11].

Eu égard à cette situation, le statut du concubinage ne donne pas lieu à un mariage légal et si la loi l'autorise, il reste toujours comme une solution de secours, parce qu'il est autorisé pour le besoin de la procréation. Et la concubine n'est pas au même rang d'égalité que l'épouse légitime. Finalement, le concubinage dans l'A.T. est totalement différent du concubinage qui se vit en Mésopotamie. Dans l'A.T., les concubines occupent toujours le deuxième rang selon les exemples ci-dessous :

- Salomon « eut sept cents princesses pour femmes et trois cents concubines » (1 R 11.3) ;
- « ... le roi et ses grands, ses femmes et ses concubines... » (Dn 5.2).

Ces exemples démontrent que la concubine est d'un rang inférieur à l'épouse. Le statut de concubine relève aussi du fait de la considération, tels les cas de Ruben et d'Absalom qui sont tombés en disgrâce, parce qu'ils n'ont pas respecté la dignité conférée au statut de concubinage (Gn 49.3-4 ; 2 S 16.22).

---

9. Vigouroux, sous dir., *Dictionnaire de la Bible*, Paris, Letouzy et Ané, 1895, IV, p. 336.
10. *Ibid.*
11. André Parrot, *Abraham et son temps*, Neuchâtel, Delachaux et Niestlé, 1962, p. 92.

Cependant, en dehors de ces exemples, l'A.T. recèle d'autres caractéristiques. Si on s'en tient à l'exemple de Jacob, il a eu Bilha et Zilpa, malgré qu'il ait déjà mis au monde des enfants mâles avec Léa sa femme légitime. La postérité n'est pas le mobile alors du concubinage ; il est considéré comme une autre forme de polygamie. La différence qui ressort du statut de femme légitime et de concubine est que la femme légitime possède une grande réputation liée aux cérémonies qui accompagnent son mariage. Tandis que la concubine est épousée sans cérémonies.

Une autre particularité se dégage sur le plan fondamental entre la femme légitime et la concubine en Israël. La femme légitime est punie de mort pour cause d'adultère, tandis que la concubine n'est pas punie de mort. Le cas de la concubine d'un lévite témoigne de cette différence (Lv 20.10). Il ressort que la fidélité est demandée aussi à la concubine qui ne doit pas être considérée comme une prostituée. Elle est liée à un seul homme et doit rester sous sa protection.

Pour conclure cette approche de la polygamie et du concubinage dans l'A.T., Zokoué discerne deux niveaux de polygamie. Le premier niveau est célébré par un mariage coutumier et cela est attesté par la loi en évidence, et le deuxième niveau ne possède pas une base solide. Pour ces deux niveaux, le constat fait est que Dieu n'a pas toléré l'adultère mais il a toléré la polygamie. Et même si le concubinage est toléré, ce n'est qu'une sorte de polygamie. Par contre le N.T. nous présente une autre image, celle du couple.

II. L'approche du Nouveau Testament

De même que l'Ancien Testament, Zokoué a analysé et commenté le problème de la polygamie dans le Nouveau Testament. Plus précisément, dans les Évangiles et les Épîtres.

1. Dans les Évangiles

La lecture de tout le Nouveau Testament ne met pas en relief le problème de la polygamie, mais il fait mention de quelques allusions qui pourront nous y conduire. Surtout, dans le cas de la présentation du mariage chrétien. Dans la pensée de Zokoué, il ne faut pas s'attendre à une formulation doctrinale du mariage et de la polygamie. Dans les messages de Jésus, le problème de la polygamie ne figure pas du tout, et beaucoup pensent que pendant le ministère terrestre de Jésus, la polygamie n'existait plus. Cette affirmation est fausse, parce que la polygamie était encore en vogue au premier siècle comme en témoignent les écrits des historiens. C'est ainsi qu'on peut lire dans la loi du Roi qui figure dans le rouleau du temple, colonne LVIII ce qui suit : « Et il ne prendra pas en plus d'elle [la première femme] une autre femme, car elle seule sera avec lui tous les jours de sa vie ; et si elle meurt, il prendra pour lui-même une autre [femme][12]. » Et le roi Hérode à cette époque a eu dix femmes. La polygamie était bien là au temps de Jésus. Mais Jésus a choisi de mettre l'accent sur le mariage et surtout sur l'indissolubilité du lien conjugal. Nous le constatons dans le Sermon sur la Montagne : « Il a été dit : Que celui qui répudie sa femme lui donne une lettre de divorce. Mais moi, je vous dis que celui qui répudie sa femme, sauf pour cause d'infidélité, l'expose à devenir adultère, et que celui qui épouse une femme répudiée commet un adultère » (Mt 5.32). Zokoué, en commentant ce passage, fait ressortir plusieurs éléments. Le premier élément concerne la clause.

2. La clause sauf pour cause d'infidélité

L'infidélité doit être la cause directe du divorce. Cette idée n'est pas la suite de Deutéronome 24.1 et suivants, elle est plutôt une innovation de Jésus. Par contre, dans le divorce émis dans Deutéronome 24, il n'y figure aucune clause liée à la perversion sexuelle. La mention « quelque chose de honteux » est utilisée dans Deutéronome 24.1 et ne désigne pas non plus un péché sexuel. « Honteux » désigne la nudité du corps humain et consiste à une exposition honteuse du corps au sens propre comme au sens figuré (cf. Gn 9.22, Ex 20.26, Lam 1.8, Ez 16.31). Zokoué souligne que ce mot peut aussi avoir le sens de « faiblesse ». Cependant, les textes de l'A.T. prévoient une disposition en ce qui concerne les genres de transgression dans le mariage. Pour l'adultère, il est prescrit la peine de mort. Alors, lorsqu'il est mentionné la disposition relative au divorce, il est question d'une nouvelle approche de Jésus liée à son autorité : « Mais moi, je vous dis... ». Cette disposition ne se trouve pas dans la loi de Moïse.

3. La clause sauf pour cas d'adultère

Pour que cette clause fonctionne, il faut que le mariage soit fait selon la loi. Les alliances contractées par Dieu avec son peuple s'inscrivent dans des rites cérémoniaux (Gn 15.9-10, Jr 34.18). En revanche, la partie qui transgressera cette alliance sera jugée selon les termes de l'alliance contractée et la peine capitale est toujours encourue. Alors, un mariage dans l'A.T. est une alliance contractée entre deux personnes et toute violation en cas d'adultère, est sujette à la peine de mort.

---

12. Yigael YADIN, « L'attitude essénienne envers la polygamie et le divorce », *Revue Biblique*, 79ème année n°1, janvier 1972, p. 98-99.

Cependant, dans le N.T., Jésus pardonne à une femme adultère (Jn 8.11). Le fait de pardonner à la femme adultère ne dit pas que l'adultère n'est plus considéré comme un péché ; au contraire, Jésus offre dans ce cas précis une autre herméneutique qui est teintée de la grâce, d'amour et du pardon. Les effets négatifs de l'adultère impliquent le péché spirituel parce que commettre l'adultère au sens de 1 Corinthiens 6.16, c'est « s'unir à », « former un seul corps ». Il est question de délaisser l'autre partie qui se retrouve esseulée. L'adultère joue le même rôle que la perte d'un conjoint (Rm 7.2). La séparation est là, elle ne change pas. Jésus, en enseignant sur le mariage, avait cette idée en arrière-plan.

Les messages des prophètes dans l'A.T. sur le mariage sont une description de la relation qui existe entre Dieu et son peuple, et le divorce est comme se mettre sous le joug étranger et il est voué à la mort. L'adultère ouvre la porte au divorce et entraîne la mort tout comme l'adultère spirituel entraîne la mort spirituelle. Cette loi reste inéluctable à cause de son caractère exclusif et divin. Dieu a traité alliance avec Abraham et lui a dit : « Je donne ce pays à ta postérité » (Gn 15.18). Zokoué soulève le caractère de la promesse en précisant ce verset : « Or les promesses ont été faites à Abraham et à sa postérité. Il n'est pas dit : et aux postérités, comme s'il s'agissait de plusieurs, mais en tant qu'il s'agit d'une seule : et à ta postérité, c'est-à-dire, à Christ » (Ga 3.16)[13]. Cette postérité est le « médiateur d'une nouvelle alliance » (Hé 9.15). Cette promesse est reprise par l'apôtre Paul quand il présente Abraham comme le père de tous les croyants (Rm 4). Tout se tient dans la promesse que Dieu avait contractée avec Abraham et cette alliance a un caractère exclusif. Jésus fait remarquer que seule l'infidélité peut être la cause du divorce. Zokoué fait ressortir la probabilité de l'implication de la monogamie à travers cette loi.

4. Dans les Épîtres

Dans son enseignement, l'apôtre Paul ne s'étend pas trop sur la polygamie, mais il s'appesantit plus sur la monogamie. Dans 1 Corinthiens 7, Cette position est constatée à travers les réponses qu'il donne aux chrétiens de Corinthe : « Que chacun ait sa femme et que chacune ait son mari » (v. 2). Cette question a été virulente pour l'apôtre et il a voulu y apporter des précisions objectives en utilisant les mots qu'il faut : « Je n'en fais pas un ordre » (v. 6) ; « J'ordonne, non pas moi, mais le Seigneur » (v. 10) ; « Aux autres, ce n'est pas le Seigneur, c'est moi qui dis » (v. 12). Paul a voulu insister sur le caractère unitaire de chaque partie.

---

13. Zokoué, « La polygamie », p. 31.

L'autre aspect de la vindicte de Paul est l'opposition qu'il fait entre la débauche sexuelle et l'exclusivité des rapports conjugaux. Ici, l'accent est mis formellement sur le régime monogamique. Et ce mariage a un caractère impératif, parce qu'il se retrouve dans les dispositions pour ceux qui veulent aspirer à être des serviteurs de Dieu. Les Épîtres pastorales mettent un accent particulier sur ce problème, comme si la polygamie se pratiquait encore parmi les judéo-chrétiens. L'étude des contextes laisse appréhender cette supposition lorsque l'apôtre écrit à Timothée et à Tite, pour leur prodiguer des conseils en ce qui concerne la polygamie. Les passages de 1 Timothée 3.2 et Tite mettent en relief ce problème de polygamie pratiquée dans ces régions. Si l'apôtre prend le soin d'écrire que l'évêque ne doit être le mari que d'une seule femme, c'est qu'il y a un grand problème. Sinon, pourquoi donner des instructions pareilles ? La confirmation vient de l'analyse de quelques auteurs que nous allons suivre. Une note commentant 1 Timothée 3.2 dans la Bible Annotée de Neuchâtel 1899 indique :

> Cette prescription paraît dirigée contre la polygamie, admise parmi les païens, et dont il y avait encore alors des exemples parmi les Juifs. Elle condamne également le divorce, suivi d'un second mariage du vivant de la première femme, et plus généralement toutes relations illégitimes avec des personnes d'un autre sexe[14].

Zokoué a fait une analyse sur l'adjectif numéral « un ». Il souligne que « un » peut être employé comme un nombre cardinal ou un nombre ordinal. S'il est utilisé comme un nombre cardinal, il est mis en opposition avec « deux » et s'il est utilisé comme un nombre ordinal, il signifie « deuxième ». Si pour Zokoué, l'apôtre Paul utilise « un » comme chiffre cardinal, il est question alors d'une polygamie simultanée. Et si « un » est compris comme nombre cardinal, alors il supposera que l'évêque n'en est qu'à son premier mariage. Cette interprétation est prise en compte par P. C. Spicq :

> Saint Paul demande que l'évêque n'ait été marié qu'une seule fois ; tel est, en effet, le seul sens acceptable « que l'évêque ne doit être le mari que d'une seule femme », qualité également requise des diacres (v. 12) et des presbytères (Tite 1.6). Malgré les hésitations des commentateurs, cette formule ne s'oppose pas à la polygamie, puisque celle-ci était interdite à tous par la loi évangélique [...]. Elle prohibe seulement la bigamie, le remariage, soit après le décès de la femme, la fidélité au souvenir de la première épouse

---

14. Note de la Bible Annotée Neuchâtel sur 1 Timothée 3.2, en ligne : https://www.lueur.org/bible/1timothee3/annotee-neuchatel.

était louée même chez les païens et les secondes noces pouvaient être considérées comme l'indice d'une faiblesse et d'une continence précaire[15].

Pour Zokoué, l'interprétation faite par Spicq ne coïncide pas avec les passages de Romains 7.1-3 et 1 Corinthiens 7.39. Dans ces passages, Paul laisse comprendre que si le conjoint vient à décéder, il est possible que l'autre conjoint se remarie et la Bible ne souligne nulle part l'interdiction d'un remariage. Et Paul conseille aux jeunes veuves de se remarier (1 T 5.14). Alors, l'interprétation de Spicq peut avoir son sens en rapport avec l'explication des textes, mais sur le plan biblique, elle n'est pas du tout fondée.

Un autre auteur pense qu'il s'agit plutôt du problème d'adultère qui est mis en cause dans ces versets. Mais là encore, nous ne sommes pas dans la pensée de Paul. S'il est question de l'adultère, la compréhension de 1 Timothée 5.3-16 sera difficile, parce qu'il s'agit plutôt des veuves. Même s'il est question d'adultère et de fidélité, comment prêcher aux veuves ces concepts ? Le texte condamne le divorce qui est aussitôt suivi d'un deuxième mariage du vivant de la première femme. À cette époque, le divorce était une pratique courante chez les Juifs comme chez les païens, et les passages de 1 Timothée 3.2 et Tite 1.6 parlent de la condamnation du divorce par Jésus. Aussi, la polygamie est condamnée à travers ces textes quand Jésus dit : « celui qui répudie sa femme... et en épouse une autre... » (Mt 19.9), l'allusion est faite particulièrement à la polygamie successive comme à la polygamie simultanée. Même s'il est question de la polygamie successive ou simultanée, la note qui domine les passages de 1 Timothée 3.2 et de Tite 1.6 est le remariage monogamique. L'apôtre Paul fait de la monogamie l'idéal du mariage. Le seul mariage qui a reçu l'approbation de Dieu est le mariage monogamique et les autres mariages ne sont pas pris en compte. Par la suite, Zokoué dégage une position générale sur la polygamie.

Pour lui, le N.T. ne condamne pas de manière claire la polygamie. Cependant, il donne un enseignement sur le mariage qui exclut la polygamie. Le mariage monogamique est enseigné comme celui que Dieu veut et le chrétien doit le savoir. Si dans l'A.T. une place a été faite à la polygamie, quand bien même quelques jalons de la monogamie apparaissaient chez les patriarches, le N.T. rejette simplement la polygamie. Pour ce faire, l'histoire de la polygamie dans la Bible peut être perçue selon trois périodes :

1. La polygamie est pratiquée de manière libre.
2. La polygamie est délaissée peu à peu pour la monogamie.
3. La polygamie cesse d'être visible dans la vision biblique.

---

15. C. Spicq, *Les Épîtres pastorales*, Paris, Gabalda, 1947, p. 78.

À cause de la révélation, la polygamie dans la Bible a perdu petit à petit son importance et sa place. Aussi, l'étude de la polygamie ne doit pas être faite seulement dans une période donnée. Il faut prendre en compte les trois périodes pour mieux appréhender le problème de la polygamie dans la Bible. La lecture des textes de 1 Corinthiens 7.2 et de 1 Timothée 3.2 met l'accent derechef sur la monogamie. La position de l'apôtre Paul est sans ambages, il prescrit le mariage monogamique tout en recommandant aux uns et aux autres de s'abstenir de la débauche sexuelle en étant mariés. Il est question d'une obligation morale et d'une convenance.

Le N.T., pour Zokoué, dans toute sa dimension du lien conjugal, présente la restauration et le retour à la perfection. Il présente la polygamie comme un péché. Et c'est dans le N.T. qu'on peut rechercher la notion du mariage et les fondements théologiques du mariage monogamique. Enfin, Zokoué revient dans son travail sur la notion proprement dite du mariage qui constitue la dernière partie de son mémoire.

8

La notion du mariage

Dans cette partie qui est la dernière, l'auteur revient sur l'intention de Dieu au sujet du mariage et la validité de celui-ci.

I. Le mariage dans l'intention de Dieu

Le mariage fait partie de l'intention de Dieu parce qu'il est question de l'union d'un homme et d'une femme, comme le souligne le livre de la Genèse. La Bible fait du mariage une œuvre totalement divine qui confère à cette union une notion profonde et unique, et dans le même temps, elle lui octroie une dimension spirituelle. Et l'analyse que Zokoué fait par la suite, en ce qui concerne l'intention divine du mariage, prend en compte cette dimension essentiellement spirituelle. Alors, quel est le premier but du mariage ? Le premier but du mariage intègre dans son organe les éléments suivants : l'amour, la procréation et l'éducation des enfants, la communauté des biens. Cette pensée n'est pas toujours partagée par certains théologiens, raison pour laquelle J. M. Robinson pense que « le premier but du mariage chrétien est la procréation d'enfants appelés à être des fils de Dieu [...] et le second (mais non accessoire), est l'assistance mutuelle des époux et leur sanctification[1] ».

Si cette thèse est soutenue, elle veut dire que tous ceux qui prennent une deuxième femme pour procréer sont aussi dans la légalité et l'Église doit les accepter comme tels. La conception de Robinson est une conception catholique qui voit d'abord dans le mariage le but de la procréation. Et cette manière de voir est exprimée par François Lufuluabo :

> C'est la différence des sexes qui est le fondement même du mariage. Mais de toute évidence, la différence des sexes est en droit ligne

---
1. ROBINSON, *L'apostolat familial et l'Afrique*, p. 75.

ordonnée vers la procréation... il est donc clair que la procréation, même du point de vue de la seule raison naturelle, est d'une importance primordiale dans l'institution du mariage[2].

Cette tendance, malheureusement, est partagée par quelques évangéliques selon Zokoué. Une telle opinion accorde à la polygamie contractée, dans la mesure de la procréation, toute sa légitimité. La Bible souligne qu'il est interdit de répudier sa femme « sauf pour cause d'infidélité » et non pour cause « de stérilité ». Ce qui revient à dire que pour Jésus, la procréation n'est point le premier but du mariage. Pour Zokoué, il y a un processus qui engage dans un mariage. Il est consommé quand il s'inscrit dans l'amour et il précède la grossesse qui peut (ou ne pas) arriver.

La notion très importante du mariage est l'amour qui détermine l'essence du mariage. Et les textes bibliques attestent cette conclusion. Pour exemple, Genèse 2.23 dit ceci : « Et l'homme dit : Voici cette fois celle qui est os de mes os et chair de ma chair ! » Il n'est nullement question de la procréation dans cette exclamation d'Adam, ni dans le passage suivant : « L'homme quittera son père et sa mère, et s'attachera à sa femme... » (Gn 2.24). Le verbe s'attacher signifie aimer, être fidèle à l'autre. C'est ainsi que dans l'enseignement de Jésus sur le mariage, la notion d'amour est mise au premier plan. Quand les pharisiens lui ont posé la question : « Est-il permis à un homme de répudier sa femme pour un motif quelconque ? » (Mt 19.3), la réponse de Jésus est donnée sur la base de Genèse 1.27 et 2.24. Si le Christ a donné la réponse en se référant à ces versets, cela veut dire que pour lui, l'homme ne peut s'unir à la femme qu'à travers l'amour. Et il dit aussi aux pharisiens que « c'est à cause de la dureté de [leur] cœur que Moïse [leur] a permis de répudier [leurs] femmes (Mt 19.8).

De même pour l'apôtre Paul, le mariage a pour fondement l'amour, non la procréation. Il fait mention de cette relation d'amour dans des approches symboliques. Il faut que l'homme aime sa femme à l'exemple de Christ (Ep 5.25-30). Puis, en se référant, comme Jésus, au texte de Genèse 2.24, l'apôtre écrit que « ce mystère est grand » et il continue : « Je dis cela par rapport à Christ et à l'Église » (Ep 5.32). Paul semble dire que, dans cette union, il n'est pas du tout question de la procréation. Et Karl Barth approuve aussi cette thèse.

> Le texte de Gn 2.18-22 où il n'est pas du tout question de l'enfant et de la famille, où c'est l'association de l'homme et de la femme qui porte tout l'accent, comme aussi le rappel que dans la Nouvelle

---

2. François LUFULUABO, *Mariage coutumier et mariage chrétien indissoluble*, Kinshasa, St-Paul Afrique, 1969, p. 30.

Alliance, la question de la descendance a perdu toute son importance, devraient suffire à nous faire reconnaître que l'homme et la femme constituent un secteur communautaire indépendamment de l'enfant et de la famille[3].

Dans ce cas, quelle place peut-on accorder à la procréation dans le mariage chrétien ? Si Dieu, après la création de l'homme et de la femme, « les bénit, et leur dit : "Soyez féconds, multipliez, remplissez la terre" » (Gn 1.28), la procréation apparaît comme le fruit du mariage. Et Zokoué parle d'un dérivé de l'amour incarné :

> Cet amour qui pousse l'homme et la femme à tout mettre en commun en vue de leur bonheur mutuel, se manifeste sous sa forme la plus concrète dans l'intimité conjugale : c'est un amour fécond. Mais sans être fécond, il ne cesserait pas d'être l'amour, car l'absence d'enfant n'empêche pas le couple de jouir de l'amour sous toutes ses formes. L'amour est donc au cœur du mariage[4].

Quel est vraiment le fondement théologique de ce choix ? Le fondement théologique se trouve dans ces passages : « Faisons l'homme à notre image, selon notre ressemblance [...]. Dieu créa l'homme à son image, il le créa à l'image de Dieu, il créa l'homme et la femme » (Gn 1.26-27). Dieu a créé l'homme et la femme pour que tous les deux reflètent cette relation que nous trouvons dans le mot « faisons », faisant allusion à la trinité. Deux mandats ont été accordés à l'homme. Le premier est celui d'assujettir la terre et le second, celui d'aimer du fait que notre Dieu est un Dieu d'amour (1 Jn 4.8). Le fait d'aimer doit être naturel pour celui qui a été créé à l'image de Dieu. Celui qui aime est né de Dieu et le mariage selon Dieu, c'est celui dans lequel l'amour a une plus forte place.

Après cette justification du mariage au vu de l'intention de Dieu, Zokoué va aussi justifier la place qu'il accorde à la monogamie, comme faisant partie de l'intention divine et il met l'accent sur les passages suivants : « Il n'est pas bon que l'homme soit seul ; je lui ferai une aide semblable à lui » (Gn 2.18) ; « Dieu vit tout ce qu'il avait fait et voici, cela était très bon » (Gn 1.31). Il n'y avait à ce moment qu'Adam et Ève, c'est-à-dire un homme et une femme et il était satisfait. Qu'est-ce que cela peut impliquer ? Simplement le fait qu'Adam soit avec Ève a trouvé aux yeux de Dieu une forme de bénédiction, qui peut nous amener à dire que la monogamie est voulue par Dieu. Quand Genèse 2.24 parle

---

3. Karl BARTH, *Dogmatique*, vol III, *La doctrine de la création*, tome 4, trad. Fernand Ryser, Genève, Labor et Fides, 1965, p. 196.
4. ZOKOUÉ, « La polygamie », p. 57.

de l'homme et de la femme qui « deviendront une seule chair », il est à croire que cette union d'Adam et d'Ève est la concrétisation de la perfection humaine. Cette union engage un certain nombre de processus. Il y a l'aspect physique et l'aspect moral. L'expression « une seule chair » ne peut être réalisée dans un mariage polygamique comme certains le pensent. Elle est exclusive pour désigner l'union qui existe entre un homme et une femme et non un homme et plusieurs femmes. C'est la version que Jésus présente à ses interlocuteurs. Il met à nu l'idée du mariage dans l'intention divine. Et Marc 10.11-12 fait ressortir le côté analogue de la relation qui doit exister entre l'homme et la femme. Et chaque partie doit prendre soin de l'autre partie et du lien qu'elles ont contracté ensemble. Ce qui revient à dire que la monogamie est incluse dans l'intention divine depuis la création. Si la monogamie fait partie de l'intention de Dieu dès la création, quel est son fondement théologique ?

Pour Zokoué, le fondement théologique se trouve dans la parabole de l'alliance unique que Dieu a traitée avec l'humanité après la chute (Es 50.1 ; 54.6 ; Os 2.4). Cependant, le N.T. met en relief cette illustration à travers les écrits de l'apôtre Paul dans Éphésiens 5.22-33. Nous voyons dans ce langage symbolique que la femme est pour l'homme ce que l'Église est pour le Christ. Le mari également doit se comporter vis-à-vis de sa femme comme Christ le fait avec son Église. Et comme il y a un seul Seigneur et une seule Église pour toujours, aussi le mariage doit-il rester monogamique.

Si, dans ce cas, le mariage monogamique est souhaité par Dieu et entre dans son intention, qu'en est-il donc du remariage ? Pour cela, certains textes déjà analysés attestent du principe du remariage d'un conjoint survivant (Rm 7.2-3 ; 1 Co 7.39). On se rend compte aussi que ces mêmes textes sont utilisés pour les cas de divorce, parce que l'adultère équivaut à la mort. Pour ce faire, si les textes autorisent un remariage pour le conjoint qui est encore en vie, cela suppose que l'intention divine n'invalide pas non plus le remariage. Pour mieux appréhender ce problème du mariage, Zokoué fait une certaine mise au point. Il nous fait comprendre que le lien du mariage est permanent, mais pas éternel selon Matthieu 22.30 qui dit : « À la résurrection, les hommes ne prendront point de femmes, ni les femmes de maris, mais ils seront comme les anges de Dieu dans le ciel. » Ce passage implique qu'on ne parlera plus de lien du mariage après la mort.

Il est vrai que le mariage établit une permanence, mais cette permanence disparaîtra avec la mort, parce que c'est elle qui donne une idée de validité au mariage. Et si la mort ou l'adultère vient briser cette permanence du mariage, le premier lien devant Dieu n'a plus lieu et le conjoint survivant en se remariant part de zéro. Cependant, notre relation avec Dieu ne se joue pas de la même manière que le processus du remariage. Dieu a traité une alliance éternelle avec nous

(Es 55.3, Héb 13.20). Par contre, ni la mort, ni la vie, ni aucune autre créature ne peut nous séparer de l'amour de Dieu manifesté en Jésus-Christ (Rm 8.32). La mort peut détruire le lien entre les humains, mais elle ne peut détruire notre alliance contractée avec Dieu. Zokoué fait cette analogie en disant qu'au-delà de la relation qui existe entre l'homme et la femme dans l'intention divine, c'est la relation de l'homme avec Dieu qui est visée.

II. La polygamie comme violation de l'intention de Dieu

Zokoué part de la déduction que si la monogamie trouve grâce aux yeux de Dieu, la polygamie alors est une violation de ce principe. Elle est considérée comme une transgression. Dans l'A.T. nous avons assisté à une tolérance de la polygamie parce que non seulement il est question de la révélation progressive, mais surtout aussi que l'A.T. présente une structure d'inachèvement en ce qui concerne la révélation. Ce contexte était celui que les patriarches avaient vécu et avaient compris. En nous référant au N.T., nous nous trouvons maintenant dans une structure d'achèvement, parce que toute la révélation a été accomplie, à telle enseigne qu'il n'est plus question de la pratique de la polygamie. Zokoué nous dit que « Dieu a voulu le mariage monogamique comme dans la parabole de l'alliance de grâce, de la relation entre lui et son peuple, entre Christ et son Église[5] ». Dans ce cas, le mariage polygamique est loin de vivre ce genre de relation et de vocation. Ce mariage restera toujours une infraction perpétuelle de l'intention de Dieu pour le mariage et porte atteinte à la fidélité de Dieu à son peuple et de Christ à l'Église. Et ce, à cause de l'essence du mariage qui a pour fondement l'amour, l'*agapè*, et les relations polygamiques ne peuvent jamais se construire par l'*agapè* et sur l'*agapè*. Est-ce possible à l'homme d'entretenir avec toutes ses femmes une communion totale ? Nous avons constaté que dans la plupart des relations polygamiques, il n'existe que des frustrations, des jalousies et quelquefois, de la haine. Par conséquent, la polygamie ne reflètera jamais l'amour divin. Si l'intention de Dieu est que l'homme et la femme puissent devenir une seule chair, l'introduction de la polygamie détruit cette structure de la création.

Dans la logique des faits, la polygamie est un système de mariage qui ne peut être agréé par l'intention divine. Il est impossible aux conjoints de donner le meilleur d'eux-mêmes dans les relations qui les lient. Et ceux qui ont eu à faire l'expérience de la polygamie le disent et l'attestent souvent. Sur le plan spirituel, elle ne constitue pas un vrai mariage. Alors, quels sont les critères qui déterminent la validité du mariage ? Si la polygamie est illicite aux yeux de Dieu,

---
5. *Ibid.*, p. 62.

qu'en est-il de la question du divorce des polygames ? Répondre à ces questions nous conduira vers une préoccupation ultime touchant à l'attitude de l'Église face à la polygamie.

1. La validité du mariage

Pour qu'un mariage soit valide, il faut un certain nombre de critères. Mais avant de mentionner ces différents critères, Zokoué a préféré faire une mise au point en ce qui concerne la validité du mariage. Le mariage est valide lorsqu'il est considéré comme une institution qui vient de Dieu et régie à travers l'autorité humaine selon Romains 13.1ss, qui nous fait admettre qu'aucune autorité n'existe si elle ne vient pas de Dieu. C'est à cet effet que le mariage est célébré et protégé par les autorités qui existent. Ce droit a été conféré à ces autorités dans la Bible. Le mariage a été d'abord une institution divine avant d'être une institution civile. Pour Zokoué, le pouvoir civil n'a pas de droit sur le mariage, mais plutôt une autorité relative quand bien même il relève de cette autorité civile.

L'autre question soulevée par Zokoué est celle de comprendre si la monogamie fait partie de la validité du mariage. La réponse est oui et dans ce cas, la monogamie figure bien comme critère de la validité du mariage, parce qu'elle est approuvée par Dieu. Et en dehors de ce critère, toute autre forme de relation n'est pas valide.

L'autre aspect du critère de validité repose sur le libre consentement des époux. Il s'agit ici de l'engagement réciproque des deux conjoints qui représente le critère de l'alliance. L'illustration est vécue dans les mariages africains où il est toujours question des alliances entre les différentes familles des conjoints. Cependant, la Bible est claire parce qu'elle déclare que « l'homme quittera son père et sa mère, et s'attachera à sa femme » (Gn 2.24).

Zokoué soulève un autre problème qui va de pair avec le consentement. Il s'agit de la relation sexuelle. Est-elle autorisée avant le mariage ? Ce problème revient toujours dans les débats. Pourquoi des gens qui se sont engagés à vivre ensemble ne peuvent-ils pas se connaître avant de sceller leur union ? Dans ce cas, quand peut-on parler de mariage devant Dieu ? Zokoué répond à ces interrogations en disant que le consentement seul ne peut être considéré comme un critère important du mariage et ne peut suffire à lui seul pour la validation d'un mariage. Avant les cérémonies officielles, tous les critères du mariage ne sont pas encore réunis. Et le problème touche à celui de l'interdiction des relations sexuelles non seulement avant, mais en dehors du mariage.

Pour la Bible, toute relation consentie en dehors du mariage est considérée comme adultérine et impudique. Ce genre de relation est condamné par Dieu :

« Que le mariage soit honoré de tous, et le lit conjugal exempt de souillure, car Dieu jugera les impudiques et les adultères » (Hé 13.4). Dans ce passage, un autre critère est mentionné, celui de la sociabilité du mariage, toute la société y est associée. L'enregistrement du mariage à la mairie constitue ce critère de sociabilité. L'union engagée par les paroles de l'officier civil au nom de la loi et devant les témoins réunis est un critère indispensable pour la validation du mariage.

Sur le plan traditionnel, il est question de la dot qui est tenue comme un critère de validité du mariage. Cependant, le concept de dot rappelle des mauvais souvenirs pour les femmes qui étaient mariées sans leur consentement. La coutume de la dot doit donc disparaître selon Zokoué. Mais qu'en est-il exactement de la cérémonie religieuse du mariage ? Pour Zokoué, la cérémonie religieuse du mariage constitue une forme de témoignage. Si Dieu a contracté son alliance avec Noé à travers les animaux couplés (Gn 8.17), il est aussi important que le mariage représentant la symbolique de cette alliance soit célébré à l'Église.

Zokoué nous rappelle que si un mariage doit être considéré comme valide, il faut les critères suivants :

> Qu'il soit monogamique, qu'il soit librement consenti et qu'il soit enregistré devant l'autorité civile. Ces trois critères jouent ensemble, car la polygamie est une infidélité, l'absence de consentement veut dire absence d'alliance, et le manque du sceau de l'État signifie manque de statut légal et, par conséquent, désobéissance aux autorités. C'est pourquoi l'absence de l'un de ces critères invalide l'union[6].

On ne peut nier l'aspect spirituel du mariage, même si le manque ne constitue pas un critère de nullité du mariage lorsque celui-ci est fait en dehors des normes bibliques. Par contre, du point de vue biblique, il ne peut y avoir de mariage sans une perspective spirituelle parce qu'il est une institution divine (Gn 1.27 ; 2.18-24 ; Mt 19.6). Cependant, il y a aussi le caractère relatif du mariage comme le souligne l'abbé Barreau : « L'institution du mariage est relative, comme toutes les institutions. Un christianisme déchristianisé a tendance à faire des institutions des absolus. Le mariage, il est vrai, est une institution relative pour Jésus lui-même[7]. » Il est attesté que le mariage n'est pas obligatoire si ce caractère relatif est pris en considération. On peut se marier ou rester célibataire. À ce propos, Zokoué a une autre approche. Pour lui, si le mariage est relatif, le baptême et la Cène ne

---

6. *Ibid.*, p. 68.
7. L'abbé Barreau, in *L'Express* n°1056 du 4-11 oct. 1971, p. 157.

sont pas des institutions relatives. La relativité n'est rien d'autre qu'une influence philosophique du XXe siècle, se caractérisant par le rejet de l'absolutisme. Aussi, en ce qui concerne le mariage, le problème qui se pose n'est pas de savoir si c'est une institution absolue ou relative, mais il est question de l'obéissance aux règles du mariage chrétien. Le mariage est une institution divine sans ambages et doit être considéré comme tel. Cependant, aucun domaine de la vie n'échappe à la souveraineté de Dieu.

2. Le problème du divorce du polygame

Avant de finir, Zokoué a voulu prendre aussi en compte le problème de divorce du polygame. En se référant à la notion biblique du mariage, la polygamie est considérée comme une union illicite. Aussi, le concept « divorce » ne peut pas être utilisé dans le cas de la polygamie. Mais comme il n'existe aucun concept qui puisse faire ressortir cette notion, le concept « divorce » sera utilisé pour signifier la notion de séparation. Il sera alors difficile d'étudier le cas du divorce des polygames selon l'enseignement biblique. Il sera plus question d'une analyse en rapport avec l'éthique chrétienne.

Le cas du polygame est toujours lié au nombre d'enfants et de femmes qu'il possède et cela entraîne également sa grande responsabilité. Quand celui-ci devient chrétien, cette responsabilité perdure. Alors, que nous disent les Écritures ? Le polygame doit-il répudier toutes ses femmes en gardant seulement l'épouse légale ? La lecture du passage de 1 Corinthiens 7.12-25 peut nous donner quelques pistes de réflexion. Dans ce passage, il est question de situation irrégulière décrite par l'apôtre Paul : l'union d'un couple ou l'un des conjoints est non-croyant, ce qui entraîne l'illégalité du lien au vrai sens chrétien du terme. Même s'il n'y a pas d'adultère, un conjoint peut quitter l'autre et celui-ci ne sera pas lié (v. 15). On se rend compte que l'apôtre, devant ce cas, ne conseille pas la répudiation (v. 12-13). Et Zokoué trouve une similitude entre ce cas et celui de la polygamie. Le divorce du polygame peut être résolu de la même manière que le cas soulevé par l'apôtre Paul. On ne doit jamais demander au polygame de congédier ses multiples femmes selon ce qui est écrit : « Que chacun demeure dans l'état où il était lorsqu'il a été appelé » (v. 20). Si Paul est arrivé à cette conclusion, c'est qu'il n'a vraiment pas reçu de Dieu une révélation spéciale pour le cas de ce genre de mariage (v. 12). Il en fait mention dans le domaine de l'éthique chrétienne, « comme ayant reçu du Seigneur miséricorde pour être fidèle » (v. 25). C'est à cause de cette notion que l'apôtre ne donne pas d'ordre et place le conjoint devant sa responsabilité devant Dieu (v. 17 et 24).

Dans le cas du polygame, il n'y a pas non plus une révélation spéciale. Alors, l'Église doit laisser au polygame une liberté dans le choix qu'il aura à faire devant Dieu. Le divorce du polygame est certes un problème, mais qui concerne le polygame lui-même dans ses choix. La grande séparation d'avec ses femmes doit provenir de lui seul. La plupart des gens pensent que quand le polygame divorce, cela est compris comme un péché, mais ce n'est pas le cas parce que cette séparation n'est pas considérée comme un lien valide. Il est question de la responsabilité personnelle du polygame.

L'autre aspect de la question est de savoir ce que deviendraient les enfants quand il y a séparation. En suivant l'apôtre Paul, le problème des couples mixtes théologiquement n'est pas résolu ; sinon, il aurait conseillé la séparation. Comme il a été souligné, ce n'est plus dans l'optique chrétienne et d'un point de vue sociologique que Paul s'était placé pour résoudre ce problème. Il faut prendre en compte, pour la solution, la dimension sociologique et Zokoué nous le fait comprendre à travers son analyse :

> L'évangile n'est pas désincarné comme le montre la réponse de Jésus au scribe. Interrogé sur le premier commandement, Jésus aurait pu ne citer que celui-là. Mais connaissant bien le cœur de l'homme, Jésus savait que sous prétexte de vouloir aimer Dieu de tout son cœur, de toute son âme, de toute sa pensée et de toute sa force, l'homme peut oublier son prochain. Alors il a ajouté le second commandement qui est semblable au premier : « Tu aimeras ton prochain comme toi-même. De ces deux commandements, conclut-il, dépendent toute la loi et les prophètes » (Mt 22.35-40, Mc 12.28-31). La dimension verticale de la foi est primordiale, mais elle ne va pas sans sa dimension horizontale[8].

L'aspect sociologique de la foi doit être aussi pris en compte dans les résolutions des problèmes. Il est question de la foi et des œuvres. Il n'est pas dit, selon Zokoué, que le second commandement est une voie ouverte à la légitimité de la polygamie. Il est plutôt question de l'obéissance à Dieu et on ne doit pas préférer le premier commandement au détriment du second. Les deux commandements doivent être appliqués à la fois. Il est impossible de faire le choix entre les deux. Si le polygame veut renvoyer ses femmes à cause de la responsabilité devant Dieu, il le fera par obéissance à un appel précis de Dieu. Et si ce n'est pas le cas, il le fera aussi par rapport à la grâce que Dieu lui a accordée.

---

8. ZOKOUÉ, « La polygamie », p. 73.

Pour le cas de la République centrafricaine, la loi légitime la polygamie, de telle manière que l'État peut accorder le divorce au polygame, mais pas sur les motifs religieux, et s'il le fait, il demandera à l'époux de lui présenter les garanties sur le plan social pour les enfants issus de cette union, et ce, aux yeux de tous les témoins. Le rôle de l'Église et de l'État ne consistera qu'à constater le sort réservé aux enfants après le divorce.

Par cette solution pratique, Zokoué arrive à la fin de la troisième partie de son travail. Certes, plusieurs questions ont été soulevées et ont déjà trouvé des réponses sur le plan biblique et théologique, mais Zokoué a préféré traiter la question se rapportant à l'attitude de l'Église face à la polygamie dans la conclusion générale de son mémoire. Nous l'abordons dans le point suivant.

3. L'attitude de l'Église face à la polygamie

Avant de répondre à cette question pertinente, Isaac Zokoué a voulu d'abord faire ressortir le caractère de l'Église. L'Église doit présenter et prêcher la parole de Dieu tout en mettant en pratique les différentes recommandations. Elle doit être fidèle, en se gardant de tout compromis et en s'efforçant de paraître « glorieuse, sans tache, ni ride, ni rien de semblable, mais sainte et irrépréhensible » (Ep 5.27). Cette parole de Dieu reste infaillible contrairement à l'Église visible qui est faillible. Cela est un exemple par rapport à la lettre de Paul à l'Église d'Éphèse quand il écrit : « Souviens-toi donc d'où tu es tombée, repens-toi » (Ap 2.5).

Si Isaac Zokoué met l'accent sur la faillibilité de l'Église, il n'exclut pas sa sainteté. Mais il veut attirer l'attention du lecteur sur le fait que certaines pratiques occasionnées par l'Église peuvent être remises en cause, si elles ne reposent pas sur une base scripturaire suffisante. À la lecture de toutes les analyses de la polygamie, la solution la plus vraisemblable est son éradication. Mais tel n'est pas le cas. Le champ d'application de la polygamie est plus sentimental que biblique. C'est là que les solutions doivent être trouvées. Raison pour laquelle un effort doit être consenti sur l'enseignement sur le mariage, sur l'éducation sexuelle, et la promotion de la famille. Cependant, concernant la République centrafricaine, la plupart des chrétiens n'ont pas reçu d'enseignements sur le mariage.

En se basant sur ses expériences vécues, Zokoué souligne que lorsqu'il est question de l'enseignement, il ne s'agit pas des prédications et des exhortations à la chasteté ou des articles de journaux que les gens ne lisent même pas du tout. Il s'agit d'instruire les chrétiens. L'Église doit s'atteler à cette activité d'instruction de manière périodique sur le mariage. Ces rencontres doivent permettre aux jeunes de se préparer en conséquence, si l'Église, à travers ses enquêtes, arrive à saisir les causes de la polygamie. Si les jeunes sont bien instruits, ils comprendront pourquoi la polygamie peut être un fardeau pour le chrétien. En allant dans la Bible pour trouver les réponses à donner, les jeunes trouveront leur voie. Pour atteindre toute la société, Zokoué suggère que l'État et l'Église puissent s'accorder pour organiser des conférences, des colloques, des tables rondes et d'autres activités sur la notion du mariage. Il faudrait aussi envisager des cours d'instruction religieuse, qui sont des possibilités de préparer l'esprit des enfants à comprendre ce qui se passe dans un mariage. Autour du mariage, il y a le problème de la sexualité, au vu de ce qui a été écrit : « Que l'impudicité, qu'aucune espèce d'impureté, et que la cupidité, ne soient pas même nommées parmi vous, ainsi qu'il convient à des saints » (Ep 5.3).

Pour Zokoué, la prise en considération de ce passage pourrait être la cause du manque de toute instruction à caractère sexuel. Pourtant, les causes qui sont, en majeure partie, sources de polygamie sont quelquefois l'abstinence pendant la période de lactation, les problèmes relatifs à la ménopause, etc.

Même dans le dialogue pastoral, ces sujets ne figurent pas tellement. Les parents également ne discutent pas des questions sexuelles avec leurs enfants, et les pasteurs n'en discutent pas avec leurs membres. Pourtant, les jeunes sont dans l'attente des solutions à leurs problèmes d'adolescence. Comment peuvent-ils vivre chastement jusqu'à un certain âge, sans que cela ne puisse nuire à leur santé ? Les membres de l'Église ont soif de connaître les réponses à tous ces sujets. Il faut que l'Église permette aux chrétiens de traiter ou d'aborder sans réticence les sujets d'ordre sexuel et du mariage avec les responsables spirituels. Le sexe ne doit pas toujours être considéré par les responsables spirituels sous l'angle de tabou ou du péché. Malheureusement, nous nous rendons compte que même les pasteurs ne sont pas éclairés sur ces sujets, comme le soulignent ces propos des missionnaires :

> Plusieurs nous avouèrent n'avoir jamais entendu dans l'église parler des questions conjugales avec autant de détails. Au cours de ces journées, nous avons pu nous rendre compte une fois de plus, que dans la vie conjugale, le paganisme empiète souvent fort dangereusement sur le domaine de la foi ; la famille est certainement un des lieux où il aura encore son mot à dire, et nous savons trop bien que de simples exhortations ne suffiront pas pour le déraciner[9].

Ces propos mettent en exergue la situation des Églises en Afrique subsaharienne et surtout de l'Église en République centrafricaine en particulier.

---

9. « L'appel de la Côte d'Ivoire », *organe trimestriel de la Mission Biblique en Côte d'Ivoire*, Printemps 1972, p. 7.

Un enseignement sérieux et profond sur les liens conjugaux est indispensable et permettra aux membres de se préparer en conséquence. Le problème de l'éducation sexuelle doit être une des priorités de l'État. Pourquoi pas ? Si le développement durable doit se construire préalablement autour de la famille, c'est parce qu'elle constitue la cellule primaire de la société.

Le travail sur la polygamie qui a été fait jusque-là a connu des suggestions dans le sens de la prévention de la polygamie. Mais un autre aspect reste prépondérant. Celui qui consiste à présenter l'attitude pratique qu'on doit présenter envers les polygames. Là aussi, une instruction doit être donnée aux polygames et à leurs femmes sur le mariage chrétien. Il est question de prendre du temps pour leur prodiguer cet enseignement et après, leur laisser le libre choix de la décision à prendre devant Dieu. En misant sur l'attitude de Paul, qui n'a pas exclu, ni condamné les polygames. Ce qui revient à dire que l'Église peut accepter et peut baptiser les polygames convertis après leur union et leur administrer la Cène, mais pas leur confier des responsabilités au sein de l'Église.

Le polygame a aussi droit au baptême au même titre que tous les croyants, parce qu'il n'existe nulle part une base biblique pouvant empêcher cela. Le polygame est un chrétien à part entière. En lisant les textes bibliques, l'opportunité est donnée au polygame et à ses femmes de passer par les eaux du baptême, selon le grand ordre missionnaire qui est non seulement d'annoncer la bonne nouvelle, mais aussi de faire de toutes les nations les disciples de Christ. Cet ordre est également pour les polygames. Le baptême n'est pas la condition première pour être disciple de Jésus, mais il comporte une caractéristique importante. L'Évangile de Marc témoigne que « celui qui croira et qui sera baptisé sera sauvé, mais celui qui ne croira pas sera condamné » (Mc 16.16). De même, les Actes des Apôtres soulignent ceci : « Repentez-vous, et que chacun de vous soit baptisé au nom de Jésus-Christ, pour le pardon de vos péchés... » (Ac 2.38).

Isaac Zokoué illustre cette position par d'autres histoires bibliques. En prenant le cas de Simon le magicien, lorsque celui-ci a cru, le diacre Philippe ne lui a pas demandé d'aller brûler tous ses objets maléfiques avant d'être baptisé (Ac 8.12ss). Aussi, la déclaration de Pierre chez Corneille rend explicite le problème : « Peut-on refuser l'eau du baptême à ceux qui ont reçu le Saint-Esprit aussi bien que nous ? » (Ac 10.47).

Prenons maintenant le cas du polygame pour lui poser les mêmes questions. Les réponses seraient-elles celles qui vont empêcher le polygame d'être baptisé ? Si le Saint-Esprit laisse une ouverture au polygame pour croire, quelle autre autorité allons-nous invoquer pour empêcher son baptême ? Si Dieu accepte le polygame et ses épouses qui ont cru, l'Église est contrainte de pouvoir aussi les accepter dans sa pleine communion. Nous nous rendons compte que la plupart des textes qui font mention du baptême ne touchent pas à la situation de la polygamie. Selon Paul, quand il s'adressait aux chrétiens de Galates, il a déclaré ce qui suit : « Vous tous, qui avez été baptisés en Christ, vous avez revêtu Christ. Il n'y a plus ni Juif ni Grec [...] car tous vous êtes un en Jésus-Christ » (Ga 3.27-28). Le baptême apparaît alors comme une porte d'entrée dans la communion de l'Église, mais on se rend compte que l'Église ferme cette porte au polygame. La Cène a été instituée par Jésus comme ordonnance au même titre que le baptême : « Ceci est mon corps, qui est donné pour vous » (Lc 22.19) ; « ... ceci est mon sang, le sang de l'alliance, qui est répandu pour plusieurs, pour la rémission des péchés » (Mt 26.28). Les paroles de ces deux textes sont adressées à tous ceux qui ont cru. Si, entre Jésus et le polygame, il existe une alliance de sang qui pardonne au polygame ses péchés, alors il a le droit de s'approcher de la table de communion avec ses frères et sœurs croyants. La Cène est très importante pour tous les croyants. Jésus dit : « En vérité, en vérité, je vous le dis, si vous ne mangez la chair du Fils de l'homme, et si vous ne buvez son sang, vous n'avez point la vie en vous-mêmes » (Jn 6.53).

Seule la Cène peut donner une autre envergure « au mystère du corps et du sang de Jésus qui est insaisissable à l'esprit humain même régénéré[10] ». Jésus a institué les deux ordonnances comme signes matériels des réalités spirituelles fondamentales. Si ces ordonnances sont refusées au polygame, l'Église le prive également de ces moyens matériels et de la compréhension de l'œuvre salvifique de Jésus accomplie sur la croix. L'unité du corps de Christ se manifeste par la Sainte Cène selon les propos de l'apôtre Paul : « Puisqu'il y a un seul pain, nous qui sommes plusieurs, nous formons un seul corps ; car nous participons tous à un même pain » (1 Co 10.17). Dans les premiers commentaires donnés, l'Église dit que le polygame qui s'est converti appartient au corps invisible de Christ tout en refusant de l'intégrer dans la communion de l'Église visible.

L'apôtre Paul, dans sa lettre à Timothée, était bien informé de la présence des polygames dans cette Église d'Éphèse et de Crète (Tt 1.6). Alors pourquoi n'a-t-il pas interdit le baptême aux polygames ? Ce qui pourrait signifier qu'il n'a pas eu l'intention de refuser le baptême et la Cène aux polygames, lui qui est docteur chrétien par excellence. Mieux, aucun texte ne refuse le baptême au polygame et à ses femmes. L'Église devrait en tirer les conséquences en baptisant tous les polygames qui sont en Christ et en leur faisant place autour de la table du Seigneur. Pour Paul, au vu de 1 Timothée 3.2, 12 et Tite 1.6, le polygame chrétien ne peut être coopté pour des charges ecclésiastiques et c'est à cela que le polygame converti ne peut accéder. La personne qui doit exercer ce genre de

---

10. ZOKOUÉ, « La polygamie », p. 86.

ministère doit être sans reproches et un modèle pour les autres. En donnant une tâche au polygame, l'Église craint qu'il ait sur les autres une influence négative. Même si le polygame a un don comme tous les croyants, ce don ne peut être appliqué dans une tâche ecclésiastique. L'Église peut reconnaître ce don et faire en sorte que le polygame soit aussi une source de bénédictions pour les autres.

Le mot de la fin

Le regard inflexible et craintif braqué sur le polygame dans l'Église pourrait bouleverser sa famille. Or, un foyer qui est en Christ ne devrait pas connaître des divisions en son sein. Autrement dit, c'est la paix qui est le corollaire de l'apport de l'Évangile dans les familles. Personne n'a le droit de détruire un foyer au nom de l'Évangile. Certes, la polygamie cause beaucoup de troubles et on aimerait sa disparition, mais c'est presque une utopie. Dans ce cas, l'Église doit se mettre au travail pour éduquer de manière consciente la population sur les diverses questions liées au mariage. L'Église doit baptiser les polygames convertis et leur administrer la Cène.

Pour conclure, Isaac Zokoué souligne que la mise en pratique de telles solutions demande plusieurs consultations et une action conjuguée de toutes les Églises. « Là où le péché a abondé, la grâce a surabondé... » (Rm 5.20). Devant la grâce surabondante de Dieu, le péché du polygame païen peut céder. Et le polygame converti est convié à une unité des croyants comme bénéficiaire de la même grâce, « afin que tous soient un, comme toi, Père, tu es en moi, et comme je suis en toi, afin qu'eux aussi soient un en nous, pour que le monde croie que tu m'as envoyé » (Jn 17.21).

Conclusion générale

Le professeur Zokoué, comme beaucoup parmi nous le reconnaissent volontiers, est un homme de principes doté d'une intelligence linguistique et d'une volonté teintée de logique. Cette logique est constatée à travers ses œuvres. Le présent ouvrage peut être considéré comme un manuel d'interprétation et d'explication. Toute personne qui voudrait s'engager dans le monde de la théologie ou dans le ministère de Dieu, doit être sensible à l'application des principes et des règles de l'interprétation lorsqu'il est question de contextualiser le message biblique. Isaac Zokoué fut longtemps responsable des GBUAF et son expérience lui a fait connaître les lacunes que les hommes de Dieu éprouvent dans la recherche de l'équivalence dynamique des messages de la Bible pour le peuple de Dieu. Sans règle de l'herméneutique, il est difficile de saisir la profondeur de la Parole de Dieu. Les règles de l'herméneutique sont en effet des outils nécessaires et utiles pour une bonne interprétation. Dans son travail, il a fait ressortir les principales règles qui permettent de comprendre Dieu à travers les différents genres littéraires qu'on rencontre dans la Bible.

Étant un homme de principes, Zokoué a besoin également de nous présenter toutes les difficultés, les erreurs de l'interprétation commises dans la recherche des bonnes méthodes à appliquer. Il y a plusieurs méthodes mais ces méthodes ne suffisent pas. Il faut aussi regarder le profil de la personne-même qui utilise cette méthode. Qui est cette personne, quelle est sa relation avec Dieu ? L'auteur justifie cette question par le fait que comprendre Dieu passe par la compréhension de ce qu'il dit.

Dieu peut être compris par l'homme parce qu'il lui laisse la latitude de le comprendre. C'est le miracle de sa souveraineté qui se révèle à celui-ci. De même, l'homme doit être dans les dispositions pour comprendre le sens de ce que Dieu lui dit, et seule la foi confère la capacité dans ce sens. Et l'herméneutique ou l'art de l'interprétation est la réponse de l'homme à l'appel de Dieu. Elle est la relation qui lie l'homme à Dieu. C'est un acte religieux parce que sans elle, il sera difficile à l'homme de saisir la portée événementielle du dire Dieu.

Cette méthodologie est appréhendée dans l'exégèse appliquée à la rédaction du mémoire de maîtrise d'Isaac Zokoué qui a comme titre : « La polygamie : Étude exégétique et dogmatique référée à la situation centrafricaine. » Nous y découvrons le grand souci qui l'animait déjà. Il est question de l'application de ces différentes règles de l'herméneutique qui lui ont permis d'analyser et d'interpréter les textes bibliques, afin de laisser à l'Église d'Afrique des pistes de solutions bibliques bien structurées sur la question. Son souci est l'application adéquate des règles de l'herméneutique pour faire ressortir ce que Dieu veut faire comprendre à son peuple.

Annexe

Biographie du professeur Isaac Zokoué

Cursus académique

Le professeur Isaac Zokoué est né à Fort-Crampel (actuel Kaga-bandoro), le 17 septembre 1944, de Eli Jokouè et de Louise Kengue.

- Vers 1956, il débute ses études primaires à Balimba (Sahr) au Tchad dans une école créée par les missionnaires de la Mid-Missions.
- Entre 1959 et 1960, il fréquente le lycée Félix Eboué à N'Djamena au Tchad.
- En 1961, il retourne à Bangui et continue ses études secondaires au lycée Emile Gentil (actuel lycée Barthélémy Boganda) en Centrafrique. Après avoir obtenu son baccalauréat série D, en 1968, il obtient une bourse pour les études supérieures en théologie à Vaux-sur-Seine en France.
- De 1968 en 1972, il obtient son diplôme de maîtrise en théologie à Vaux-sur-Seine en France.
- En 1983, il obtient à la Faculté libre de théologie protestante de Montpellier son premier doctorat en Théologie systématique.
- En 1993, il obtient son doctorat d'État à l'Université de Strasbourg II en France.

Expériences professionnelles

Dès le lycée Boganda, le professeur Isaac Zokoué était déjà délégué de sa classe et faisait office d'animateur du culte. Ce qui lui avait valu le sobriquet de pasteur. Déjà à cette époque, avec la maigre bourse qu'on donnait aux meilleurs élèves, le professeur Isaac Zokoué ne manquait jamais de s'acquitter de ses offrandes et de ses dîmes pour le ministère de Dieu. Nous sentons dans ce geste les prémices de la vocation pastorale.

Pourtant, sa première vocation fut d'être médecin, mais le Seigneur l'a orienté pour chercher auprès des missionnaires de la Mid-Missions une bourse d'études pour une formation pastorale. Mais les missionnaires de l'époque, étant très méfiants à son égard, avaient conseillé aux pasteurs de ne lui fournir aucune chance pour les études pastorales de peur qu'à son retour, il ne prenne leur place.

De manière inattendue, trois missionnaires d'Elim s'étaient présentés à lui, ayant eu écho du ministère qu'il avait exercé, pour lui offrir la bourse pour les études théologiques. Il s'agissait de Monsieur Charles Boegli et des demoiselles Hedi Leuenberger et Madeleine Thuilard.

Rentré quelques fois au pays pour les vacances, le pasteur Isaac Zokoué fut presque rejeté par sa communauté d'origine. Les missionnaires de la Mid-Missions lui reprochaient le fait de partager la vision de Billy Graham, qu'ils trouvaient trop œcuménique dans ses rapports avec les différentes dénominations confessionnelles. Toutefois, le pasteur Isaac Zokoué demeurait toujours attaché à son Église, avec l'espoir que l'Église de Ngoubara allait un jour lui revenir.

Avant cela, il était membre de l'Église Baptiste Mid-Missions de Gobongo. De retour des vacances en France, les dissensions entre les pasteurs centrafricains de la Mid-Missions éclatèrent, après le décès du titulaire. Des problèmes d'ordre ethnique surgirent et des cas de bagarres devinrent fréquents, à tel point que le Ministère de l'Intérieur qui faisait comparaître de temps en temps les belligérants pour les entendre, fut obligé de fermer l'Église de Gobongo en 1964. À la fin de ses études, l'Église de Ngoubagara qui venait de se démettre de son pasteur André Komesse, fit immédiatement appel au pasteur Isaac Zokoué. Il dirigea l'Église pendant trois ans de 1973 à 1976.

Le pasteur Isaac Zokoué fut l'initiateur du culte en français de l'Église Ngoubagara, forte de plus de 2 000 membres aujourd'hui.

Il fut :

- le premier initiateur de la Chapelle de Fouh ;
- l'initiateur de la Jeunesse Évangélique Chrétienne (JEC);
- l'instigateur de la première chorale de l'Église Ngoubagara ;
- le premier organisateur du camp biblique. C'est à travers ce camp biblique qu'il fit la connaissance du jeune David Koudougueret, qui aspirait aussi au ministère pastoral. David Koudougueret est aujourd'hui docteur en théologie.

De 1975 à 1980, Zokoué fut appelé à d'autres responsabilités en Côte d'Ivoire, en qualité de Secrétaire général des Groupes Bibliques Universitaires d'Afrique

Francophone. En dépit de ses lourdes responsabilités, il continuait toujours *in präsentia* comme *in abstentia* à rester membre de l'Église de Ngoubagara. De 1983 à 1986, il a œuvré comme Secrétaire à la formation des GBUAF et de 1986-2000, il exerça comme Doyen de la FATEB.

Par la suite, il fut :

- Secrétaire Exécutif de la Commission Théologique de l'AEA ;
- Membre du Conseil d'administration de la FATEB, composé à l'époque des représentants des pays de la sous-région centrale ;
- Président de la Commission théologique de l'AEA. À ce titre, il était chargé de commencer les constructions de la FATEB ;
- Membre du Comité Exécutif de l'Initiative Théologique Africaine (ITA) ;
- Membre du Comité Exécutif de Vision Mondiale ;
- Initiateur des Conférences Francophones, particulièrement celle de Chappolie en 1980 sur le thème suivant : « Levons-nous et bâtissons » et celle de Bangui en 1983 sur le thème de l'Église locale en mission ;
- Directeur du Centre de Recherche de Théologie en Afrique (CERTA) ;
- Coordonnateur du Programme de Doctorat de la FATEB ;
- Initiateur et Coordonnateur de CITAF. Il a formulé le leitmotiv des trois « V » pour les facultés francophones : Une vision, une valeur, une volonté ;
- Président de la Haute Autorité Académique de CITAF ;
- En novembre 2011, il fut pasteur à l'Église de Kina, membre de l'UFEB ;
- En janvier 2012, il devint, pour la deuxième fois, Président de l'Union Fraternelle des Églises Baptistes.

Entre autres, il fut également :

- Président du Dialogue national ;
- Président du Conseil des Sages.

Le professeur Isaac Zokoué a écrit des œuvres théologiques, parmi lesquelles nous pouvons citer *Jésus-Christ, le mystère des deux natures*, œuvre éditée par les éditions Clé[1]. Il fut membre de la rédaction du *Commentaire Biblique Contemporain*, dont la préface fut écrite par lui[2]. Il fut également membre du comité de révision de la Bible du Semeur en français en 1997-1998.

---

1. Isaac Zokoué, *Jésus-Christ. Le mystère des deux natures*, Yaoundé, CLÉ, 2004.
2. Tokunboh Adeyemo, *Commentaire biblique contemporain, un commentaire écrit par... 70 théologiens africains*, Paris, Farel, 2008.

Dans la nuit du 11 au 12 septembre 2014 après une très longue maladie, l'Éternel l'a rappelé auprès de lui. Le professeur Isaac Zokoué laisse derrière lui, une veuve, quatre enfants : deux filles et deux garçons et neuf petits-fils.

Bibliographie

ADEYEMO, Tokunboh, *Commentaire biblique contemporain, un commentaire écrit par 70 théologiens africains*, Paris, Farel, 2008.
ALETTI, J. N., « Le canon des Écritures », *Études*, juillet 1978.
ALPES, Yves, *Le lexique de sociologie*, 2ème édition, Paris, Dalloz, 2007.
BARR, J., *Fundamentalism*, London, SCM, 1977.
BARTH, Karl, *Crédo*, 2ème édition, Genève, Labor et Fides, 1969.
BARTH, Karl, *Dogmatique* I, 2/1, Genève, Labor et Fides, 1953.
BARTH, Karl, *Dogmatique* II, 1, vol. 6, Genève, Labor et Fides, 1956.
BARTH Karl, *Dogmatique, vol III, La doctrine de la création*, tome 4, trad. Fernand Ryser, Genève, Labor et Fides, 1965.
BARTH, Karl, *Parole de Dieu et parole humaine*, Paris, Les Bergers et Mages, 1966.
BARUSH, Dorthy, et Hyman MILLER, *Sex in Marriage*, Londres, Allenand Unwin, 1956.
BELO, Fernando, *Lecture matérialiste de l'Évangile de Marc*, Paris, Cerf, 1974.
BESSER, B. J., *Zending en Polygamie*, Baarn, Hollandia, 1905.
BLASER, K., *La théologie au XXe siècle*, Paris, l'Âge d'homme, 1995.
BLOCHER, H., « La place de la prophétie dans la pneumatologie », *Hokhma*, n°72, 1999.
BONNET, L., *Épîtres de Paul*, Lausanne, Georges Bridel, 1892
BONSIRVEN, Joseph, *Épîtres de Saint-Jean*, Paris, Beauchesne et ses fils, 1954.
BULTMANN, R., *Foi et compréhension*, tome I, *L'historicité de l'homme et de la révélation*, trad. de l'allemand par André Malet, Paris, Seuil, 1970.
BULTMANN, R., *Foi et compréhension*, tome II, *Eschatologie et démythologisation*, trad. sous la direction d'André Malet par A. et S. Pfrimmer, S. Bovet et A. Malet, Paris, Seuil, 1970.
CALVIN, Jean, *Institution chrétienne*, Livre I, Genève, Labor et Fides, 1955.
CALVIN, Jean, *Institution chrétienne*, Livre II, Genève, Labor et Fides, 1955.
CALVIN, Jean, *Institution chrétienne*, Livre III, Genève, Kerygma, 1955.
CALVIN, Jean, *Institution de la religion chrétienne*, mise en français moderne par Marie de Védrines et Paul Wells, avec la collaboration de Sylvain Triqueneaux, Aix-en-Provence-Charols, Kerygma-Excelsis, 2009.
CASALIS, Georges, *Les idées justes ne tombent pas du ciel*, Paris, Cerf, 1977.
COURTHIAL, Pierre, « Introduction à une doctrine réformée du mariage », *La Revue Réformée* XVII, n°68, 1966/4.
DENNIS, S., *Christian Missions and Social Progress*, Edinburgh, O. Anderson and Ferrier, 1898.

Descartes, René, *Discours de la méthode*, Paris, Ed. Garnier et Frères, 1960.
Droogers, A. F., « Les missionnaires protestants et la polygamie en Afrique au sud du Sahara », *Flambeau*, n° 1. 1975.
Dumery H., « Sciences », dans *Encyclopaedia Universalis*, Vol. XIV, Paris, 1968.
Engelmann, S. et Th., *Comment donner à vos enfants une intelligence supérieure*, Verviers, Marabout, 1978.
Forsyth, P. T., *Marriage, Its Ethic and Religion*, London, H.W. and V., s.d.
Foulquie, Paul, *Dictionnaire de la langue philosophique*, Paris, Presses Universitaires de France, 1962.
Galbiati, Enrico, et Alessandro Piazza, *Mieux comprendre la Bible et ses passages difficiles*, Tours, Mame, 1956.
Godet F., *Commentaire sur la première épître aux Corinthiens*, Neuchâtel, Monnier, 1965.
Gounelle, André, *Parler de Dieu*, Paris, Église réformée de la Bastille, 1997.
Hillman, Eugène, « Polygamy Reconsidered », *Pratical Anthropology*, XVII, n°2, mars-avril, 1970.
Hodge, C., *Soteriology, vol. III de Systematic Theology*, Grand Rapids, Eerdmans, 1946.
Joest, W., « L'horizon eschatologique de la *justificia do sola fide* dans la pensée de Luther », *ETR*, 1969.
Kä Mana, *Théologie africaine pour temps de crise*, Paris, Karthala, 1993.
Kant, Emmanuel, *Critique de la raison pure*, (1781), Paris, Flammarion, 1987.
Kant, Emmanuel, *Critique de la raison pure*, 2ᵉ édition, Paris, PUF, 1968.
Käsemann, Ernst, *Essais Exégétiques*, Neuchâtel, Delachaux et Niestlé, 1972.
Kitu, N. S., « Le phénomène chez les chrétiens Bansansala », Kinshasa, mémoire de Graduat présenté à l'Institut Supérieur Théologique de Kinshasa, 1981.
Kocher, Michel, « Le Saint-Esprit, interprète des Écritures et du croyant », Hokhma, n°31, 1986.
Lacoste, Jean-Yves, *Dictionnaire critique de théologie*, Paris, PUF, 1998.
Lalande, A., *Vocabulaire technique et critique de la philosophie*, Paris, PUF, 1988.
Lensky, R. C. H., *The Interpretation of St. Paul's Epistles to Timothy and Titus*, Minneapolis, Augsburg Publishing House, 1961.
Leonard, E. G., *Histoire du protestantisme*, vol. 3, Paris, PUF, 1964.
Levinas, E., « La Révélation dans la Tradition juive », dans *La Révélation*, Bruxelles, Publications des Facultés Universitaires, 1977.
Lienhard, Marc, *Luther : témoin de Jésus-Christ*, Paris, Cerf, 1973.
Lufuluabo, F., *Mariage coutumier et mariage chrétien indissoluble*, Kinshasa, St-Paul Afrique, 1969.
Lufuluabo F., *Valeur des religions africaines selon la Bible et selon Vatican II*, Kinshasa, St-Paul Afrique, 1967.

LUTHER, Martin, *La liberté chrétienne*, Paris, Aubier, 1944.
LUTHER, Martin, *Œuvres*, vol. III, Genève, Labor et Fides, 1964.
LUTHER, Martin, *Œuvres*, vol. IV, Genève, Labor et Fides, 1963.
LYS, Daniel, *The Meaning of the Old Testament*, Nashville, Abingdon, Press, 1967.
MAILLOT, A., « Lectures plurielles », *Foi et Vie*, n°5, 1980.
MALET, René, *La pensée de Rudolf Bultmann*, Genève, Labor et Fides, 1962.
MARAN, René, *Afrique Équatoriale Française*, Terres et races d'avenir, Paris, Bibliothèque Nationale, 1937.
MARLE, René, *Le problème théologique de l'herméneutique*, Paris, Edition de L'Orante, 1963.
MASAMBAMA, M., *Sexe et mariage*, Kinshasa, Cedi, 1973.
KOCHER, Michel, « Le Saint-Esprit, interprète des Écritures et du croyant », *Hokhma*, 1986.
MOLTMANN, Jürgen, *La théologie de l'espérance*, Paris, Cerf, 1970.
MPONGO, L., « Le fondement théologique du rituel de mariage », *Revue du Clergé Africain* 27, 1972, p. 23-47.
MURRAY, John, *Divorce*, Philadelphia, Maurice Jacob's Press, 1953.
MURRAY, John, *Principles of Conduct*, London, Tyndale Press, 1957.
MUSSNER, F., *Histoire de l'herméneutique*, Paris, Cerf, 1972.
NICOLAS, Marie-Joseph, « La doctrine christologique de saint-Léon le Grand », *Revue Thomiste*, n°3, 1951.
NIDA, E. A., *Coutumes et cultures*, Chaux-de-Fonds, Groupes Missionnaires, 1978.
NGOMA, F., « L'initiation ba-kongo et sa signification », Paris, Sorbonne, thèse de doctorat ès Lettres, 1963.
NJIKE, Emmanuel, « La polygamie dans les jeunes églises en Afrique : Étude de la situation au Cameroun », Paris, Thèse présentée à la Faculté Libre de Théologie, 1959.
ORR, James, *The Problem of the Old Testament*, London, Ed. J. Nisbet, 1909.
PACKER, James I., *Revelation and the Bible*, Philadelphie, The Westminster Press, 1965.
PARROT, André, *Abraham et son temps*, Neuchâtel, Delachaux et Niestlé, 1962.
PASCAL, Blaise, *Œuvres complètes*, Bibliothèque de la Pléiade n° 34, Paris, Gallimard, 1936.
Pascal, Georges, *Les grands textes de la philosophie*, Paris, Bordas, 1962.
PETIT, J. C., *La philosophie de la religion de Paul Tillich*, Montréal, Fides, 1974.
PHILLIPS, Arthur, *Survey of African marriage and Family life*, Oxford, Oxford University Press, 1953.
PURY, Roland (de), *Les églises d'Afrique entre l'Évangile et la coutume*, Paris, Société des missions évangéliques de Paris, 1958.

Resweber, J. P., *La théologie face au défi herméneutique*, Paris/Louvain, Ed. Vander, 1975.
Revel, J. F., *Discours de la méthode*, Paris, Librairies Françaises, 1973.
Ricœur, Paul, *Cinq études herméneutiques*, Genève, Labor et Fides, 2013.
Ricœur, Paul, *Le conflit des interprétations, Essais d'herméneutique*, Paris, Seuil, 1969.
Robinson, John, *L'apostolat Familial et l'Afrique*, Kinshasa, Centre d'Études Pastorales, 1968.
Rops, Daniel, *La vie quotidienne en Palestine au temps de Jésus*, Paris, Hachette, 1961.
Runia, K., « The Hermeneutics of the Reformers », *Calvin Theological Journal* 19, 1984, ronéoté.
Saint Augustin, *Enchiridion Symbolorum Fidei*, Paris, Desclée de Brouwer, 1974.
Sartre, Jean-Paul, *La nausée*, Paris, Gallimard, 1938.
Saussure, F. (de), *Cours de linguistique générale*, Paris, Payot, 1974.
Schneller, L., *L'Apôtre Paul et le monde ancien*, Genève, Jeherber, 1898.
Scorer, C. G., *The Bible and Sex Ethics Today*, London, Tyndale Press, 1966.
Smalley, W., *Readings in Missionnary Anthropology*, New York, Practical Anthropology, 1967.
Spicq, P. C., *Les Épîtres pastorales*, Paris, Gabalda, 1947.
Stauffer, R., *Creator et Rector Mundi : Dieu, la création et la providence dans l'œuvre homilétique de Calvin*, tome I, Paris, [s.n.], 1976.
Strohl, Henri, *La pensée de la Réforme*, Genève, Delachaux et Niestlé, 1951.
Tiénou, Tite, *La tâche de la théologie africaine*, Abidjan, CPE, 1980.
The Cambridge History of the Bible, Cambridge, The University Press, 1970.
Tillich, Paul, *Aux confins*, Paris, Planète, 1971.
Tillich, Paul, *Dynamique de la foi*, Tournai, Castermann, 1968.
Tillich, Paul, *La dimension religieuse de la culture : écrits du premier enseignement, 1919-1926*, Paris/Québec, Éditions du Cerf, Presses Université Laval, 1990.
Tillich, Paul, *L'existence et le Christ*, Lausanne, l'Age d'Homme, 1980.
Tillich, Paul, *Le courage d'être*, Tournai, Castermann, 1967.
Tillich, Paul, *Philosophie de la religion*, Genève, Labor et Fides, 1971.
Tillich, Paul, *Systematic Theology*, Chicago, The University Press, 1967.
Tillich, Paul, *Théologie de la culture*, Paris, Planète, 1968.
Tillich, Paul, *Théologie systématique*, volume 1, trad. André Gounelle, en collaboration avec Mireille Hébert et Claude Conedera, Paris/Genève/Sainte-Foy, Éditions du Cerf/Labor et Fides/Presses de l'Université Laval, 2000.

Toniutti, E., « La notion du sacré à travers la peinture expressionniste dans les écrits du premier enseignement de Paul Tillich », 12ᵉ Colloque de l'Association Paul Tillich, Luxembourg, mai 1997.

Trobisch, W., « Célibat, Mariage et Polygamie », *Flambeau*, n°9, Yaoundé, février 1966.

Vacant, A., « Le baptême », dans *Dictionnaire de la Bible*, sous dir. F. Vigouroux, Paris, Letouzay et Ané, 1895.

Vaux, R. (de), *Les institutions de l'A.T.*, Paris, Cerf, 1961.

Vigouroux, F., sous dir., *Dictionnaire de la Bible*, Paris, Letouzay et Ané, 1908.

Vogels, Walter, *Abraham « notre père »*, Paris, Cerf, 2010.

von Rad, Gerhard, *La Genèse*, Genève, Labor et Fides, 1968.

von Rad, Gerhard, *Théologie de l'Ancien Testament*, vol. II, Genève, Labor et Fides, 1967.

Wissmann, Heinz, *Penser entre les langues*, Paris, Albin Michel, 2012.

Wright, J. S., « Marriage », *The New Bible Dictionary*, London, Intervarsity Fellowship, 1962.

Yadin, Yigael, « L'attitude essénienne envers la polygamie et le divorce », *Revue Biblique*, 79ᵉᵐᵉ année, n°1, janvier 1972.

Zokoué, Isaac, « Comprendre Dieu à la frontière de la révélation et de l'herméneutique » [document inédit], Thèse de 3ᵉᵐᵉ cycle, Institut de Théologie, Faculté libre de théologie protestante de Montpellier, 1983.

Zokoué, Isaac, « La polygamie : Étude exégétique et dogmatique référée à la situation centrafricaine » [document inédit], un mémoire de théologie pour l'obtention du grade de maître en théologie, Faculté Libre de Théologie Évangélique, Vaux-sur-Seine, 1972.

Zokoué, Isaac, *Jésus-Christ. Le mystère des deux natures*, Yaoundé, CLÉ, 2004.

Zorn, J. F., « La contextualisation : un concept théologique ? », *R.H.P.R.*, vol. 77, 1997/2, p. 171-189.

Table des matières

Préface 1

Première partie : La théologie

1 Sens et contenu de la révélation 5
2 De la révélation à l'herméneutique 31
3 Herméneutique interne de la Bible 53
4 Situation du problème herméneutique 81
5 Révélation et herméneutique comme vie 113

Deuxième partie : Herméneutique

Introduction 125
6 Le problème en République centrafricaine 129
7 La polygamie dans la Bible 147
8 La notion du mariage 161
Conclusion générale 175
Annexe : biographie du professeur Isaac Zokoué 177
Bibliographie 181

www.ingramcontent.com/pod-product-compliance
Lightning Source LLC
Chambersburg PA
CBHW062216080426
42734CB00010B/1910